수양제

ZUI NO YODAI

by MIYAZAKI Ichisada
Copyright © 1965, 2003 MIYAZAKI Kazue
All rights reserved.
Originally published in Japan by CHUOKORON-SHINSHA, INC., Tokyo.
Korean translation rights arranged with CHUOKORON-SHINSHA, INC., Japan
through THE SAKAI AGENCY and SHINWON AGENCY CO.
Korean translation copyright © 2014 by Yuksabipyungsa

수양제

전쟁과 대운하에 미친 중국 최악의 폭군

미야자키 이치사다 지음
전혜선 옮김

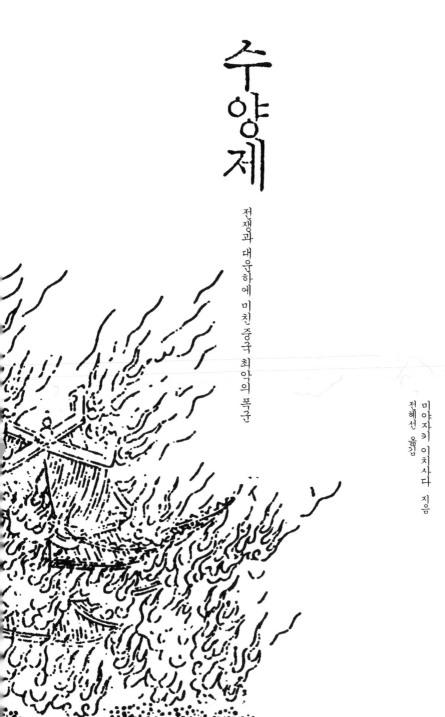

역사비평사

수양제

일러두기

1. 외래어 표기는 국립국어원의 표기법을 따랐으나, 중국의 인명과 지명은 우리식 한자 발음으로 표기했다. 또한 동남아시아의 고대 지명도 원서를 따라 우리식 한자 발음으로 표기하되, 현재 명확히 알려진 곳은 설명 주(註)로 오늘날 지역명을 밝혀놓았다.

2. 이 책의 부록으로 넣은 「수나라 역사에 관한 이런저런 생각(隋代史雜考)」에서 인용한 사료 원문은 중국 측 원사료가 아닌 원서의 일본어 내용을 번역한 것이다.

3. 원서에는 시대 표기가 연호로만 표기되어 있지만 이 책에는 독자의 이해를 돕기 위해 서력을 병기했다.

4. 남북조시대의 황제 재위년과 본문의 내주(內註)는 역자가 넣은 것이다.

5. 원서에는 명나라판 『수양제염사(隋煬帝艶史)』의 삽화만 수록되어 있지만 이 책에는 내용과 관련된 몇몇 도판을 따로 선정하여 배치했다.

6. 이 책에서 사용한 삽화의 원출처 도서인 『수양제염사(隋煬帝艶史)』는 서울대학교 중앙도서관 고문헌자료실이 소장한 1631년판이다.

Qidongyeren·Bujingxiansheng, 『수양제염사(隋煬帝艶史)』(40回 8卷 16冊 4函), 1631, 중국.

시작하며

'수隋'라는 시대는 동양사에서 대단히 중요한 의의를 갖고 있다. 알기
쉬운 예로, 일본과 중국의 진정한 줄다리기식 외교 관계가 바로 스이코推古
천황과 수양제 사이에서 시작되었다는 사실은 이미 잘 알려져 있다.

나는 이렇듯 중요한 시대를 수양제라는 개인을 통해 관찰하고자 했
다. 개인이라고는 해도 수양제는 제왕이기 때문에 이른바 특수한 인간이
며, 그가 맺은 관계는 다방면에 직간접적으로 걸쳐 있다. 따라서 수양제
한 사람을 잘 살펴본다면 당시 그와 관련된 여러 상황까지도 밝혀낼 수
있을 것이다. 사실 그러한 의욕에서 이 책의 집필을 시작했으나, 정작 완
성된 책을 보면 그다지 큰소리는 못 칠 것 같다. 다만 나는, 역사학자의
본분은 단순히 사료를 겉핥기보다는 적어도 한 꺼풀 벗겨 관찰하는 일에
있다고 늘 생각해왔으므로 이 책도 그러한 각오로 임했다. 지금까지 아
무도 언급하지 않았던 내용을 조금은 다루었다고 믿는다.

1965년 10월. 유럽으로 가기 전
미야자키 이치사다

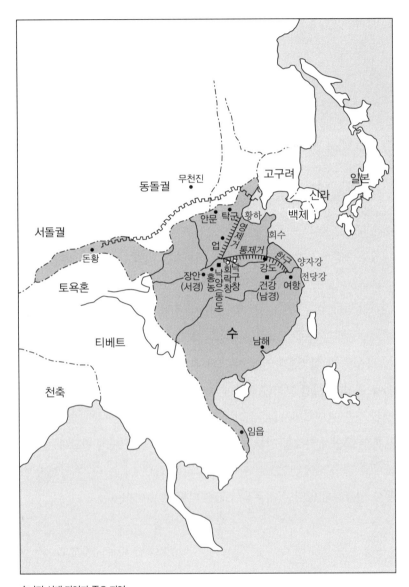

무천진
동돌궐
고구려
일본
신라
백제
서돌궐
안문 탁군
황하
영제거
회수
업 통제거
양자강
돈황
한구
강도
장안
(서경)
낙구
농음 창창
건강
(남경)
여항
토욕혼
동도
홍양
전당강
낙녹
수
남해
티베트
천축
임읍

수나라 시대 강역과 주요 지역

1

남북조시대

수양제라고 하면 누구나 바로 떠올리는 이미지가 중국 역사에서 보기 드물 정도의 음란하고 포학한 군주, 먼 옛날 은殷나라의 주왕紂王이 살아 돌아온 듯한 천자天子일 것 같다. 그도 어느 정도 사실이기는 하지만, 주의해야 할 것은 수양제가 근본부터 악한 인물은 아니었다는 점이다. 그는 아주 평범하면서도 동시에 여러 가지 약점을 지닌 인간이었다. 그를 둘러싼 시대 환경은 사회 자체에 아무런 이상理想도 존재하지 않았고, 모든 사람이 각자 다투면서 권력을 숭배하고 추구하며 남용하는 세상이었다. 하지만 그러한 환경에서는 평범한 군주일수록 큰 과실을 범하기 쉽다. 이런 까닭에 이 시기에는 음란하고 포학한 천자가 수양제 외에도

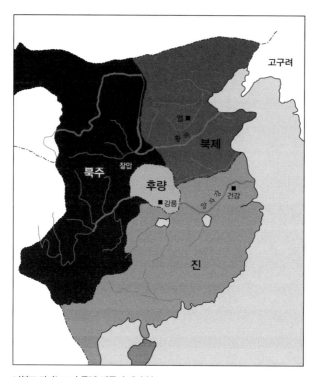

남북조 말기(560년 무렵) 각국의 세력 분포도

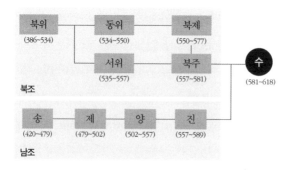

남북조의 변천과 수의 통일

셀 수 없을 만큼 많이 등장했다. 말하자면 난폭한 천자의 예사스런 등장이 시대 풍조였다. 수양제는 그 가운데 한 사람에 불과했다. 실로 무서운 세상이었다.

수나라는 중국 역사에서 가장 큰 혼란기인 남북조시대(420~589) 말에 출현하여 남북의 분열을 오랜만에 통일한 왕조였다. 남북조 말기는 특히 왕조의 분열이 심했는데, 단순히 중국이 남과 북, 즉 양자강 유역과 황하 유역으로 나뉜 데 그치지 않고, 황하 유역이 다시 상류 지방의 관중關中과 하류 지방의 산동山東으로 갈라졌다. 그 결과 중국 본토에 대략 세 개의 독립된 정권이 세워져 100년 가까이 패권을 둘러싸고 서로 전쟁을 벌이게 되었다. 전쟁으로 인해 물자 부족이 심각해지고 민간의 인심은 한층 더 나빠졌으며, 그 와중에 제위에 오른 군주는 비행소년 저리 가라 할 정도로 거칠고 사나운 모습을 보였다. 남북조시대의 특징은 우선 폭력적인 천자가 많다는 점을 들 수 있는데, 그들은 나중에 등장하는 수양제에게 전혀 고맙지 않게도 실제 본보기가 된 셈이다.

남조는 대체로 양자강 유역 평야의 이남을 차지했던 정권으로, 송宋(420~479)·제齊(479~502)·양梁(502~557)·진陳(557~589)의 네 왕조가 차례로 지배했다. 이 가운데 처음 두 왕조인 송과 제에 특히 폭력 군주가 많았다.

송나라는 2대 소제少帝(재위 : 422~424)부터 비행을 일삼기 시작했다. 소제는 비행을 일삼았던 천자 치고는 재능도 꽤 있는 편이어서 승마술이나 궁술에 뛰어난 능력을 보였으며, 음악에 대한 조예도 깊었다고 한다. 그러나 열여덟 살에 즉위하여 젊은 혈기와 정력을 주체하지 못해, 선황先皇(무제武帝를 가리킴)이 죽었는데도 슬픈 표정 하나 없이 궁에 사람들을 불러 모아 소란을 피웠으며, 마음에 들지 않는 신하가 있으면 직접 채찍으로 때리기까지 했다. 이에 조정 대신들이 걱정하여 모두 모여 의논한 결과, 모친인 황태후에게 진정을 넣어 폐위를 추진했다. 대신들이 궁에 들이닥쳤을 때 이미 훤히 날이 밝았건만 천자는 전날 했던 운동으로 피로가 안 풀렸던지 잠에 취해 있었다. 전날 했던 운동이란 궁 안의 정원에서 간이 가게를 열고 장사 놀이를 한 뒤, 다음에는 큰 배를 여럿이 육로에서 줄로 끌어당기며 한 연못에서 다른 연못으로 옮기는 일종의 배 끌기 놀이였다. 밤새 그 놀이를 즐긴 탓에 천자는 피곤에 지친 나머지 배 안에서 그대로 잠들어버렸던 것이다.

소제로부터 2대 뒤의 천자인 폐제廢帝(재위 : 464~465)라는 인물 또한 도저히 감당이 안 되는 비행소년으로서 열여섯에 즉위했다. 그의 아버지 효무제孝武帝(재위 : 453~464)는 자식이 못된 짓을 일삼는 것을 눈치채고 평소 엄하게 훈계했다. 그 때문에 폐제는 아버지가 죽자 크게 기뻐하며 일단은 얌전히 장례를 치렀으나, 다시 생각해보니 완고한 부친으로 인해 자신이 그간 얼마나 힘들었는지 새삼 화가 돋았고, 그 분풀이로 아버지의 묘를 파헤치려 했다. 하지만 주위 신하들이 '만일 천자가 그런 일을 자행할 경우 오히려 본인에게 득 될 것이 없다'며 만류하는 바람에 생각으로 그쳤다. 묘를 파헤치는 일은 포기했으나, 그래도 분이 풀리지 않은 폐제는 결국 묘에 분뇨를 끼얹었다. 부친이 죽고 난 뒤에는 아버지의 형제, 즉 자신의 숙부들이 눈에 거슬려 미칠 것 같았다. 세 명의 숙부를 불러다가 가축우리에 가두고 네 발로 걷게 하면서 마치 동물에게 밥을 주듯이 모욕했다. 놀이 중에서는 옷 벗기며 노는 것을 가장 좋아했다. 궁녀

만으로는 성에 차지 않아서 친척이나 신하의 부인·딸까지 궁으로 불러들여 이른바 '스트립 대회'를 열었다. 이런 놀이를 할 때는 다른 사람의 부인이든 친척의 딸이든 가리지 않았다. 이에 더 이상 참지 못한 숙부들도 동지들을 규합하여 무장을 갖추고 밤을 틈타 궁에 난입했다. 바로 그때 소년 천자는 후궁 수백 명과 함께 악귀 쫓는 놀이에 한창 빠져 있었다. 그런데 생각지도 않던 귀신의 습격으로 허둥지둥 도망쳤으나, 결국에는 잡혀 살해당하고 말았다.

세 명의 숙부 가운데 한 사람으로서 뚱뚱한 몸집 때문에 폐제가 돈왕豚王이라는 별명을 붙여준 인물이 이후 제위에 올라 명제明帝(재위 : 465~472)가 되었다. 명제 대에서는 아무 일 없이 지나갔으나, 그 자식 대에 이르자 다시 문제가 발생했다. 명제의 아들은 대여섯 살 때부터 나무를 잘 탔다고 하니, 운동신경만큼은 보통 사람 이상으로 발달했을 것이다. 열 살에 즉위했는데, 나이를 먹어감에 따라 점점 더 비행을 일삼았다. 똑같은 부류의 비행소년들을 거느리고 밤에 궁을 빠져나가서는 남자, 여자, 말, 개 무엇이 되었든 보이는 사람과 동물을 가리지 않고 모조리 목을 베어 죽였다. 처음에는 밤에만 그런 짓을 하다가 점차 대낮에도 거리낌 없이 자행했다. 그러던 중 강도 짓이 해보고 싶어진 천자는 가장 부자라고 소문난 민가에 쳐들어갔다. 집주인은 천자가 선두에 서서 예리한 칼날을 휘두르며 들이닥치는 모습을 보고 변변한 저항 한번 할 수 없었으나, 그 와중에도 주먹으로 천자의 귀를 갈기며 '걸주桀紂보다 더한, 나쁜 천자 놈'이라고 욕을 퍼부으며 죽어갔다.

장군 소도성蕭道成은 자신 또한 이유 없이 천자에게 살해당할 지경에 이르자 선수를 쳤다. 동지들과 함께 궁에 난입하여 술에 취해 잠들어 있던 열다섯 살의 비행 천자를 죽인 것이다. 소도성은 2년 뒤 송을 멸하고 스스로 천자의 자리에 오르는데, 그가 바로 제나라의 초대 황제인 고제^{高帝}(재위 : 479~482)이다.

제나라는 고제와 그의 아들 무제^{武帝}(재위 : 482~493) 대까지는 좋았으나 그 다음 대부터 나빠졌다. 무제의 황태지는 성실한 인물로 아버지의 정치를 잘 보좌했으나, 그 손자인 황태손 소소업^{蕭昭業}은 질이 안 좋은 소년이었다. 소업은 어서 빨리 천자가 되어 자신이 원하는 대로 하고 싶어 안달이었다. 비슷한 부류의 비행소년들을 모아 그림자 내각을 조직하고 자신이 천자의 자리에 오르면 각자 작위를 주겠노라 약속했으나, 조부인 천자도 아버지인 황태자도 좀처럼 죽을 기미가 보이지 않았다. 그래서 양씨^{楊氏}라는 무녀를 불러들여 조부와 아비가 빨리 죽도록 저주를 걸었다. 저주가 효험이 있었는지 아버지인 황태자가 병에 걸려 죽었다. 이제 조금만 더 하면 되겠다는 일념으로 무녀로 하여금 조부의 죽음을 빌게한 결과, 조부의 병세도 갑자기 심각해졌다. 그러나 조부는 그런 음모는 전혀 눈치채지 못한 채 황태손이 한결같이 효심 깊은 훌륭한 소년이라고 굳게 믿고 있었다. 무제는 임종 직전에 황태손 소업을 머리맡으로 불러 다음과 같이 말했다.

"네가 천자가 되면 처음 5년 동안은 무조건 대신들이 하는 말에 따르는 게 좋다. 하지만 5년이 지난 뒤에는 결코 대신들이 하는 말을 들어서는 안 된다."

무제는 이렇듯 어처구니없는 유언을 남기고 죽었다. 그렇게 조부가 죽자 소업은 크게 기뻐하며 매일 풍악을 울리고 놀기 바빴다. 증조부 대부터 검약해서 모아놓은 돈이 8억 만이나 되었지만 천자에 오르기 전까지는 한 푼도 자유롭게 쓸 수 없었다. 그러나 이제는 마음대로 할 수 있다는 생각에 닥치는 대로 흥청망청 쓰기 시작했다. 1년이 채 다 가기도 전에 절반 이상을 써버렸다. 매사냥이나 투계, 개 경주를 좋아해서 돈을 아끼지 않고 직접 닭과 개를 사들여 경기를 열고 후한 상품을 내걸었기 때문에, 아무리 모아놓은 돈이 많아도 곧 부족해질 수밖에 없었다. 행실이 나쁜 것은 두말할 필요조차 없다. 반란이 일어나 적병들이 궁으로 쳐들어왔지만, 그때도 천자 소소업은 '스트립쇼'를 벌이고 있던 참이었다. 그는 5년은커녕 재위 1년(493~494)도 채우지 못하고 살해당했다.

이때 반란 지도자는 왕족 가운데 한 사람인 소란蕭鸞으로, 그는 얼마 지나지 않아 제위에 올라 명제明帝(재위 : 494~498)가 되었는데, 그의 아들인 소보권蕭寶卷 또한 난봉꾼으로 악명을 떨쳤다. 보권은 밤마다 쥐를 잡는 일을 제일 좋아했다. 그래도 아버지 명제의 눈에는 든든하고 믿음직스러운 청년으로 보였던 것 같다. 명제는 죽기 전 아들에게 '선수를 치면 다른 이를 제압할 수 있다는 사실을 잊지 말라'고 유언을 남겼다. 그 가르침 탓인지 새로 등극한 천자東昏侯(東昏侯), 재위 : 498~501는 조정 대신들을 닥치는 대로 죽이기 시작했다. 천자는 저녁엔 노느라 정신이 없고 아침 녘에나 잠들었기 때문에, 조정 대신들은 아침에 조정에 나가도 밤이 될 때까지 천자가 나오기만을 기다려야 했다. 겨우 대신들과 얼굴을 마주한다 싶어도 서류만 받아놓을 뿐 곧장 놀러 나갔다. 궁을 빠져나가 거리로 나설 때는 미리 북을 쳐서 알렸다. 지나가던 사람들은 북소리를 들으면 서둘러

대피해야 했다. 어쩌다 천자 일행의 눈에 띄기라도 하면 그대로 목이 날아갔다.

자신의 형을 잃은 조정 대신大臣 소연蕭衍이 더 이상 참지 못하여 모반을 꾀하고 군사를 일으켰다. 그리고 폭정을 휘두른 비행 천자 소보권을 마침내 공격하여 제나라를 멸망시켰다. 그가 바로 양 왕조를 연 무제武帝(재위 : 502~549)이다. 양무제는 남북조를 통틀어 천자로는 드물게 48년간 재위하는 신기록을 작성했으나, 무제 1대로 사실상 양 왕조가 멸망한 거나 다름없으므로 비행 천자가 나올 여지가 없었다.

그 뒤를 이은 진나라에서는 마지막 천자인 후주後主(재위 : 582~589)가 난봉꾼이었는데, 그에 대해서는 나중에 다시 서술하겠다.

남조에서 송·제라는 두 왕조가 이어지는 동안 화북의 황하 유역 일대를 차지한 북조는 북위北魏(386~534) 왕조가 지배하고 있었다. 북위는 몽골 지방의 유목민인 선비족이 만리장성을 넘어 중국의 한족漢族을 정복하고 세운 국가로, 군주들이 대대로 몹시 거칠었다. 상당히 난폭한 천자들이 있었다고

소머리 녹각 금제 머리 장식품
북위 선비족 여인들이 머리에 착용했던 장식으로, 머리를 움직이면 이 관의 잎도 따라서 흔들리며 부딪혀 소리를 냈다.

하지만 자세한 내용은 전해지지 않는다. 태무제太武帝(재위 : 423~452) 때 필화筆禍 사건을 겪은 사관史官들이 후환을 두려워하여 제대로 된 사실을 적으려 하지 않았기 때문이다. 그 사건은 북위 왕조의 내막을 기록했던 중국인 출신 대신이 살해당하고, 그와 연루되어 그의 일족은 물론 지인과 친우들까지 학살된 대참사였다. 그럼에도 북위 왕조 주변에는 항상 살벌한 요기가 떠돌았다고 알려진다.

실질적으로 북위를 세운 사람은 도무제道武帝(재위 : 386~409)이다. 그는 강장제를 과다 복용하다가 신경쇠약에 걸렸는데, 그런 상황에서 비행을 일삼는 황태자와 사이가 틀어졌고 결국 아들 손에 살해당했다. 다음다음의 천자인 태무제도 황태자와 싸우다가 자신이 먼저 살해당할지도 모른다는 불안감에 성급히 황태자를 죽였지만, 나중에 후회하고는 지난날 참언했던 환관을 죽이려다 도리어 죽임을 당했다. 그의 증손자 헌문제獻文帝(재위 : 465~471)는 모친인 태후에게 살해되었으며, 또한 헌문제의 증손자 효명제孝明帝(재위 : 515~528)도 자신의 어머니에게 살해되었다.

효명제 이후 북위는 사실상 멸망하고, 동시에 화북은 동과 서로 분열된다. 동쪽의 동위東魏(534~550)로 불리는 산동 정권은 고씨高氏가 실권을 쥔 뒤 이윽고 북제北齊(550~577) 왕조를 수립했지만, 북제 또한 음탕한 천자들이 정권을 이어갔다. 북제 왕조의 사실상 창시자인 고환高歡과 그의 아들 고징高澄은 지나치게 여색을 밝혔기 때문에 이미 많은 비난을 받았다. 동위 왕조는 스스로 중국인 명가名家 출신의 집안이라고 내세웠지만 사실은 몽골계 선비족 출신으로서, 이들은 타민족을 정복하면 부녀자들을 자신의 소유물로 만들고 심지어 아버지가 죽어도 남겨진 부인과 첩을 모두 상속 받는 몽골족 풍습을 따랐다. 이 때문에 무엇보다 예의에 까다로운 중국인들 눈에는 그들의 풍습이 대단히 천박한 짐승의 행위처럼 비쳐졌을 것이다.

고징의 동생 고양高洋이 공공연하게 제위에 올라 북제 왕조의 초대 황제인 문선제文宣帝(재위 : 550~559)라고 칭했지만, 그때부터 천자의 여색 밝히기는 한층 더 심해졌다. 먼 친척의 부인을 빼앗았을 뿐만 아니라, 동성同姓 일족의 여자를 후궁으로 들이거나 좌우 측근 신하에게 하사하여 난교를 강요했다.

문선제는 예전에 형 고징에게 부인을 빼앗긴 일에 대한 복수로 고징의 처를 범했는데, 이후 그의 동생 고담高湛이 즉위하여 무성제武成帝(재위 : 561~565)가 되자 문선제의 부인 이李황후를 덮쳐 임신시켰다. 이황후는 수치스러워 큰아들 소덕紹德을 볼 낯이 없다며 갓 태어난 여자아이를 어둠 속에 묻어버리고 말았다. 그러자 화가 난 무성제는, 여아를 죽였다면 그 오라비도 죽어야 한다며 소덕을 살해하고 이황후를 발가벗겨 채찍질한 뒤 절로 보내 비구니로 만들었다. 이루 말할 수 없이 기괴한 형제 관계였다.

악기를 연주하는 여인 도용
소관(小冠)을 쓰고 악기를 연주하는 모습의 도용(陶俑)으로, 붉은색으로 채색되어 있다. 562년 북제 시대에 만들어졌다.

중국의 긴 역사를 볼 때 남북조시대만큼 어리석고 우매하며 음탕한 천자가 많이 출현한 시대는 없었다. 지금까지 서술한 내용은 상당히 강도를 낮추고 적당히 참작하여 소개했을 뿐이며, 실제 이루어진 천자의 난폭하고 음란한 행동은 훨씬 더 심각했다. 그렇다면 도대체 왜 이렇게 추악하고 괴이한 시대가 나타났을까.

그 원인을 생각해보면 첫째로 남북조라는 시대는 일반 백성의 지위가 매우 낮아 아무런 발언권이 주어지지 않았고, 국가는 백성을 계속 그러한 지위에 묶어두기 위해 영구적으로 항상 계엄령을 내린 시대였기 때문이다. 특히 이러한 상황은 남북조시대에 들어서 갑자기 나타난 것이 아니라 후한後漢 말 삼국시대부터 이미 시작되었으며, 그 정도가 점점 심해지다가 남북조시대에 이르러 결국 극에 달했을 따름이다.

그러나 계엄령이 선포되었다고는 해도 일반적으로 유력자 집단은 항상 그로부터 제외되었고 특권도 인정되었다. 바로 고급 관료들이다. 특권은 계엄령이 삼엄해질수록 유효하고 그 가치도 상승한다. 보통 평민들은 가차 없이 군역으로 끌려가거나 무거운 군사 부가세를 낼 때도 고급 관료들만은 자신들의 특권을 앞세워 가혹한 세역을 면제받았다. 특권 계급은 자연스럽게 귀족의 지위를 차지하여 학문과 문화를 독점하고 일반 평민들과는 완전히 동떨어진 존재가 되어갔다. 남북조야말로 중국 귀족 제도의 이른바 황금시대였다.

다만 귀족은 병권을 쥐고 있지 않다는 점에서 권력에 한계가 있었다. 만약 그들이 군인이

청자 연화준(蓮花樽)
북제 시대에 만들어진 연꽃 무늬 술병이다.
우아하면서도 화려한 귀족 문화의 일면을 보여준다.

나 군대를 장악하고 있었다면 남북조는 당연히 유럽이나 일본의 중세와 같이 봉건제도가 출현했을 것이다. 그런데 당시 중국에서 군대는 천자의 수중에 묶여 있었으므로 천자에 대립할 만한 봉건 제후의 존재가 허용되지 않았다.

천자야말로 계엄령의 주체로서 군대를 움직이는 총책임자였다. 그리고 계엄령하에서 국가 정무는 천자의 극히 소수 측근에 의해 비밀리에 결정되었다. 표면적으로 민정과 관련된 일에는 귀족 출신의 조정 대신이 참여했기 때문에 그나마 괜찮았지만, 천자 개인의 행동은 오로지 천자의 자유에 맡겨졌다. 천자가 군사비를 어디에 사용하든, 그에 대해 간섭하고 견제할 사람은 아무도 없었다. 성질 나쁜 10대의 천자가 그러한 절대권력의 지위에 올랐을 때 비행과 우행에 빠지지 않는다면 그것이 오히려 이상할지도 모른다.

그런데 강남 지방의 남조 정권과 화북 동부를 차지한 산동 정권에 대항하고 있던 화북 서부의 서위西魏·북주北周라고 불리는 관중 정권에서는 조금 사정이 달랐다. 이 나라에서는 오랫동안, 다른 지방에서 나타났던 비행 천자가 그때까지 한 번도 출현하지 않았다. 비교적 건강한 정치가 이루어졌다. 이는 대체 어떤 원인에서 비롯되었을까?

2

무천진 군벌의 발전

남북조 후반기에 화북 지역의 서쪽 절반을 차지했던 관중 정권의 성격을 파악하기 위해서는 북위 시대 무천진 군벌이 형성되는 시기까지 거슬러 올라가야 한다.

북위는 원래 몽골 지방의 유목민인 선비족이 화북 지역을 침략해서 중국인(한족)을 정복하고 지배한 왕조였는데, 이들이 화북에 자리를 잡자 몽골 지방을 새롭게 점령한 또 다른 유목 민족이 등장하여 대치하는 상황이 벌어졌다. 이에 북위는 만리장성을 따라 전선 기지를 구축하고 그곳에 유목민과 중국인을 주둔시켜 국방을 담당하게 했는데, 그것을 진鎭이라 일컬었다. 진 가운데 가장 중요한 곳으로 6진(어이진禦夷鎭, 유현진柔玄鎭,

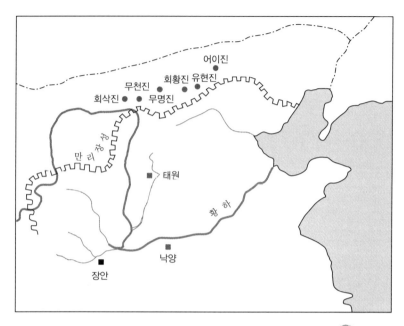

무천진 부근도

북위는 몽골 지방에 새롭게 자리 잡은 유목 민족의 침략을 막기 위해서 만리장성 위쪽에 진을 설치했다. 이 가운데 6개의 진이 중요한 거점이었는데, 특히 무천진은 주둔군 장병들의 단결이 강하고 끈끈한 가족적 결합을 이루었다. 남북조시대의 혼란을 마감하고 중국을 통일한 수문제도 무천진 군벌 출신이다.

북방 무사

호랑이 문양이 새겨진 방패를 들고 있는 무사상이다.
오른손은 창을 쥐었던 것으로 추측되지만 지금은 남아 있지 않다.
남북조시대에 널리 유행한 갑옷의 형태를 알 수 있는 도용이다.

회황진懷荒鎭, 무명진撫冥鎭, 회삭진懷朔鎭, 무천진武川鎭)이 꼽히는데, 무천진은 그중 하나였다.

무천진은 지금의 내몽골 자치구 무천현武川縣으로, 황하의 대만곡부大彎曲部 동북쪽 음산陰山산맥 북쪽 기슭에 위치했다. 북쪽으로는 고비사막으로 이어진 드넓은 초원이 펼쳐져 있어, 여름에는 열풍으로 인한 모래먼지가 날리고 겨울에는 매서운 바람에 눈가루가 날리는 곳이 바로 무천진이었다. 이곳은 그렇게 가혹한 기후에 노출된 채 빈약한 보루만 세워져 있을 뿐, 보루 뒤쪽으로는 다 쓰러져가는 낡은 가옥들이 무리지어 있었다. 주둔병들은 자기 가족들과 함께 그 안에서 생활했다.

주둔병들은 여름에는 말이나 양 떼를 초원으로 몰고 나가 방목하며 키웠는데, 그것이 유일한 생계 수단이었다. 다행히 봄과 여름 사이에는 적이 공격해오는 일이 거의 없었다. 상대편도 유목에 종사하느라 여념이 없었기 때문이다. 하지만 가을이 되고 그때까지 무성했던 여름풀이 시들어 시야가 넓어지면 북쪽 몽골 사막 저편에서 적의 기병들이 무리를 지어 약탈에 나섰다. 이쪽도 그에 대항하기 위해서 장정들이 순번을 정해 말을 타고 아주 먼 곳까지 정찰을 돌아야만 했다. 봄·여름에는 일하고 가을·겨울에는 방어를 하느라 한순간도 느긋하게 쉴 틈이 없었다.

이러한 고난을 겪으면서 주둔군 장병들 사이에는 상부상조의 정신도 필요했고 공통의 이해관계를 지키기 위해서라도 견고한 단결력이 생겨났다. 이에 더하여 서로 혼인을 통해 이해관계를 넘어선 끈끈한 가족적 결합이 이루어졌다.

북위의 중앙정부가 점차 타락하고 기강이 해이해져 내란마저 일어낮을 때 그때까지 대외적 방어력으로 기능했던 6진의 무력이 거꾸로 대내적으로 이용된 것은 자연스러운 현상이었다. 무천진의 장병들은 이러한 흐름을 타고 옛날 서한西漢의 수도였던 장안長安지금의 섬서성(陝西省) 서안(西安)으로 진격해 들어가 그곳에 관중 정권을 수립했다. 무천진 군인 집단의 지도자가 바로 우문태宇文泰였다. '우문'이라는 낯선 성이 나타내듯 우문태의 일족은 몽골계 선비족 출신이지만, 그 집단 속에는 많은 중국인들도 포함되어 있었다. 양쪽은 오랫동안 잡혼雜婚을 통해 기의 구별이 안 되는 새로운 종족을 형성했다. 언어는 대체로 중국어를 사용한 듯 보이나, 선비족은 선비족, 중국인은 중국인의 가계를 내세우며 서로의 자존심을 유지했다. 풍습도 선비와 중국의 문화가 뒤섞였는데, 가정 내에서 부인의 발언권이 강하고 아버지가 죽으면 자식들이 아버지의 부인과 첩을 분배해서 자신의 소유로 만드는 풍습이 일부 남아 있던 점은 몽골족으로부터 물려받은 것이었다.

우문태는 반란에 대한 대의명분을 내세우기 위해 처음엔 북위 왕조의 일족을 천자로 옹립하고 자신은 대신大臣으로서 보좌한다는 구실을 대며 실권을 장악했다. 그런데 그가 점령한 관중 지역은 땅 면적이 좁고 인구도 적은 데다 생산력도 낮아 실질적인 힘은 아무래도 동쪽에 인접한 산동 정권에 미치지 못했다. 특히 산동 정권의 실력자 고환은 호걸로 소문이 자자했기 때문에 관중 정권의 우문태로서는 자칫 잘못하다가는 상대에게 압도될 처지였다.

이때 우문태가 의지한 이들이 오랫동안 생사고락을 같이하며 동지적 결합으로 돈독해진 무천진 군벌의 동료들이었다. 아무리 전세가 불리해도, 또한 어떤 역경에 처해도 그들은 일치단결하여 우문태를 지원했다. 우문태는 그렇게 끈끈한 단결력을 통해 자신들보다 훨씬 국력이 강한 고환과 싸워 한 치의 물러섬도 없이 항상 호각지세를 보이며 관중 정권을 유지할 수 있었다.

우문태의 아들 우문각宇文覺은 허수아비에 지나지 않는 서위의 천자를 폐하고 스스로 천자의 자리에 올라 북주 왕조를 수립했다(557). 한편 동쪽에 인접한 산동 정권은 그보다 먼저 고환의 아들 고양이 자신의 가문이 옹립한 동위의 천자를 폐하고 북제北齊 왕조를 세웠다(550). 이른바 서위와 동위의 대립은 이 시기부터 북주와 북제의 대립 시대로 돌입한다.

북주 왕조가 성립했지만 무천진 군벌의 단결력은 조금도 변하지 않았다. 아니, 오히려 북주 왕조의 출현이야말로 무천진 군벌 출신의 장군들이 하나같이 희망하던 일이었다. 제위에 오른 우문씨를 뒷배 삼아 그들은 개국공신으로서, 또한 이후에 개국공신의 자손으로서 특권 귀족이 갖는 지위를 확고하게 보장받을 수 있기 때문이다.

무천진 군벌의 강한 결속력을 바탕으로 세워진 북주라고는 하지만, 동쪽에 인접한 북제로부터 받는 압력은 여전히 위협적이었다. 그러한 상황에서는 비행을 일삼는 천자가 생겨날 여지가 없다. 그런 천자가 나타난다면 곧바로 멸망 위기에 빠지리라는 것은 누가 보더라도 불 보듯 뻔했다. 그 때문에 천자가 만약 못나고 어리석은 자식에게 제위를 물려주려 한다면 친척·외척·장군들이 가만히 보고만 있지 않았다.

북주와 같은 시기에 산동 정권의 북제 및 강남 정권의 남조에서는 정치 목표라는 것이 거의 존재하지 않았다. 이에 반해 북주는 하잘것없는 목표이기는 하지만 어찌 됐든 무천진 군벌의 보존이라는 매우 실질적인 정치 목표를 갖고 있었다.

파벌은 원래 있어서는 안 되는 집단이지만 실제 현실에서 큰 움직임을 낳곤 한다. 일본 도쿠가와 막부의 핵심은 미카와^{三河}지금의 아이치 현. 도쿠가와 이에야스가 간토로 진출하기 전까지 근거지로 삼은 곳 무사 집단이었으며, 메이지유신 정부는 사실상 사쓰마^{薩摩}지금의 가고시마 현 전역과 미야자키 현 남서부와 조슈^{長州}지금의 야마구치 현 번벌^{藩閥}의 실력을 바탕으로 존재했다. 파벌은 여러 가지 악행을 저지르기도 하지만 사회생활의 규칙이 미처 확립되지 못한 시기에는 일종의 필요악으로서 생겨난다. 물론 그런 상황이 오래 지속되면 공정한 규칙 성립을 방해하여 곤란해지지만, 전혀 아무것도 없는 것보다는 나을 때도 있다. 북주의 경우가 바로 그러했는데, 중국 중세 사회는 고대적 사회생활의 규칙이 무너진 뒤 계엄령으로 간신히 사회 치안을 유지하는 게 고작이어서, 아직은 새로운 규칙이 어디에서도 성립되지 않은 상황이었다. 최고 권력을 아무런 힘도 들이지 않고 손쉽게 쥐게 된 소년 천자가 비행을 일삼는 원인이 바로 그런 환경에서 비롯되었는데, 북주의 경우에는 군벌의 단결력이 강하고 이른바 일당 전제정치를 행했기 때문에 비행 천자가 생겨날 여지가 없었다. 세상은 무엇이 행운이 될지 모를 일이다. 무천진 군벌의 단결은 북주 한 대에서 소멸하지 않고 수나라를 거쳐 훗날 당^唐나라의 성립으로도 이어진다.

북주의 초대 천자인 우문각이 바로 효민제^{孝閔帝}(재위 : 557)이고, 다음에 동생인 명제^{明帝}(재위 : 559~560)가 제위를 이어받았으며, 그 다음에 또 다른 동생 무제^{武帝}(재위 : 560~578)가 계승했다. 그러는 사이에 다소 내홍도 발생하기는 했으나, 동쪽의 북제나 남쪽의 남조와 비교하면 정치가 훨씬 건강하고 활력이 있었다. 무제 만년에 이르면 오히려 동쪽 북제의 정치가 파탄나버린다.

당시 북제의 천자 후주後主(재위 : 565~576)는 소인배들을 측근에 두고 총애하여 조정 대신과 장군은 정치에서 소외시켰다. 후주가 늘 자신의 곁에 둔 사람은 환관 화사개和士開, 여자 노예 풍소련馮小憐, 노예 출신의 유모 육령훤陸令萱, 유모의 아들 목제파穆提婆 등이었으며, 이들은 뇌물을 탐하여 국정을 어지럽혔을 뿐 아니라 국가의 기둥인 명장 곡률광斛律光을 죽이고 멸문시켰다. 그 뒤부터 인심이 흐트러지고 장병들은 아무도 나라를 위해 충성을 다하려 하지 않았다. 그 상황을 노려 북주의 무제는 백성을 총동원하여 대군을 이끌고 스스로 진두에 서서 북제를 공격했다.

이에 맞서 북제의 후주도 친히 병사들을 감독하여 출진했다. 마침내 평양平陽(오늘날 산서성(山西省) 임분(臨汾))에서 양측 군대가 맞붙었는데, 북제의 후주는 황후의 자리에까지 오른 여자 노예 풍소련과 함께 말 머리를 나란히 한 채 전투를 구경했다. 북제의 좌익 쪽 병사들이 조금씩 밀리는 상황을 본 풍소련이 당황하여 먼저 소리쳤다.

"아, 졌네."

목제파가 그 소리를 듣고 후주를 재촉하며 말했다.

"폐하, 어서 도망치십시오. 도망치십시오."

그 말에 후주와 풍소련은 줄행랑을 놓았다. 대신들은 달아나는 후주의 소맷자락을 붙잡고 말리며 간절히 애원했다.

"진짜 승부는 이제부터입니다. 폐하께서 도망치신다면 어느 누가 진정으로 싸우려 하겠습니까?"

그러자 목제파가 막아서며 말했다.

"폐하, 이런 말은 들으실 필요 없습니다. 어서 가시지요. 어서."

목제파는 천자를 재촉하여 서둘러 도망치게 만들었다. 천자가 사라지자 북제의 군사들은 사기를 잃고 참패한 끝에 도주했다.

북주의 무제는 평양전투에서 승리를 거둔 뒤 적이 한숨 돌릴 여유도 주지 않고 뒤쫓아 북제의 수도 업鄴(하북성(河北省) 임장현(臨漳縣) 남서쪽에 있는 고대 도시)을 함락했으며, 후주와 그 일족을 포획하여 40여 년 동안 존속해온 산동 정권을 타도하고 모든 영토를 흡수해버렸다(577).

이로써, 그때까지 좁은 관중 땅에 갇혀 있던 북주는 화북 일대를 손에 넣고 국력이 크게 신장했다. 무제는 얼마 못 가 병사했으나 아들인 선제宣帝(재위 : 578~579)가 즉위하여 남조에까지 압박을 가함으로써, 기존에 대체로 남북의 국경 역할을 했던 회수淮水보다 훨씬 더 남쪽으로 세력을 뻗쳐 양자강까지 영토를 넓혔다.

이렇게 북주의 국력이 갑자기 강해진 것까지는 좋았으나, 그와 동시에 이전에는 볼 수 없었던 나쁜 풍조가 고개를 들기 시작했다. 아마도 이는 오랫동안 지속된 긴장에 대한 반동으로 나타난 현상일 것이다. 더 이상 이웃 나라에 두려운 존재가 없다는 안도감이 점차 자신의 욕망을 끄집어내고, 나아가 방종과 타락으로까지 이르게 했을 것이다. 정신을 바짝 차리기란 어려운 일이므로 안팎으로부터의 적당한 자극과 심신 단련이 필요하지만, 방탕으로 흐르는 것은 눈 깜짝할 사이에 너무나도 쉽게 이루어지는 법이다. 이것이 바로 인간이 가진 약점이다.

북주는 우문태와 함께 효민제부터 무제에 이르기까지 세 사람의 천자를 포함한 네 명이 모두 명군까지는 아니어도 제대로 된 인물이었다. 그중에서도 무제는 재위 17년(577)에 허약한 국력으로 강적인 북제를 마침내 멸망시키기까지 이루 말할 수 없는 고난을 겪었다. 전장에 나가면 일일이 부대장의 진영을 순회했고, 대장을 잘 기억해두었다가 큰 소리로 그의 이름을 불러 얼굴을 마주 보며 위로했기 때문에, 장병들은 감격에 겨워 모두 분골쇄신하며 충성을 다했다. 그뿐 아니라 무제는 전장에 나설 때면 언제나 짐말을 타고 갔다. 대신들이 좋은 말을 타기를 권하면 다음과 같이 말하며 물리쳤다.

"나 한 사람이 준마를 탄다고 무슨 도움이 되겠는가?"

그 정도로 부하들을 배려하며 격려했던 것이다.

그러나 무제의 아들인 황태자는 못나고 어리석었다. 무제는 누차 언하게 꾸짖으며 황태자의 성질을 고쳐보려 노력했으나, 아무리 해도 나아지지 않았다. 무제가 죽었을 때 황태자의 나이는 스물, 딱 나쁜 짓에 빠지기 쉬운 나이였다.

황태자, 곧 제위에 오른 선제宣帝는 천자가 된 기쁨을 감추지 못했다. 그는 완고했던 아버지가 자신을 번번이 때린 것을 떠올리고는 채찍으로 맞아서 생긴 흉터를 손으로 쓸며 욕지거리를 내뱉었다.

"에잇, 죽일 놈. 이왕 죽을 거 빨리 좀 죽지."

부친의 후궁과 궁인들을 전부 자기 소유로 삼은 일은 한인漢人 관료들의 눈썹을 크게 찌푸리게 만들었다.

스무 살의 비행 천자에게는 정치와 관련해 결재를 하는 일이 몹시 버거웠다. 그 때문에 측근들의 감언이설에 속아 실정을 거듭할 수밖에 없었다. 선제는 즉위한 지 얼마 되지 않아 숙부인 우문헌^{宇文憲}을 죽였는데, 그는 바깥에서는 장군으로서 안에서는 재상으로서 상당히 유능했던 친척이었다. 그렇게 우문헌이 북주에서 대들보 역할을 하던 인물인 만큼 새 천자에게는 위험하고 꺼림칙한 존재였을 터다.

이전의 형벌이 너무 무겁다는 의견이 있기에 여론을 수렴하여 가볍게 고쳤더니, 이번에는 점점 범죄가 증가하는 바람에 예전보다 오히려 무거운 형법을 제정했다. 그럴 때마다 관료들 사이에서 벌어지는 논의가 선제에게는 성가실 따름이었다. 사실 정치 따위는 어찌 되든 상관없고, 빨리 음악과 춤, 곡예나 마술을 구경하거나 해보면서 놀고 싶은 마음뿐이었다. 그래서 환관에게 모든 일을 떠맡기려 했지만, 관료들이 또 그에 대해 이의를 제기했다. 관료들이 발언권을 갖고 천자에게 간언했다는 사실은 북주 정치가 그만큼 건전했다는 반증이지만, 선제로서는 그런 상황이 몹시 귀찮았던지라 참을 수가 없었다. 결국 그는 정치에서 완전히 도피할 방법을 생각해냈다. 그 방법이란 천자의 자리를 자식에게 물려주고 본인은 상황^{上皇}이 되는 거였다.

즉위한 이듬해(579) 선제는 천자의 자리를 아들 정제^{靜帝}(재위 : 579~581)에게 흔쾌히 물려준 뒤 스스로 천원황제^{天元皇帝}라고 칭했다. 중국의 천자는 재위 중에는 그저 '황제'라고만 칭하고, '선제'라든가 '정제' 같은 이름은 사후에 붙는 시호다. 그러나 역사를 기록할 때 천자에게 이름이 없으면 불편하기 때문에 사후 시호를 가지고 생전 천자의 호칭으로 쓰는 것이다. 이는 단순히 역사 기술의 편의를 위한 일에 불과하다. 그런데 천원황제라는 호칭은 선제가 스스로 붙인 이름이었다. 그렇게 되면 살아 있는 자신의 장례를 본인이 치르고, 또 본인이 직접 자신의 시호를 내린 셈이 된다. 하지만 그가 진짜 죽었을 때 선제라는 시호가 붙여졌으므로 역사를 기술할 때는 보통 '선제'를 사용한다.

천원황제는 어렵고 까다로운 정치 문제는 싫어했음에도 정부 일에 간섭하고 싶을 때는 마음대로 참견했다. 책임을 지는 건 싫지만 권리는 행사하고 싶으니, 실로 골치 아픈 천자였다. 가끔 대신들을 불러들여 명령을 내리기도 했는데, 정치에 대한 의견을 구하는 게 아니라 세상 여자들에게 화장을 금지시키되 궁중만은 예외로 하라는 것 같은 말도 안 되는 명령이었다. 또 기분이 나쁠 때는 누가 됐든 가리지 않고 채찍으로 내리쳤다. 이 채찍질은 120회에 달하는 매우 심한 매질인데도 그 역시 부족하다며 240회로 늘리기까지 했다. 조정 대신이든 평소에 총애하는 미인 후궁이든 간에 채찍질하는 횟수와 강도에는 사정을 두지 않았다.

혼군昏君이 늘 그렇듯, 천원황제는 여색을 밝히는 데서도 둘째가라면 서러워할 인물이었다. 대신大臣 양견楊堅의 딸이 황후로 있음에도 천원황제는 자신이 예뻐하는 후궁이 부탁을 하면 바로 황후라는 이름을 내려주었다. 이 때문에 양楊황후 외에 금세 주朱황후, 원元황후, 진陳황후 등 네 명의 황후가 탄생했다. 그런데 얼마 뒤 또 한 명의 황후가 생겨남으로써 다섯 명으로 늘어났다.

왕실 일족인 우문온宇文溫의 처 울지씨尉遲氏는 대신이자 장군인 울지형尉遲逈의 손녀로, 상당한 미인이었다. 어느 날 울지씨가 입궐하여 황제를 알현했는데, 천원황제는 그녀에게 한눈에 반해 억지로 술을 먹이고 겁탈한 뒤 궁에 억류하고는 돌려보내지 않았다. 우문온의 아버지 우문량 宇文亮도 장군 지위에 있었지만, 한편으로는 두려우면서도 한편으로는 화가 나 모반의 뜻을 굳혔다. 마침 노장군인 위효관韋孝寬이 대군을 이끌고 낙양에 주둔하고 있었는데, 그곳을 습격하여 군대를 손에 넣기로 계획했다. 하지만 계획이 새나가고 말았다. 위효관은 습격에 대비하고 있다가 우문량을 잡아 목을 베고 그의 아들 우문온도 같이 죄를 물어 죽였다. 과부가 된 우문온의 처 울지씨는 이제 공공연하게 천원황제의 총애를 받았다. 천원황제는 울지씨에게도 황후 대우를 해주고 싶었던 모양이다.

천원황제가 궁내청 차관인 신언지辛彦之에게 울지씨에 대한 황후 대접을 요구하자, 그는 내키지 않는 표정으로 다음과 같이 말하며 거절했다.

"예로부터 동시에 다섯 명의 황후를 세운다는 얘기는 들어본 적이 없습니다."

그러자 이번에는 대학 교수인 하타何妥에게 다시 물었다. 하타는 자신의 박식함을 발휘하여 다음과 같이 말하며 천원황제의 비위를 맞추었다.

"옛날 제곡帝嚳이라는 천자에게는 네 명의 비妃가 있었다고 전해지며, 순舜은 두 명의 비를 거느렸습니다. 황후의 숫자는 시대에 따라 변합니다."

이 말에 천원황제는 크게 기뻐하며 신언지를 파면하고 궁내청 인사를 교체한 뒤, 또 한 사람의 황후인 울지황후를 책봉했다.

'울지'라는 성姓은 지금의 신강성新疆省 안에 있던 우전于闐이라는 나라의 페르시아계 가문 출신 성씨다. 이들과 중국인의 잡혼이 이루어진 뒤로 특히 양쪽의 좋은 점만 닮은 엄청난 미인이 생겨났을 것이다.

음탕한 바람이 불고 있던 궁에서 정실 황후인 양씨는 전통적인 부덕을 갖추었으며, 단아하고 정숙하여 네 명이나 다른 황후들이 책봉되었어도 투기하는 기색을 보이지 않아 궁중의 존경을 한 몸에 받았다. 천원황제는 그녀의 그러한 고풍스러운 미덕을 마음에 들어 하지 않았다. 어느날 짜증을 내며 양씨에게 자살할 것을 명했다. 양씨의 어머니 독고씨獨孤氏는 천원황제의 큰아버지인 명제의 황후 독고씨의 여동생인데, 그 소식을 듣고 깜짝 놀라서 궁으로 달려가 피가 나올 정도로 머리를 땅에 찧고 탄원하여 겨우 용서를 받았다.

이런 상황이니, 조정 대신들이나 정부 관료들도 하루하루가 불안해 마음 편할 날이 없었다. 누구든 좀 더 제대로 된 믿음직한 인물이 나타나 주기를 바라는 심정이 생기는 것도 당연했다. 그렇다면 그러한 희망에 답해줄 수 있는 사람은 누구인가.

먼저 거론된 인물은 두 명의 노신인 울지형과 위효관이었다. 두 사람은 비한인非漢人과 한인을 각각 동시에 대표하는 양대 산맥이었다. 당시 울지형은 앞서 멸망한 북제의 옛 수도인 업鄴에 주둔하며 대군을 장악하고 있었다. 한편 위효관은 중국인 명문 집안 출신으로서 수많은 무훈을 세웠으며, 역시 대군을 이끌고 낙양에 주둔하고 있었다. 다만 두 사람 모두 이미 일흔에 가까운 나이였기 때문에 먼 미래에 대해서는 희망을 걸 수 없다는 어려움이 있었다.

그에 비해 마침 한창 나이로, 이제부터 유명해지려는 신흥 세력의 대표는 양황후의 아버지 양견이었다. 그의 가문은 북주 왕실과 같은 무천진 군벌 출신이었지만 혈통으로는 중국인을 자처했다. 그의 아버지 양충

楊忠은 군공을 세워 수국공隨國公에 봉해졌는데, 양충이 죽은 뒤 큰아들 양
견이 그 작위를 이어받았다. 나이는 막 마흔이 되었으며 사려 깊은 데다
결단력도 있어, 장래가 촉망되는 기대주로서 두드러지게 위신을 세워나
갔다. 양견이 바로 훗날 수나라 문제文帝(재위 : 581~604)가 되는 인물로서,
수양제(재위 : 604~618)의 아버지다. 그러면 양견은 어떠한 과정을 거쳐 황
제의 자리를 획득했을까.

3

수문제의 등장

　수문제 양견의 가계도를 살펴보면 한참 위로 한나라 명망가 출신의 대신大臣 양진楊震까지 거슬러 올라가지만, 물론 믿을 수는 없다. 다만 알려진 바는 그의 집안이 북위 시대의 북방 전선 기지였던 무천진으로 이주하여 그곳에서 주둔군 장교를 맡았다는 사실뿐이다. 그러다가 양견의 아버지 양충이 북주의 개국공신인 십이대장군十二大將軍 중 한 사람에 들면서 드디어 양씨 집안이 사회로부터 존재를 인정받게 되었다. 양충은 큰아들 양견이 열세 살이 되었을 때 자신의 집안과 같은 무천진 군벌인 선비족 출신의 명가 독고신獨孤信의 딸을 며느리로 들일 수 있었다. 둘째 아들인 양찬楊瓚은 무제의 여동생과 결혼시켰다. 이렇게 양씨 가문은 점차 세를 늘려갔다.

양충이 예순둘의 나이로 세상을 떠나고 큰아들 양견이 아버지의 지위를 이어받은 것은 그의 나이 스물여덟이 되던 때였다(568). 독고 가문의 아내는 남편 양견보다 한 살 연상이었지만, 원래 주변 북방 민족 내에서는 여자의 발언권이 강한 데다 본인 스스로 명문가 출신이라는 자존심도 있어 질투심이 많았고 남편의 바람기를 절대 용납하지 않았기 때문에, 초반에는 부부 사이가 꽤 원만했다. 장녀인 천원황후를 포함하여 다섯 명의 딸 외에 아들 다섯을 낳았는데, 용勇, 광廣(훗날 수양제), 준俊, 수秀, 량諒이라 이름을 지었다. 양견이 자신의 장녀를 황태자 우문윤宇文贇의 비로 들여보내는 데 성공한 것은 북주 무제 때였는데, 당시 황태자는 열다섯, 비妃 양씨는 열세 살이었다. 그의 가문은 황실과 인연을 맺음으로써 한층 더 명망을 떨쳤다.

그러나 양견의 집안은 더 높은 가문에서 보자면 여전히 갑자기 부상한 가문으로밖에는 보이지 않았다. 그의 딸이 황태자비가 된 배경도 따지고보면 너무 유력한 대신이나 대장 가문에서 황태자비가 나올 경우 그집안이 외척으로서 권력을 휘두를 것을 염려한 북주 왕조의 조치 덕분이었다. 즉 눈에 별로 띄지 않는 상류층 가운데 하류 정도의 표준으로 낙점되었을 뿐이다.

이렇듯 양견은 집안도 별 볼일 없는 데다 나이도 비교적 젊었기 때문에 정치적으로도 군사적으로도 딱히 이렇다 할 업적을 세울 만한 기회가 없었다. 그가 서른일곱이 되던 해(577)에 북주의 무제가 오랫동안 숙적이던 북제를 멸망시킨 대사건이 일어났지만, 그런 절호의 기회에도 눈에 띄는 활약을 거의 보이지 않았다. 그때 전선에서 군사를 지휘하며 용맹을 떨친 이는 무제의 동생 우문헌이었다.

그런데 북제를 무너뜨린 이듬해 무제가 서른여섯에 숨을 거두고 황태자 우문윤이 스물의 나이에 선제로 즉위하자 양견의 지위가 급상승했다. 그의 딸이 선제의 정실 황후였으므로 양견은 이른바 외척의 신분이 되었다. 역사상 전례를 보자면 천자가 병에 걸리거나 혹은 나이가 어릴 경우, 종종 외척이 천자를 대신해서 정치를 손에 쥐고 흔드는 예가 얼마든지 있었다.

스무 살에 즉위한 선제는 측근의 참언을 믿고 북제 멸망에 큰 공을 세운 숙부 우문헌을 죽여버렸다. 우문헌은 재능이 많고 주위에서 좋은 평판을 많이 들었기 때문에 선제에게 위험한 존재로 비쳤을지도 모른다. 하지만 막상 우문헌이 죽고 나자 북주 왕실에는 더 이상 쓸 만한 인물이 없어져 갑자기 빈껍데기처럼 실속 없어졌다.

우문헌 외에 북주 왕실 일족에 도움되는 인물이 전혀 없었던 것은 아니다. 그러나 선제는 친척들이 자신의 지위를 빼앗을까 지나치게 경계한 나머지 모조리 먼 지방으로 쫓아내고 수도에는 한 사람도 남겨두지 않았다. 오로지 자신의 집안으로만 권력이 집중되도록 애썼으나, 선제는 그 자신의 치세 경험도 아직 보잘것없는 데다 이미 사치와 주색에 물들어버린 스무 살 애송이에 불과했다. 만약 선제에게 무슨 일이 생긴다면 그 뒤에는 겨우 여섯 살짜리 장남을 비롯한 아들 셋만 남을 뿐이었다. 진지하게 생각하면 실상 그것만큼 불안한 상황도 없다. 선제는 즉위한 이듬해에 일찌감치 장남(정제)에게 자리를 물려주고 스스로 상황上皇이 되어 천원황제라고 칭한 사실은 앞서 설명했다.

이런 상황이 전개되자 황후의 아버지라는 지위에 있던 양견은 관료들 사이에서 훨씬 더 중요한 비중을 차지하게 되었다. 천원황제의 계속된 일탈에 질려버린 관료들은 지푸라기라도 잡는 심정으로 자연스럽게 양견에게 의지하며 그의 주위로 몰려들었다.

천원황제는 어리석으면서도 시의심이나 질투심은 다른 사람들 못지않게 갖고 있었던 것으로 보인다. 그래서 점차 세력을 얻고 있는 황후의 아버지 양견도 거북스러워지기 시작했다. 천원황제는 양견 암살 계획을 확실히 세운 뒤 어느 날 그를 궁으로 불러들였다. 조금이라도 양견이 의심스러운 행동을 보이면 틈을 보아 칼로 베어 죽이라고 측근에게 명해두었다. 그런데 황제의 부름을 받고 입궐한 양견은 어떤 일이 일어나도 태연하게 행동하며 얼굴색 하나 바꾸지 않았다. 양견이 끝까지 틈을 보이지 않는 바람에 암살은 결국 실패로 끝났다고 한다. 실은 아마 양견이 천원황제의 측근들에게 미리 손을 써서 완전히 매수해두고 한 수 위의 연기력을 펼친 것이 사건의 진상일 듯하다.

암살이 실패로 돌아간 뒤 천원황제는 양견을 강남 전선의 총사령관으로 임명하여 양주揚州로 파견하려 했다. 혹은 양견 쪽에서 그렇게 해달라고 요청했다는 이야기도 있다. 그런데 막상 출발하기 직전 양견은 각기병에 걸려 출발을 미뤄야 했다. 이것은 약간 수상하다. 양견이 천원황제가 병에 걸렸다는 정보를 일찌감치 입수한 상태에서 꾀병을 부린 듯싶기 때문이다. 양견은 천원황제의 방탕한 생활을 지켜보며 저 상태로는 수명이 길지 않을 것이라 예감하고 있었다. 무슨 일이든 항상 양견이 천원황제보다 통찰력이 뛰어났던 셈이다.

과연 양견이 다릿병을 핑계로 일부러 굼뜨게 행동하는 사이, 천원황제는 정말로 병에 걸려 급작스럽게 병세가 악화되었다. 측근들을 불러 유언을 남기고자 했으나 이미 더 이상 말도 할 수 없는 상태였다. 그러자 천원황제의 측근들은 서로 의논하여 양견을 불러오게 했다. 벌써 완벽하게 손을 써둔 양견에게 천원황제의 측근들 모두가 감쪽같이 매수됐다는 사실은 이 일만 보더라도 알 수 있다. 양견은 서둘러 심복들을 데리고 궁으로 달려가 천원황제의 조칙詔勅을 받고 간병을 핑계 삼아 그대로 궁중에 눌러앉아버렸다. 천원황제는 그날 바로 사망했다(580). 그때 나이 스물둘로, 남은 사람이라곤 불과 여덟 살의 정제뿐이었다.

이로써 천하의 형세가 완전히 바뀌었다. 천원황제의 사망은 비밀에 부쳐졌고, 궁과 정부는 양견의 손아귀에 들어갔다. 양견은 천원상황의 조칙이라면서 마음대로 새로운 명령을 내리고 서둘러 일을 진행시킨 뒤 천하의 모든 실권을 자신에게 집중시켰다. 우선 자신에게 총지중외병마사總知中外兵馬事라는 지위를 부여했다. 이는 천하 모든 군대의 총지휘관이라는 의미다. 다음으로 지방에 파견되었던 왕실의 유력자들, 곧 조왕趙王 이하 다섯 명의 근친들에게 홀로 입궐하도록 명을 내렸다. 이 조치는 근친들이 지방을 근거지로 삼아 반란을 일으킬지도 모르는 사태를 미연에 방지하기 위해서였다. 그러고는 천원황제가 사망한 지 이틀째 되는 날 황제가 승하했음을 공표했다. 동시에 뒷일을 전부 양견에게 일임했다는 천원황제의 가짜 조칙을 공표했다.

가짜 조칙 속에서 양견은 대승상大丞相·가황월假黃鉞·도독중외제군사都

督中外諸軍事라는 직위가 주어졌다. 대승상은 천하의 모든 관료에게 명령을 내리는 지위이며, 가황월이란 천자를 대신하여 누구에게라도 제재를 가할 수 있는 권력이고, 도독중외제군사는 모든 군대를 지휘하는 최고 권력이었다. 요컨대 모든 관리와 백성은 천자의 대리자인 양견에게 절대적으로 복종해야만 하며, 이를 따르지 않는 자는 천자의 뜻을 거스르는 것과 마찬가지로 벌을 받게 된다.

그러나 사실 정치란 실력의 문제이기 때문에 어떤 실력자가 나타나서 자신의 힘을 바탕으로 설사 천자의 명일지라도 따르지 않겠다고 버틸 수도 있다. 반면 천하의 최고 책임자 입장에서는 누구든 명령에 따르도록 만들기 위해 자신의 실력을 증명해야 했다. 그런데 이 즈음 중앙으로부터 멀리 떨어진 곳에서 지방의 군대를 장악하고 은연중에 주목을 받던 두 명의 실력자가 있었다. 바로 군사령관을 맡고 있던 업의 울지형과 낙양의 위효관이었다. 양견은 먼저 그 두 사람에게 자신의 실력을 보여주어야만 했다. 용케도 그는 두 사람의 경쟁심을 이용한 일석이조의 묘안을 생각해냈다.

울지형은 젊었을 때 당시에는 아직 남조의 영토에 속한 촉蜀, 지금의 사천四川 지방을 평정하여 북주의 새로운 영토로 편입시키는 데 큰 공을 세웠다. 그의 집안에는 유난히 미인들이 많았는데, 그중 손녀 한 명은 그다지 명예스럽지 못한 경위로 천원황제의 후궁으로 들어가 총애를 듬뿍 받았다. 그가 지키는 업 지역은 과거 북제의 수도로, 산동 지방 일대의 군사·정치·경제의 중심지였다. 이곳에서 그는, 예전 북제 시대의 관료 출신이지만 북제 멸망 뒤에 일자리를 잃은 사람들을 독려하여 민심을 끌어모으는 일에 주력했다. 그러나 이미 그는 나이가 너무 많았다. 아마도 일흔은 넘었을 나이였다. 당시 분별 있는 사람들은 그가 머리 회전이 둔해지고 기력도 떨어져 과거의 모습을 찾아보기 힘들다는 것을 간파하고 있었다.

울지형은 북주 조정에서 제일 경력이 오래된 장군이라는 자부심도 강했고, 북주 왕조와 마찬가지로 한인 출신이 아니라는 점에서 사람들에게 친근감도 샀으며, 비록 무천진 군벌은 아니지만 인척 관계로 보면 북주 무제의 사촌에 해당했다. 그런데 갑자기 나타난 한인 양견이 과거에 아무런 공도 세우지 못했음에도 외척이라는 후광을 얻어 한순간에 조정의 전권을 장악하고, 심지어 자신까지 그의 아래로 들어가게 되자 상당히 속이 쓰렸다. 그래서 몰래 군을 정비하여 자위책을 마련하고 기회만 생기면 장안으로 쳐들어가 조정을 숙청하려고 준비했다. 이런 움직임은 곧바로 장안에 있는 양견의 귀로 들어갔다. 양견은 서둘러 울지형의 경쟁 상대인 위효관을 기용해서 울지형을 축출하려는 계획을 세웠다.

위효관은 수도 장안의 한인 명가 출신이다. 북제와 수년에 걸친 전쟁에서 항상 전장에 나가 공을 세웠는데, 특히 북제 멸망 때 혁혁한 공을 세워 위명을 떨치는 주둔군 사령관이 되었다. 양견은 그런 위효관에게 울지형을 대신해서 업 지역의 주둔군 사령관을 맡으라고 명했다. 당시 위효관의 나이는 일흔두 살이었으며, 양견의 명령으로 인해 두 노장 사이에 각축전이 벌어지게 되었다.

위효관은 명령을 받자 곧바로 얼마 되지 않는 군사를 이끌고 업을 향해 출발했지만, 울지형이 과연 순순히 자리를 넘겨줄지는 의문이었다.

끊임없이 밀정을 파견하고 필요도 없는 사자를 보내 동태를 살핀 결과, 아무래도 울지형이 싸울 준비를 해놓고 위효관이 당도하기만 기다리고 있는 듯 보였다. 자칫 방심해서 쳐들어가면 출진을 위한 희생의 제물로 바쳐질 수도 있는 상황이었다. 그래서 병을 핑계 삼아 일부러 며칠에 걸쳐 천천히 전진했다. 울지형 쪽에서도 태연함을 가장하며 위효관을 끌어들여 인질로 삼을 요량으로 위효관의 조카인 위예^{韋藝}를 잘 구슬려 도중까지 마중 나가게 했다. 위효관은 조카를 다그쳐 울지형 쪽의 내부 상황을 면밀히 파악한 뒤, 조카를 데리고 서둘러 오던 길로 되돌아갔다. 되돌아가는 도중에 역참에 들러서는 그곳에 준비되어 있던 역마를 모조리 징발해서 함께 끌고 도망쳤다. 그리고 역참 관리인에게는 아무렇지도 않게 다음과 같은 명령을 내리고 사라졌다.

"이제 곧 울지 장군이 오실 테니 맞이할 준비를 해두게."

과연 그 말대로 얼마 지나지 않아 울지형의 선봉대장이 군대를 이끌고 위효관을 잡으러 왔다. 가는 곳마다 융숭한 대접을 받았기 때문에 좋기는 했지만, 피곤에 지친 말들을 새로운 말로 교체하려 해도 역마가 한 필도 보이지 않았다. 이렇게 울지형 쪽이 우물쭈물하는 사이에 위효관은 멀리 달아나는 데 성공하여 무사히 낙양으로 돌아왔다.

결국 울지형은 군사를 일으킬 뜻을 밝힌 뒤 조정에서 파견된 사자를 죽이고 양견의 행위를 비난하는 격문을 돌려 동지들을 규합했다. 이에 양견도 관중의 병사들을 동원하고 위효관을 총사령관으로 세워 울지형 토벌에 돌입했다.

당시 형세를 보면 양견에게는 실로 생사존망이 달린 중대한 가을이었다. 지방에 주둔하고 있는 장군들 중에는 울지형의 조카 울지근尉遲勤, 나이 어린 정제의 장인 사마소난司馬消難을 비롯하여 울지형의 격문을 받고 마음이 움직여 확실하게 동조하는 태도를 보인 사람도 있었고, 한편으로는 태도 표명을 미루며 조용히 형세를 관망하는 이들도 있었다. 그 뿐만이 아니었다. 토벌군 총사령관인 위효관을 따라 출동한 장군들의 속마음도 정확히 어떤지를 알 수 없는 상황이었다.

이런 때 양견의 참모가 되어 천하의 형세를 정확하게 파악하고 상대보다 선수를 쳐서 아군의 패를 최대한 효과적으로 활용한 사람이 바로한인 관료 이덕림李德林이었다. 이덕림은 양견에게 총사령관 위효관의 전략 의논 상대로 유능한 관리를 파견해야 한다는 주청을 올렸다. 그러나 그런 곤란한 처지에 놓이는 것을 모두들 꺼려 했기 때문에 선뜻 나서는 자가 아무도 없었다. 그때 자진해서 그 임무를 맡은 사람이 같은 한인 출신의 고경高熲이었다. 이로 미뤄보건대, 혼란스러운 사태에 직면해 한인세력이 점차 양견의 휘하로 결집하기 시작했음을 알 수 있다.

고경은 명령을 받자마자 부랴부랴 위효관의 군대가 있는 곳으로 달려갔다. 그렇게 두 사람이 의논해서 정한 전략은 다음과 같았다. 현재 당면한 최대의 적은 울지형이다. 그자만 처리한다면 다른 조무래기 적대세력은 바람에 쓸려오듯 항복해 오기만 기다리면 된다. 울지형을 쓰러뜨리기 위해서는 속전속결로 나가야 한다. 도중에 소수의 적군이 성에 틀어박혀 맞설지라도 그곳은 그냥 무시한 채 지나쳐버리고 단숨에 적의 본거지인 업을 친다. 다행히 데리고 가는 부하들은 북주 왕조에 직속된 최정예들로, 여기저기 이동하며 전투를 벌였어도 한 번도 진 적이 없는 최강의 기병 부대이다. 이들은 기동력이 뛰어나고 전장에서도 노련함을 자랑한다. 이 기병 부대를 잘만 다룬다면 천하 어디를 가더라도 무서울 게 없다.

울지형 쪽에서는 아들 울지돈尉遲惇을 대장으로 삼아 10만 병사를 이끌고 공격해왔다. 이들은 심수沁水라는 황하의 지류에서 위효관의 군대와 충돌했다. 위효관의 참모 고경은 심수에 부교를 만들어 강을 건널 준비를 했으나, 상대 측이 뗏목을 만들고 그 위에 땔감을 얹어 불을 붙인 다음 상류에서부터 흘려보내 부교를 태워 없애려 했다. 고경은 울지형 쪽에서 흘려보낸 뗏목이 부교에 닿지 않도록 토구土狗라고 불리는 장애물을 강 가운데 세워 부교를 보호했다. 허허실실의 모략전이 벌어졌다.

예로부터 강을 사이에 두고 전투를 벌일 때는 적이 반쯤 건너왔을 때까지 기다렸다가 습격하는 방법이 가장 유리하다고 알려져 있다. 그러나 울지돈은 그 방법을 사용하려다가 실패했다. 적을 유인할 생각으로 진을 조금 뒤로 물렀는데, 민첩한 위효관의 군대가 부교를 이용해 곧바로 자신의 군대가 있는 강기슭으로 전부 건너와버렸기 때문이다. 게다가 강을 다 건넌 뒤에는 다리를 파괴해 배수진을 치고 울지돈의 군대를 날카롭게 공격했다. 결국 울지돈의 10만 군대는 완전히 섬멸되어 근거지인 업으로 퇴각했다. 전략가 위효관은 바로 그 뒤를 쫓아 단숨에 업의 코앞까지 치고 들어갔다.

그러나 역시 명성 높은 노장답게 울지형은 조금도 동요하지 않고 성 안에서 13만 명의 새로운 군대를 조직하여 업성鄴城의 남쪽 성곽에 진을 쳤다. 그의 휘하 세력 또한 북주 왕조를 대대로 섬겨온 정예 부대였고,

울지형도 비록 늙기는 했으나 갑옷을 입고 전군을 지휘 호령하는 모습은 매우 위풍당당했다.

업성 안의 주민들은 양쪽 군대가 용호상박의 형세로 싸우는 모습을 지켜보고자 성을 빠져나가서 근처의 높은 언덕에 올라가 구경했는데, 처음엔 한두 사람만 구경하는 정도였으나 점차 늘어나면서 수만 명의 대관중이 지켜보게 되었다.

그런 관중들 앞에서 공격군인 위효관과 방어군인 울지형은 불꽃을 튀기며 접전을 벌였다. 전투 초반에는 울지형 군대의 공격이 매서워 위효관의 공격군이 주춤거리며 도망을 치려 했다. 그 모습을 본 공격군의 한 대장이 순간 묘안을 떠올렸다. 그는 갑자기 언덕 위에 모여 있는 군중을 향해 급하게 화살을 쏘기 시작했다. 군중들은 전혀 생각지도 않던 일이 벌어지는 바람에 화들짝 놀라 비명을 지르며 업성 안으로 도망쳐 들어갔다. 그들 뒤를 따라 위효관 군대가 적극적으로 성을 공격해 들어가자, 이번에는 울지형의 군대가 동요를 일으키며 대혼란에 빠졌다.

위효관의 군대는 자신들에게 형세가 유리해졌다고 판단했다. 그리하여 좌우 양쪽 날개 모양으로 업성을 포위하고 남쪽의 대성大城을 함락했다. 그러자 북쪽에 돌출된 최후의 보루인 소성小城도 저항력을 잃고 거의 항복할 것처럼 보였다. 울지형은 포기하지 않고 소성의 누문에 올라가 몸소 화살을 쏘며 싸웠으나, 결국 적이 누문 지붕 위로 올라오는 모습을 보고 결판났다는 생각에 활을 버리고 자살했다. 출진한 날로부터 68일째가 되던 날로, 너무나도 허무한 결말이었다. 이렇게 울지형이 몰락하자 이와 관련된 사방의 반란들도 순식간에 평정되었다.

그런데 이 전쟁의 큰 공로자인 위효관은 그로부터 석 달 뒤 갑작스럽게 조용히 병사했다. 당시의 일흔 살 이상은 지금의 아흔 살 정도에 해당하기 때문에 그의 죽음이 딱히 이상한 일은 아니지만, 아무리 그래도 양견에게는 굉장히 유리한 상황이 된 셈이다. 만약 위효관이 몇 년이라도 더 오래 살았더라면, 그때는 울지형 이상의 방해물이 될 수 있는 인물이었기 때문이다. 위효관은 양견을 위해 눈엣가시였던 울지형을 정벌하고 돌아오자마자 죽어버린 것이다. 이제 더 이상 양견에게 방해가 되는 인물은 한 사람도 남아 있지 않았다.

그렇다면 위효관은 도대체 무슨 마음에서 양견의 명령에 순순히 따르고 그를 위해 고생을 감수하며 헛수고를 해가면서까지 울지형이라는 방해물을 제거해서 양견에게 성공의 길을 열어주었을까. 무엇보다 당시는 양견의 명령이라 하더라도 그건 어디까지나 북주 정제의 칙명이라는 형태를 띠고 있기 때문에, 북주 신하로서 천자의 명령에 따르는 일은 지극히 당연했다. 하지만 설령 형식이 그렇다 할지라도 정제는 나이 어린 천자에 불과하고 실권은 양견이 쥐고 있었다. 게다가 양견은 북주 왕실의 일족에 대해 이미 박해를 가하기 시작했다. 이른바 불충의 흔적이 뚜렷했다. 그런 상황을 완전히 불문에 부치고 양견을 위해 자신의 몸이 부서져라 애썼다는 사실은 쉬 이해되지 않는다. 그러나 그 시대 상황에서 다시 생각해보면 그렇게 이해하기 힘든 일도 아니다.

첫째, 위효관은 그 누구보다 울지형을 현재 당면한 적수로 의식했다. 만약 그를 물리치지 못한다면 결국에는 자신이 당할 수 있다고 느꼈을 것이다. 둘째, 양견이라는 인물을 얕보고 있었다. 인간은 누구나 나이가 들면 동년배의 인물에 대해서는 경계하거나 연구하기도 하지만 자식 뻘만큼이나 나이 차이가 많이 나면 무심코 무시해버리곤 한다. 혹 예기치 않은 사태가 발생하더라도 자신의 과거 위명을 들이민다면 풋내기 양견 따위는 순식간에 기가 죽어 뒤로 물러설 것이라고 자만했을 가능성이 크다. 셋째, 그는 혼란의 시기일수록 군대를 지휘하고 자신에게 포섭해두는 편이 유리하다고 판단했다. 울지형 토벌이라는 기치를 내걸고 나라 전체 대군의 총사령을 맡게 된 일은 그로서는 기대하지 못한 행운이었다. 그런 대군을 지휘하여 혁혁한 전공을 세운다면 한층 더 자신의 경력에 화려함을 더해줄 것이다. 요컨대 위효관은 나름의 치밀한 계산으로 그 큰 임무를 받아들였던 것이다.

당시 사람들이 모두 그랬듯 위효관도 야심가였다면 그가 내린 결정과 행동은 가장 중요한 시기에 기회를 놓쳤다고 할 수 있다. 그 시기란 바로 울지형을 평정하고 수도 장안으로 개선했을 때다. 그 기회를 놓치지 않고 쿠데타를 일으켜 양견파를 궁에서 몰아내고 자신이 최고 권력자가 되려는 마음만 먹었더라면, 그건 결코 불가능한 일이 아니었을 터다. 다만 그런 '모 아니면 도' 같은 도박에 운명을 걸기에는 그의 나이가 너무 많았기 때문일지도 모른다. 결과적으로 그는 아무런 보상도 받지 못하고 양견을 위해 그냥 길을 터주는 역할을 맡는 데 그쳤다.

위효관이 죽은 다음 달, 양견은 홀가분한 마음으로 상국相國의 자리에 올랐다. 조정 대신들 가운데 가장 높은 지위로, 승상보다도 위였다. 작위는 수국공隋國公에서 수왕隋王으로 올랐다. 왕은 천자보다 딱 한 등급 낮은 지위였다. 이듬해(581) 수왕 양견은 북주 정제를 폐하고 스스로 천자의

수문제 양견
아버지의 작위를 이어받아 수국공(隨國公)에 봉해진 양견은 딸을 북주
선제에게 시집보냄으로써 왕실 외척의 신분으로 올라섰다. 이후 북주를
찬탈하여 천자의 자리에 오르고 수나라를 세웠다. 남북조의 혼란한 시
대를 마감하고 중국을 통일했으나, 북주의 우문씨 일족에게 가혹한 박
해를 서슴지 않는 등 무자비한 살육을 자행했다.

자리에 올랐다. 그가 바로 수나라 고조高祖 문제文帝이다. 형식상으로는 북주의 정제가 수나라 문제에게 제위를 물려준다는 선양禪讓 의식을 치렀다. 이렇게 역성혁명은 아주 평온하게, 아무런 저항 없이 이루어졌다. 세상 사람들도 여관방 하나에 지난밤 묵은 손님이 떠나고 새로운 손님이 들어와 그 방을 차지한 정도로만 여길 뿐이었다. 그러나 자신이 세운 새 왕조를 타인에게 쉽게 빼앗겨서는 안 된다고 생각한 수문제는 점차 고민에 빠졌다. 그리하여 국호인 '隨'라는 글자에서 도망친다는 의미를 지닌 '辵(辶)'이라는 부수를 빼고 '隋'라는 새로운 글자를 만들어 왕조 이름으로 정했다고 한다.

남북조는 역성혁명의 시대였다. 북위가 화북을 통일한 뒤 분열되기까지 약 100년간 이어졌다는 사실을 제외하면, 길어봐야 송宋이 60년, 짧으면 남제南齊의 24년처럼 왕조의 교체가 빈번하게 이루어졌다. 다만 이같은 왕조의 잦은 교체가 유력자들 사이에서 정권을 넘겨주고 넘겨받는 데 그쳤기 때문에 일반 백성에게는 거의 영향을 끼치지 않았다. 이러한 혁명에는 일반 백성은 물론 대부분의 관료들까지 상황에 대한 정보를 전혀 갖고 있지 않기 때문에 어떠한 발언권도 없었으며, 동시에 그다지 큰 피해도 입지 않는 것이 보통이었다.

그러나 이 혁명으로 인해 가장 심각한 타격을 받은 가문이 하나 있었다. 바로 제위를 물려준 전 왕조 일가였다. 혁명이 일어나면 대체로 일가의 당주는 겁살이나 독살될 운명을 피할 수 없으며 남자 자손들은 전원 살해당했다. 왜 그런 잔인한 짓을 자행했어야만 했느냐고 묻는다면, 그건 결국 새로운 왕조가 충분한 자신감을 갖고 있지 않았기 때문이라고 말할 수 있다. 혁명으로 정권을 획득한 이들은 고대의 성왕^{聖王}들처럼 백성들로부터 추대를 받아 제위에 오른 것이 아니라 일시적인 우연으로 발생한 유리한 형세를 타고 천하의 여론을 꾸며내어 제위를 빼앗은 것에 불과했다. 이 때문에 만약 찰나의 기회라도 놓친다면 그 사이에 다른 사람이 제위를 차지할 수도 있었다. 그 점을 가장 잘 알고 있는 사람이 새로 등극한 천자 본인이었다. 따라서 요행으로 손에 넣은 제위를 안전하게 자손에게 물려주기 위해서는 위험인물을 모조리 제거하는 일보다 더 좋은 방법은 없다고 생각했다. 또한 당시에는 일종의 미신, 즉 새로운 시대를 만들기 위해서는 낡은 것의 뿌리를 뽑아야 한다는 생각도 널리 퍼져 있었다. 그런 이유로 혁명이 일어날 때마다 수십 명의 죄 없는 남자들이 나이와 상관없이 죽어 나간 것이다.

그러나 '뿌린 대로 거둔다'는 말이 딱 들어맞는다. 혁명이 수차례 반복된다는 사실은 곧 과거에 다른 일가를 모조리 살해했던 이가 나중에 자손 대에 이르면 반대로 자신의 집안이 전부 살해당한다는 것을 의미한다. 이를 인과응보라고 치부하면 더 이상 할 말이 없지만, 선조가 악행을 저질렀다고 해서 그의 나이 어린 자손들까지 참살당하는 것은 너무나 잔인한 비극이다. 이 역시 결국 권력만이 세상에서 통용되던 남북조라는 시대의 풍조가 낳은 어쩔 수 없는 결과였다.

수문제 양견은 일단 조정의 실권을 장악하자 아직 제위에 오르기도 전부터 북주 왕가 일족에 대해 박해를 가했다. 나이 어린 천자 정제의 조부인 무제에게는 많은 형제가 있었는데, 그 가운데 생존한 다섯 명은 지방에 영지를 갖고 왕으로 책봉되어 있는 상태였다. 양견은 이들이 연합해 군사를 일으킬까 노심초사했고, 결국 선제宣帝의 조칙이라 꾸며 아무도 데려오지 말고 홀로 수도로 와서 조근朝覲하도록 명했다. 조왕趙王, 진왕陳王, 월왕越王, 대왕代王, 등왕滕王 등 다섯 명의 왕은 아무것도 모른 채 거의 동시에 장안에 도착하자마자 불문곡직하고 그대로 연금되어버렸다. 이렇게 새장 안에 갇힌 새의 처지가 된 다섯 왕은 급기야 모반을 꾀했다는 오명을 뒤집어쓰고 차례로 자손들과 함께 살해당했다. 또 한 사람, 선제의 사촌들 가운데 가장 나이가 많은 필왕畢王 우문현宇文賢명제의 아들은 세 아들과 함께 훨씬 이전에 살해당했기 때문에 양견이 혁명을 일으켰을 때는 그의 유력한 친척이 하나도 남아 있지 않았다.

혁명을 실현한 뒤에는 저항이 완전히 사라진 북주 왕실의 자손들을 어떻게 처리할 것인지를 두고 논란이 일었다. 수문제의 참모로서 탁월한 능력을 발휘했던 이덕림은 온 힘을 다해 그들의 생명을 보전해주려 했으나 수문제는 끝내 그 청을 들어주지 않았다. 수문제는 아직 무명이던 소년 시절에 어느 관상가로부터 '당신은 장래에 천하를 손에 쥘 인물이지만 그러기 위해서는 아주 많은 사람을 죽여야 지위가 안정될 테니 내 말을 잘 기억해두라'는 엄청난 예언을 들었는데, 그 예언을 잊지 않고 계속 기억했기 때문이라고 한다. 그러나 꼭 그런 예언이 아니더라도 수문제는 원래 잔인하고 의심이 많은 성정을 갖고 태어났다. 예언 따위는 오히려 본인이 꾸며낸 구실일지도 모른다. 수문제는 이덕림의 고언에 기분이 크게 상했다.

"그건 너희 같은 백면서생의 의견에 불과하다. 이런 큰일은 내가 훨씬 더 잘 안다."

　수문제는 이덕림을 나무라며 그때부터 무자비한 살육을 시작했다. 전 천자인 정제는 물론이고 그의 두 동생, 우문찬宇文贊을 포함한 정제의 숙부 여섯 명과 그의 자손들, 정제의 큰할아버지에 해당하는 명제明帝·민제閔帝 두 사람의 자손들, 일족 우문도宇文導의 자손들까지 남자들을 전부 살해했다. 이로써 북주 왕실은 뿌리가 뽑혔다. 이런 참살에 반대했던 이덕림은 수문제를 위해 힘껏 일만 하다가 그 사건 이후 수문제로부터 거의 외면당했다. 수문제는 그때그때 필요한 인간을 살살 구슬려 일을 시켰지만, 쓸모없어지면 미련 없이 버리는 일을 서슴지 않았다. 수문제는 그런 냉혹한 남자였다.

4

수문제의 집안

    수나라 고조 문제 양견의 집안은 그의 아버지 양충 대에 군벌 귀족의 일원으로 인정받을 만큼 갑자기 지위가 상승했는데, 사실 이전에는 미천한 가문에 지나지 않았다. 이는 양충의 아내 여씨呂氏의 출신 배경이 전혀 알려지지 않았다는 점만 보더라도 유추할 수 있다. 양견 집안은 비록 한인 혈통이라는 자각을 갖고 있긴 했지만 북주 왕조가 이민족인 선비족 출신으로 이루어졌기 때문에 북주 시대에 보육여普六如라는 선비족 이름의 성을 받았다. 선비족 식의 성은 양견이 제위에 오른 뒤 곧바로 폐지했지만 그의 일가는 오랫동안 이민족과 함께 생활하면서 생활양식이나 인생관까지 이민족화된 점이 많았다. 이민족의 풍습이 야만적이라고 할지라도 나름 그 자체로 소박하고 훌륭한 점이 있기 마련인데, 아무래도 양씨 일가는 이민족의 기풍 가운데 좋은 점은 깡그리 잊고 나쁜 점만 받아들였던 것 같다. 또 한족 생활양식에서도 안 좋은 부분만 취했던 것으로 보인다. 정말 비루한 가풍이 아닐 수 없다.

양씨 집안의 가풍 가운데 가장 좋지 못한 점을 꼽는다면 권력욕이 지나치게 강했다는 점이다. 권력을 좇기 위해서는 수단을 가리지 않았다. 그들에게는 한인 사회에서 볼 수 있는 대가족의 협력 같은 기풍은 존재하지 않았다. 모두 제각기 자신의 잇속만 챙기기 바빠서 친·인척 간에도 서로 배격했다.

수문제 양견에게는 양정楊璧이라는 숙부가 있었는데, 숙부 부부는 조카인 양견 부부와 사이가 좋지 않았다. 양정이 전사한 뒤 그의 아들 양지적楊智積은 사촌 형인 양견에게 미움을 받아 늘 두려움에 떨며 살았다. 그러나 미움을 받는다 해도 천자의 근친이기 때문에 그가 재산을 축적하려고 마음만 먹으면 얼마든지 가능했지만, 조금도 그런 욕심을 내지 않았다. 양지적은 다섯 명의 자식들에게 『논어』와 『효경』만 읽히고 귀족 사교계에 나가 교제하는 것을 피하도록 했다. "자칫 재능을 인정받기라도 한다면 그게 신상을 망치는 원인이 될 것이다"라고 말했는데, 바로 그런 이유에서였다.

앞에서 서술한 대로 수문제 양견은 일류 명문 귀족 출신인 독고신의 딸과 결혼했다. 처형은 북주 무제의 형인 명제의 황후였다. 양견의 부인 독고씨는 명가 출신이라는 자부심이 강한 데다 지기 싫어하고 질투심이 강한 성격이라 친척들과 사이가 나빴다. 양견이 숙부 양정과 사이가 틀어진 일도 독고씨가 원인을 제공했던 것으로 보이며, 또한 동생 양찬과 사이가 벌어진 일 역시 독고씨로부터 비롯된 결과였던 것으로 생각된다. 양찬과 양견은 동복형제이기 때문에 보통이라면 사이가 좋았으련만, 이들은 그렇지 못했다. 양찬은 북주의 왕실 여인을 아내로 맞이했는데, 바로 북주 무제의 여동생 우문씨였다. 우문씨 쪽의 집안 서열이 독고씨보다 훨씬 높다는 사실은 두말할 나위도 없다. 결국 동서지간끼리 사이가 험악해짐에 따라 남편들인 형제 간의 반목으로 발전한 것이다.

양견이 북주 왕조를 찬탈한 데는 부인 독고씨의 간절한 소망도 분명 작용한 듯하다. 독고씨는 '기호지세騎虎之勢'라는 말로 남편에게 찬탈을 부추겼다고 한다. 대신이든 외척이든 국내 제일의 권력자가 된 이상, 그것은 바로 호랑이 등에 올라탄 일이나 마찬가지이므로 도중에 그만둘 수 없다는 뜻이었다. 자칫 호랑이 등에서 내리려다 도리어 호랑이에게 잡아먹혀버릴 것이 뻔하다. 그런 세상의 흐름을 탄 이상 갈 데까지 가보는 수밖에 없다는 비유였다. 확실히 그 얘기는 시대의 흐름을 적확하게 표현한 말이었다.

양견이 차근차근 혁명 준비를 해나가자 동생 양찬은 그에 대해 불만을 드러내며 반대했다. 만약 실패하면 자신까지 휘말릴 수밖에 없다는 점을 잘 알고 있는 양찬은 형에게 왜 그런 위험한 도박을 하느냐면서 막으려 했다. 이는 양찬의 아내인 우문씨 친정의 운명이 걸린 일이기도 했기 때문이다. 아무리 만류해도 형이 들어주지 않자 양찬은 마침내 형을 제거할 계획을 세웠지만 결국 불발로 끝났고, 양견은 그런 동생을 특별히 크게 책망하지 않고 수습했다. 그러나 양견이 마침내 제위에 올라 새로운 천자로 등극하자 동생 양찬에게 부인 우문씨와 헤어지도록 명령했다. 양찬은 그 명령을 따르지 않았다. 수문제가 화를 내며 일부러 동생을 푸대접하자 양찬은 막다른 골목에 다다른 심정으로 저주를 퍼붓기 시작했다. 얼마 뒤 그는 수문제가 궁에 마련한 원유회에 출석했다가 급사했는데, 항간에서는 독살된 게 틀림없다는 소문이 돌았다. 양찬의 아들 양륜楊綸이 아버지의 뒤를 이어 가문을 승계했지만, 그 역시 평생 왕실로부터 냉대를 받았다.

수문제 양견에게는 양상楊爽이라는 배다른 동생이 또 한 명 있었다. 두 사람의 나이 차이가 워낙 많이 났기 때문에 수문제는 늘 양상을 귀여워했다. 그러나 양상은 스물다섯의 나이에 정신이 이상해져 귀신에 씌기라도 한 듯 강박관념에 시달리다가 기어코 죽고 말았다. 양상의 아들 양집楊集도 왕실로부터 박대를 받긴 마찬가지였다.

수문제도 독고황후도 친척들과는 사이가 나빴지만 부부와 자식들 간에는 원만하게 생활할 수 있기를 간절히 원했다. 가정불화는 대개 여자 문제에서 비롯되는 경우가 많으므로 두 사람은 일체 첩을 두지 않기로 서로 맹세했다. 그리고 당시 귀족으로는 드물게 일부일처로 슬하에 딸 다섯, 아들 다섯을 두었다. 부모, 자식을 합친 열두 명이 완전한 가족을 이룬 견고한 사이였기 때문에 가정생활에는 영원히 평화가 계속될 것처럼 보였다. 그런데 실상은 전혀 달라서, 최후에는 지리멸렬한 가정불화의 표본처럼 되어버렸기에 더 끔찍한 집안이다. 생각하기에 따라서는 어쩌면 그게 당연한 귀결일지도 모르겠다.

자기 친척이나 형제들과 서로 미워하며 싸우는 부모가 정작 자식들한테는 사이좋게 지내라고 한다면 대체 어느 자식이 그 말을 듣겠는가. 부모가 사리사욕에 눈멀어 다른 사람의 발목을 잡는 한이 있어도 자신의 이익만 먼저 챙기고 심지어 그런 방식을 자식들에게도 전수해놓고선, 자기 자식들만큼은 형제끼리 서로 양보해야 한다고 아무리 가르친다 한들 말이 통할 리가 없었다. 수문제의 자식들이 부모의 기대와 달리 서로 배척하게 된 것은 결국 부모가 하는 행동을 보고 자란 자식들이 부모를 그대로 따라 한 짓에 지나지 않는다. 그 부모에 그 자식이었다.

단, 장녀는 약한 여성이 늘 그렇듯 이른바 아버지 야심의 희생양이 되었고, 이 때문에 그녀에게 허물을 뒤집어씌우기는 힘들다. 남편인 선제가 죽은 뒤 제위에 오른 정제는 나이가 어려 스스로 정무를 돌볼 수 없으므로 그녀의 아버지 양견이 천자 대리를 할 때까지는 모든 과정의 일이 장녀의 희망과 일치했다. 그러나 전권을 장악한 아버지는 점차 북주 왕실에 노골적으로 야욕을 드러내기 시작했다. 장녀는 못마땅했지만, 그렇다고 아버지 외에 딱히 의지할 사람도 없었기 때문에 그저 전전긍긍하며 일이 돌아가는 추이를 지켜볼 뿐이었다. 부친이 일으킨 혁명이 실현되고 나서 시가 우문씨 일족은 전부 몰살되었다. 자신 또한 북주 왕실의 황후가 아니라 새로 성립된 수나라 황제의 장녀로서 낙평공주樂平公主라는 이름으로 대우를 받게 되었다. 시집을 가면 남편을 따르는 것이 예로부터 중국에 전해 내려오는 도덕으로 여겨졌기에 시가의 멸망은 틀림없이 장녀의 마음을 몹시 아프게 했을 것이다. 그런 딸의 마음도 모르고 아버지는 새로운 혼처를 물색하기 시작했는데, 공주는 이를 전혀 받아들이지 않고 계속 거절하며 불행한 여생을 보냈다.

수문제의 다섯 아들 가운데 장남인 양용楊勇은 수문제가 즉위하자 곧바로 황태자 자리에 올랐다. 나이는 스무 살 남짓이었으나 그 시절에는 일반적으로 조숙했기 때문에 아버지의 혁명을 도와 제법 한몫 해낸 듯하다. 아버지 수문제는 황태자 양용을 나라의 중요한 정치에 빠짐없이 참여시켜 정무를 배우도록 했다. 그러나 황태자는 점점 비뚤어지기 시작하여 행실이 나빠졌다.

차남 양광楊廣(훗날 수양제)은 형보다 다섯 살 아래로, 혁명 당시에는 열세 살이었다. 수문제는 자신의 자식들이 꽤나 듬직하게 보였는지 전쟁이 있을 때마다 명목상 총지휘관으로 임명했으며, 또한 지방의 중요한 군사 기지를 영토로 주고 왕으로 봉해 그 땅을 지키도록 했다. 양광은 진왕晉王으로 봉해져 북방 몽골족의 침입에 대비하는 중요한 임무를 부여받았다. 그런데 형에 대한 평판이 점차 나빠지자 양광은 황태자 자리를 빼앗으려는 야심을 품게 되었다.

셋째 아들 양준楊俊은 진왕秦王으로 봉해졌으며, 그가 받은 영토는 수도 장안의 서쪽 가까이에 자리했다. 그의 임무는 중국과 서역 국가들 간의 교통·무역을 보호하면서 북방 유목 민족이 무역을 교란시키거나 상인들을 약탈하지 못하도록 격퇴하는 일이었다. 그는 처음에는 열렬한 불교 신자로 속세를 버리고 출가까지 생각으나 아버지가 허락하지 않아 그만두었다. 출가하려던 뜻을 가졌던 만큼 처음에는 품행도 바르고 평판도 좋았지만 점차 몸가짐이 흐트러지기 시작했다. 양씨 집안 자식들은 어릴 적에는 굉장히 순종적이다가 10대에 접어들면 하나같이 망나니가 되었는데, 이는 가정교육이 어딘가 크게 잘못되었음을 방증한다. 따라서 이들에 대해서는 그 뒤 어떻게 되었는지 여기서 전부 설명하는 편이 좋을 듯하다.

진왕 양준은 유흥의 재미에 눈뜨자 점점 사치에 빠져 영지의 조세만 으로는 재정을 감당할 수 없게 되었다. 그 때문에 민간에 강제로 돈을 빌려준 뒤 높은 이자를 갈취하는 고리대금을 시작했다. 그 일이 아버지 수문제의 귀에 들어갔고, 이에 진왕부秦王府의 관리들을 불러 조사한 결과 명백한 사실로 밝혀짐에 따라 그에 연루된 100여 명이 처벌을 받았다. 진왕에 대해서는 당시 미성년자였기 때문에 엄하게 훈계를 내린 뒤 보좌역을 교체하고 행정을 실시하게 했으나, 그의 행동은 전혀 나아지지 않았다.

진왕 양준은 본래 영민한 머리를 갖고 태어났는데, 손재주가 좋아 마치 목수처럼 평소 사용하는 물건들을 손수 만들기도 했다. 그가 만든 것 중에 특히 '수전水殿'은 단순히 물 위에 세운 정자가 아니라 지붕 위로 물을 끌어올려 처마에서 빗방울 떨어지듯 물을 떨어뜨리는 냉방 장치를 두었다고 한다. 이 장치는 더운 기후의 서아시아 국가에서 발명되었는데, 당唐 대 수도 장안에도 세워졌다는 사실은 역사적으로 유명하다. 진왕이 만든 수전은 냉방 장치에서 한 발 더 나아가 거울방도 갖추고 있어, 그곳에서 빈객을 맞이하고 기녀들로 하여금 서비스를 제공할 정도로 아주 정성이 들어간 건축물이었다.

남북조시대는 전반적으로 상업이 발달하지 못했으므로 집 안에서 소비하는 물자의 경우 매일 먹는 요리는 물론이고 술이나 간장, 의류, 창호에 이르기까지 전부 자급자족해야만 했다. 따라서 밖에 나가 돈을 쓰며

놀 만한 장소도 당연히 없었기 때문에 저택 안에 개인용 유희장을 만들어놓곤 했다. 일본 도쿠가와^{德川} 시대의 다이묘^{大名 지방의 영토를 다스리면서 권력을 행사했던 영주}가 시마바라^{島原 교토에 있던 대표적인 유곽}로 한 번 놀러 나가기만 해도 번^藩의 재정에 큰 영향을 끼쳤으니, 진왕과 같은 방식으로 유흥을 즐겼다면 훨씬 더 많은 경비가 들었을 것이다.

매일 흥청망청 놀다보니 재미가 쏠쏠했을 것이다. 하지만 유흥은 필연적으로 엽색을 수반하기 마련이므로 가정생활은 망가져갈 뿐이었다. 그런데 진왕의 왕비인 최씨^{崔氏}가 또 엄청난 질투심의 소유자였다. 아무리 진왕에게 충고를 해도 들어주지 않자, 분을 풀지 못한 나머지 홧김에 아예 남편에게 독을 먹이려는 계획을 세웠다. 결국 독약이 든 참외를 먹은 진왕은 불치병에 걸리고 말았다.

왕자가 거듭해서 불미스러운 짓을 저지르자 수문제는 더 이상 참지 못하고 진왕 양준을 수도 장안으로 불러들여 왕이라는 이름만 남기고 모든 관직을 박탈했다. 그건 너무 심한 처사라고 말하는 이가 있으면 수문제는 벌컥 화를 내며 대답했다.

"천하의 법은 만민이 지켜야 한다. 짐에게는 다섯 명의 아들이 있다. 한 왕자가 완전히 법 밖에 존재한다면 다른 왕자가 그와 똑같은 짓을 했을 때 처리할 방법이 없다. 그게 아니라면 짐에게 왕자 다섯 명에게만 통용되는 특별법이라도 제정하라는 말인가."

진왕은 이미 독에 당한 상태라 아버지에게 상소를 올리고 사죄할 기력조차 없었지만, 수문제는 아랑곳하지 않고 특별히 엄중하게 훈계하며 질책했다. 진왕은 부끄러우면서도 한편 두려워했는데, 결국 병세가 악화

되어 반년 뒤 사망했다. 그때 나이 스무 살이었다. 수문제는 거의 형식적으로만 슬픔을 표현했을 뿐 나중에는 완전히 잊은 듯 평온했다. 진왕이 만든 사치스러운 생활용품은 전부 불에 태웠다. 장례식은 치르되 간소하게 행해졌고, 비석을 세우는 일도 허락되지 않았다.

"후세에 이름을 전한다면 역사에 적히는 것만으로도 충분하다. 애써 비석을 세운다 한들 자손이 가업을 잇지 못한다면 결국 다른 집의 장아찌 누름돌로나 쓰일 게 뻔하다."

물론 독살자인 왕비 최씨는 자살하라는 명을 받았다. 진왕에 대한 수문제의 처사는 가정생활과 천하의 법률 사이에서 궁지에 빠져 어쩔 수 없는 결정을 내린 감이 적지 않으나, 당시 사람들 사이에서는 조금 가혹한 게 아니냐는 평이 나돌았다. 만약 그렇다면 아마도 무참히 기대를 저버린 자식의 행동에 수문제가 풀 길 없는 분노를 느낀 결과일 것이다. 아무래도 양씨 집안은 아이가 어릴 때는 너무 귀애하는 바람에 제대로 된 가정교육을 하지 못했고, 아이가 커서는 부모 자식 간에 서로 맞붙어 싸우는, 오늘날에도 일부 볼 수 있는 가정의 모습과 비슷한 점이 있는 것 같다. 서민 가정이라면 서로 싸우는 수준에서 그치고 말지만, 제왕의 경우에는 천하에 공포한 법률 체면상 자식이라도 엄정하게 제재할 수밖에 없었을 것이다.

수문제의 넷째 아들 양수楊秀는 촉왕蜀王으로 봉해졌다. 촉은 지금의 사천성이며 양자강 상류의 분지 지역으로, 중심부에서는 거리상 동떨어져 있다. 천하가 혼란에 빠졌을 때는 그곳에 종종 독립 정권이 들어섰으며 자급자족이 가능한 지역이었다. 양수는 그런 요충지를 지키는 임무를 부여받았다. 촉왕은 재능 면에서 평균 이상이었고 특히 무예가 출중했으나, 그만큼 인물도 행동도 거친 면이 있었다. 나이가 들자 점점 거친 성격이 심해졌기 때문에 수문제는 촉왕에 대해 실망을 금치 못했다.

"아무래도 그 아이는 제대로 된 생활도 불가능할 것 같으니 큰일이군. 내가 살아 있는 동안에는 별 문제 없다고 해도 내가 죽고 난 뒤에는 모반이라도 일으킬 성격으로 보여."

수문제와 황후가 이런 얘기를 나누며 걱정할 정도였다. 양수는 촉왕으로서 사천성에 주둔하며 그곳을 지켰지만, 측근에 두고 신임하는 인물은 성격이 뒤틀린 소인들뿐이었다. 수문제는 멀리서나마 인사에 대해 지도했지만 촉왕은 전혀 따르려 하지 않았다. 그러자 수문제는 탄식하며 이렇게 말했다.

"백수의 왕인 사자는 외적에게 습격을 당해도 눈 하나 깜짝하지 않는다. 그러나 마지막에는 뱃속의 벌레에게 먹혀 죽는데, 왠지 이건 나한테도 해당되는 비유라는 생각이 드는군."

사실 수문제가 이런 탄식을 하게 되었을 때는 이미 시기를 놓쳐버린 상태였다. 촉왕은 벌써 방탕한 생활에 빠져들었을 뿐 아니라 사치에 물든 바람에 천자와 똑같은 수레와 말, 의복 등을 사용하며 분수에 맞지 않는 생활을 즐겼다. 촉왕의 그 뒤 운명은 다섯째 아들 이야기와 함께 필요할 때마다 기술하는 편이 좋을 듯하다.

수문제의 다섯째 아들인 양량楊諒은 한왕漢王으로 봉해졌다. 그가 맡은 곳은 양자강의 가장 큰 지류인 한수漢水 상류로, 남조를 상대하는 중요한 군사기지였다. 양량은 아버지 수문제로부터 가장 총애를 받았으며, 한왕이라는 이름에 얽매이지 않고 여기저기를 돌아다니면서 중요한 지점의 수비를 맡았다. 나이 어린 막내인 만큼 부모로부터 특별히 귀여움을 받았을 것이다. 수문제는 끈끈한 부모 자식 사이라고 여겨 다섯째 아들에게 많이 의지했지만 그 막내마저 점차 기대와 다르게 성장하고 변해가는 모습에 이루 말할 수 없는 안타까움을 느꼈다.

수문제는 결국 독고황후와도 불편한 사이가 되어버렸는데, 문제의 발단은 역시 여자였다. 예전에 울지형이 군사를 일으켰다가 패했을 때 그 집안 남자들은 대부분 살해당하고 여자들은 노예로 전락했는데, 울지형의 손녀가 궁중에서 노비로 일하고 있었다. 앞서 말했듯 울지 집안에는 대체로 미인이 많았다. 특히 울지형의 손녀는 미색이 출중한 소녀였던 듯하다. 수문제는 자신도 모르게 그녀의 미모에 마음을 빼앗겨 독고황후와 약속한 일을 잊고 그녀를 총애하기 시작했다. 그 소식을 들은 독고황후는 불같이 화를 내며 수문제가 자리를 비운 사이에 소녀를 불러다가 '이 못된 천것'이라며 욕을 하고 그 자리에서 죽여버렸다. 궁으로 돌아온 수문제는 그 이야기를 듣고 화도 나면서 가여운 생각도 들고 또 한편으로는 민망하기도 한 여러 감정이 일시에 북받쳐 올라 본인이 제왕이라는 사실도 잊어버렸다. 울분을 삭힐 길이 없는 그는 행방도 알리지 않은 채 혼자서 말을 타고 궁을 빠져나가 정처 없이 산속을 헤맸다. 궁에서는 천자가 행방불명되었다며 난리가 났고, 고경과

유리 단지를 든 시녀상

양소楊素 등이 사방으로 흩어져 찾아다닌 끝에 겨우 천자를 찾아냈다. 그때 고경이 다음과 같이 간언했다.

"폐하께서는 한낱 여인네 하나가 저지른 짓 때문에 천하를 잊으셨습니까?"

고경의 간언으로 수문제는 제정신을 차리고 말 머리를 돌려 궁으로 돌아왔다. 황후는 수문제를 기다리고 있다가 눈물을 흘리며 사죄했고, 고경과 양소가 옆에서 중재한 넉분에 화해하는 의미의 연회를 열고 그 일은 일단락되었다. 그러나 나중에 독고황후는 고경이 자신에 대해 '한낱 여인네 하나'라고 언급했다는 말을 듣고 분노의 화살을 고경으로 돌렸다고 한다.

5

강남 평정

    수문제의 다섯 아들이 하나같이 아버지의 기대를 저버리고 점차 더 심한 비행을 저지르게 된 데는 어머니 독고황후의 편애가 원인이었다는 점도 간과할 수 없다. 독고황후는 장남인 황태자보다 차남인 양광을 더 귀여워했다. 아버지 수문제는 특별히 자식에 대한 애증에 편차를 두지 않았지만, 단지 장래 왕실에 무슨 일이 생겼을 경우를 대비하여 동생들이 황태자에게 힘이 되어줄 수 있도록 기회가 있을 때마다 아들들을 전쟁의 명목상 지휘관으로 임명하여 공을 세우도록 신경을 썼다. 그렇게 군대나 관료들 사이에 얼굴을 알려둔다면 평상시 은근한 관록을 보여줄 수 있을 뿐 아니라 유사시에는 큰 발언권을 지닐 수 있기 때문이었다. 그래서 차남 양광에게도 그런 공을 세우게 하려고 기회를 엿보았는데, 때마침 좋은 기회가 찾아왔다. 강남에 아직 잔존해 있는 남조 정권, 즉 진陳 왕조를 토벌하는 일이었다.

진 왕조(557~589)는 진패선陳覇先이라는 무장이 세운 왕조이다. 진패선은 양梁 나라 무제武帝 말년에 일어난 대혼란 뒤 무력을 바탕으로 치안을 회복하고 제위에 올랐다. 바로 남조 진나라 고조 무제武帝(재위:557~559)이다. 그 다음 천자로 등극한 그의 조카인 문제文帝(재위:559~566)·선제宣帝(재위:569~582) 시대까지는 별 탈이 없었다. 이후 선제의 아들 후주後主가 서른 살에 즉위했는데, 원래는 행실 바른 모범 청년이었으나 뭐가 잘못됐는지 점차 품행이 나빠졌다. 그러나 나이가 나이인지라 천방지축 소년처럼 난폭한 짓은 하지 않았고 대신들을 마구 죽이는 잔혹한 일도 벌이지 않았다. 이른바 온건한 방탕아였다.

정치처럼 성가신 일은 전부 측근에게 떠맡기고 자신은 궁에서 하루가 멀다 하고 연회를 열었다. 궁 안에는 연회를 즐길 수 있는 정원을 만들고 군데군데 이층짜리 별채를 지어 각 별채마다 미인을 데려다 놓았다. 후주 자신은 영춘각迎春閣에 살면서 가장 총애한 장귀비張貴妃는 결기각結綺閣에 살게 했으며, 공씨龔氏와 공씨孔氏 두 귀인은 망선각望仙閣에 두었는데, 집과 집 사이를 지붕이 있는 높은 복도로 연결하여 비를 맞지 않고 햇빛도 피하면서 자유롭게 왕래할 수 있도록 했다. 연회를 열 때는 강총江總·공범孔範 등 마음에 드는 문사 열 명을 불러들였다. 술을 마시면서 오언시를 짓고 놀았는데 늦게 지은 사람에게는 벌주를 마시도록 했다 하니, 이 놀이는 예전 망나니 천자들의 난폭한 놀이와 비교하면 상당히 고상하긴 했지만 방탕하다는 점에서는 마찬가지였다.

장귀비는 뛰어난 미모에다 특히 자신의 키와 맞먹을 길이의 머리카락을 지녔는데, 칠흑같이 검게 빛나는 머리카락이 마치 거울처럼 사물을 비출 정도였다고 한다. 얼굴뿐 아니라 자태도 고와서, 이층 창가에 나와 화장하는 그녀의 모습을 멀리서 바라보면 이 세상 사람이 아닌 듯 마치 여신이 강림한 것처럼 보이기 때문에 사람들이 넋을 잃고 정신을 못 차리곤 했다. 게다가 여느 남자보다도 총명하고 영리하여, 환관이 후주에게 정무를 보고할 때면 귀비는 후주의 무릎에 안겨 같이 내용을 듣고 있다가 환관이 잊고 있던 내용까지 정확히 기억해내 조언을 했다고 한다. 후주는 이런 귀비의 능력을 여러모로 인정했다. 그로 인해 나중에는 귀비의 세력이 정부 안에까지 뻗치고 대신들의 진퇴 문제도 귀비의 말에 좌우될 정도였다.

대체로 남조 4대송·제·양·진 가운데 진나라의 영토가 가장 좁았는데, 양자강 북쪽은 전부 수나라의 영토로 합병되어 진은 그저 남안을 점령하고 있는 데 불과했다. 게다가 놀기 좋아하는 천자의 유흥에 들어가는 비용은 끝이 없었다. 정부 재정은 궁전 건축과 사치품 제작 등으로 적자가 계속 누적되고 있었다. 이로부터 비롯된 결손액은 결국 민간으로부터 징수할 수밖에 없으니, 여러 가지 명목으로 새로운 세금이 생겨났다. 또한 그 틈을 노린 관리들은 자기 배 불리기에 바빴기 때문에 백성은 도탄에 빠졌다. 반면 수나라 영토는 그때까지 북조의 어느 왕조보다도 넓었다. 이런 유리한 형세를 잘 이용해서 남조를 단숨에 멸망시키지 않으면 정황이 언제 또 갑자기 변할지 모를 일이었다.

수문제는 자신이 제일 신임한 고경과 양소를 불러 의논했으며, 신중을 기하기 위해 당시 휴직하고 있던 이덕림에게도 의견을 물었는데, 모두 남벌에 찬성했다. 그리하여 각각 맡을 부서를 정했다. 양소는 수군 총사령으로 임명을 받고 양자강 상류 삼협三峽^{물살이 세고 산이 험한 세 협곡으로, 구당협·무협·서릉협을 가리킴}의 험한 골짜기에 숨어서 군함 건조에 착수했다. 수나라 대함대가 양자강을 따라 내려가며 요충지를 장악하면 남조 영토 내의 교통이 마비될 것이므로 지방의 지원군이 진나라의 수도로 아무리 급히 달려가려고 해도 움직일 수 없게 된다.

고경은 육군 총사령으로서 남조 진나라의 수도인 건강建康, 지금의 남경南京 북쪽 기슭에 군대를 모으고 진격을 준비했다. 휘하 대장 중에 가장 중요한 임무를 부여받은 사람은 하약필賀若弼과 한금호韓擒虎였다. 하약필은 광릉廣陵, 즉 양주揚洲에 병사를 집결시키고 양자강을 건너 우선 남조의 전초기지인 경구京口를 공격한 다음 그곳에서부터 남경으로 치고 올

삼협
사천성과 호북성의 경계 지역인 초서산지(楚西山地)를 양자강이 가로지르는 곳에 형성된 협곡이다. 구당협(瞿塘峽), 무협(巫峽), 서릉협(西陵峽)의 세 협곡으로 유명하다. 특히 중간의 무협은 길이가 약 46km나 되며, 양쪽으로 500~600m 높이의 절벽이 이어진다.

라갔다. 한금호는 조금 더 상류에서 강을 건넌 뒤 하류를 향해 남경을 공격함으로써 두 군대가 협공할 계획이었다. 그리고 수군과 육군의 최고 사령관으로 임명된 사람은 바로 진왕 양광이었다.

이들 가운데 제일 어려운 일을 맡은 사람은 하약필이었다. 경구라는 남조의 중요 군사기지가 강 건너편에 있기 때문에 적이 눈치채지 못하게 양자강을 조용히 건너기 위해서는 상당한 수완이 필요했기 때문이다. 그는 비밀리에 새로운 군함을 건조하면서 동시에 군대 내의 늙은 말을 정리해 민간에 팔고, 그 돈으로 노후한 민선을 사들였다. 이렇게 사들인 민선을 병영 주위에 늘어놓자, 남조에서 파견되어 숨어들어온 첩자는 본국으로 돌아가 그런 배로는 아무 소용에 닿지 못할 것이라고 보고했다. 하약필은 그 일을 끝낸 다음 본부와 지방 간의 군대 교체를 일부러 대대적이고 요란스럽게 실시했다. 그 모습을 지켜보던 남조의 첩자가 처음에는 전투 준비라 생각해서 황급히 보고했지만, 한참이 지나도 별 일 없이 잠

수나라의 오아전선(五牙戰船)
남조 진나라를 공격하기 위해 만든 새로운 선박으로, 당시 삼협(三峽)의 거센 물살을 뚫고 대규모 살상 무기를 실을 수 있는 거대한 전함이었다. 사진은 복원 모형.

잠했다. 그런 일이 몇 번씩 반복되자, 양치기 소년 이야기처럼 남조 군대는 그 보고가 다시 올라와도 전혀 놀라지 않게 되었다. 그런 가운데 하약필의 군대에서는 신예 군함이 완성되어 바로 명령이 떨어지기만을 기다리며 즉시 출동 가능한 태세를 갖추었다.

양자강 북쪽에서 이렇게 수나라의 전투 준비가 차근차근 진행되고 있었으나 남조의 군신들은 조금도 알아채지 못한 채 여전히 느긋하기만 했다. 아니, 느긋한 사람은 천자를 비롯한 정부의 중신들뿐이고 일반 백성이나 중·하급 관료들은 북쪽이 점점 압박해 들어오는 분위기를 몸으로 느끼고 있었다. 단지 그것을 공공연히 떠드는 사람이 없었을 뿐이다. 이런 상황에 도저히 입을 다물지 못하고 천자에게 상소문을 올려 국가의 위험을 경고하는 사람이 등장했다. 신분이 그리 높지 않은 가문 출신의 관리로, 장화章華라는 인물이었다. 남조에서는 아무리 학문이 뛰어나고 문재가 있어도 명문가 출신이 아니면 설령 관료가 되더라도 누구 하나 상대해주지 않았다. 오히려 재능이 있으면 모두 그를 시기해서 힘을 모아 배척했으며, 가장 천시당하는 지위를 주어 분풀이를 했다. 장화 역시 능력이 뛰어났음에도 태시령太市令이라는 중앙시장 감독관으로 임명되었다. 문학과 전혀 상관없는, 가장 천한 일을 맡아보는 관직이었다. 그러나 그가 담당한 시장은 사방에서 들어오는 정보를 가장 잘 확보할 수 있는 곳이다. 장화는 결국 참지 못하고 후주에게 상서했다.

"수나라 대군이 이미 국경에 집결해서 압력을 가해오고 있습니다만, 국내에서는 도움이 될 만한 노신과 노장들이 전부 한직으로 쫓겨나갔고 심성이 비뚤어진 쓰레기들이 조정에서 설치며 정치를 좌지우지하고 있

습니다. 이참에 정치를 쇄신하지 않는다면 결국 수도는 짐승의 소굴이
될 수도 있습니다.”

　장화는 몹시 격한 어조로 후주에게 간언했다. 후주는 크게 화를 내며
그날로 장화를 사형에 처해버렸다. 그런 일이 있은 뒤 모든 관료가 입을
다물었으며 충언을 올리는 사람도 사라졌다.

　수나라 군사는 개황開皇 8년(588) 말에 갑자기 행동을 개시했다. 아무
리 느긋한 남조 정부의 수뇌부라지만 양자강 상류의 각지로부터 연달아
보고를 받자 뭔가 대책을 세울 필요성을 느끼기 시작했다. 그러나 이러
한 급박한 상황에서도 여전히 군대에 동원령을 내리는 일은 내년 이후로
미루자는 의견이 우세했다. 설날 의식을 평온한 분위기에서 성대하게 치
르고 싶다는 게 이유였다. 대책에 대해서는 제각기 입으로만 떠들 뿐, 서
로 주제 파악도 못하고 큰소리만 치면서 억지로 마음속의 불안을 숨기려
했다.

　“예로부터 이곳은 왕기王氣가 강하므로 인간의 힘으로는 어찌할 수 없
을 것이다. 왕의 기운이 짐의 대에서 쇠퇴하는 일은 결코 있을 수 없다.”

　황제가 먼저 그렇게 말하자, 대신 공범도 맞장구를 치며 큰소리쳤다.

　“맞습니다. 양자강은 하늘이 만들어주신 강남의 방어선입니다. 예로
부터 북방 세력이 남방으로 침입해와도 언제나 이곳에서 발이 묶여 지금
까지 돌파된 선례가 없습니다. 최근 전선에 있는 장병들은 전공을 세워
상을 받고 싶어 안달이라, 어떻게든 호들갑을 떨면서 사태를 과장 보고
하는 경향이 있는 것 같아 골치 아픕니다. 적군에게 날개가 생긴다면 혹
모를까, 그렇지 않다면 어찌 양자강을 건널 수 있겠습니까? 만약에 그런

일이 발생한다면 저한테 맡겨주십시오. 그때야말로 제가 공을 세워 삼공 三公의 자리에 오를 때일 겁니다."

이때 누군가 어디서 들었는지 소문을 언급했다.

"적의 군마가 전부 쓰러져, 군대가 옴짝달싹 못하게 되었다는군요."

이 말에 공범은 더 득의양양해져 허세를 부렸다.

"그것 참 아쉽게 됐군요. 지금은 적군의 말이라 해도, 몰아붙였더라면 우리 것으로 만들 수 있었을 텐데."

이렇듯 비위를 맞추는 공범의 말을 듣고 천자는 몹시 흡족해 하며 군대를 증강하지도 않고 매일 연회를 열어 시를 짓고 술을 마시며 즐거워했다. 후주는 연회를 열면 항상 장귀비에게 춤을 추게 했으며, 음악에 맞추기 위해 특별히 '옥수玉樹', '후정화後庭花' 등의 곡조를 만들게 했다. 연회는 언제나 저녁부터 시작해 이튿날 아침까지 계속되었다. 그해(588) 마지막 날 밤에도 늘 그랬듯 변함없이 성대한 송년회가 열렸다. 다음 날 아침, 새해 첫날 조하식朝賀式을 하기 위해 백관들이 궁에 들어와 천자가 나오기만을 기다렸지만, 전날 밤 술에 취한 후주는 그 사실도 까맣게 잊은 채 저녁까지 계속 잠만 잤다.

이런 상황은 양자강 북쪽 기슭에 집결해 있던 수나라 군대에게 낱낱이 보고되었을 게 틀림없다. 하약필과 한금호가 이끄는 두 부대는 일부러 새해 첫날이라고 방심한 틈을 노려 적을 향해 강을 건너기로 결정했다. 반면 남조에서는 천자는 말할 것도 없고 군대 역시 군기가 문란하기는 마찬가지였다. '그 나물에 그 밥' 격이었다. 새해부터 모두 술에 취해서 전혀 맞서 싸울 준비가 되어 있지 않았다. 하약필이 동북에서, 한금호가 서남에서 각기 양자강 강가를 따라 수도 건강을 공격하자, 남조의 주둔 부대는 잇따라 패하여 줄행랑을 놓았다.

수나라 군대가 강을 건넜다는 보고가 진 조정에 들어온 때는 정월 초이틀이었으며, 다음 날인 초사흘에야 겨우 공경公卿을 불러 모아 의논하기 시작했다. 방어 수단을 정하고 명령을 내리긴 했으나, 그에 따라 행동으로 옮기는 준비는 전혀 이루어지지 못했다. 진 조정이 우왕좌왕하는 사이에 수나라 군사는 조금씩 수도를 향해 다가오고 있었다. 결국 진 조정은 도성에 갇혀 적군에게 포위된 채 근위병만으로 방어를 하며 싸울 수밖에 없었다. 그런데 그 지경에 이르러서도 진나라의 문관과 무신들은 여전히 서로 으르렁거리며 남 탓을 하는 바람에 지휘 계통은 엉망이 되었고 급기야 각자 제멋대로 행동하는 진풍경이 벌어졌다.

진 조정이 이런 상황인지라 먼저 수도에 도착한 한금호의 군대가 공격을 가하자 남조 방위대는 순식간에 무너졌다. 이런 때는 패하는 쪽에서 생각지도 못한 일이 벌어지기도 한다. 평소에는 천자의 두터운 신임을 받으며 위세를 부리던 사람들이 일찌감치 적에게 항복하는가 하면, 천자로부터 늘 찬밥 취급을 받고 무시당하던 관리 가운데 몇몇은 상당한 위험을 감수하면서도 자신이 해야 할 일을 감행하는 사람도 있다.

수나라 군사가 궁으로 쳐들어오자 관리들은 모두 도망쳤고 천자 후주 곁에는 원헌袁憲 등 몇 명만 남아 있을 뿐이었다. 그러자 천자는 원헌을 향해 말했다.

"이제야 비로소 깨달았네만, 사람이란 참 알 수 없는 존재로군. 짐이 해놓고도 말하기 민망스럽소만, 지금까지 경을 대하면서 조금이라도 제대로 대우해줬다고는 차마 말을 못하겠소. 그런데 마지막까지 곁에 있어 줄 거라 생각한 사람은 전부 도망가고 경이 남아 있어줄 거라곤 전혀 생각지도 못했소. 모두가 짐이 부덕한 탓이오. 하지만 대체 남조 귀족의 자존심은 다 어디로 사라졌는지 화가 날 따름이오."

천자가 뼈저리게 느끼는 듯 말하자, 원헌은 이렇게 충고했다.

"신하들은 어쩔 수 없습니다만 폐하께서는 부디 천자의 자존심을 잃지 마십시오. 예전 양(梁)나라 무제는 적군이 쳐들어왔을 때도 마지막까지 천자의 위엄을 지켰습니다. 폐하께서도 의관을 정제하시고 어좌에 앉으시어 적군을 기다리시는 것이 좋을 듯합니다."

하지만 후주는 그럴 정신이 없었다. 무엇보다 장귀비와 후궁들의 안위가 걱정된 탓이었다.

"짐은 무기를 가진 적군과 상대하는 일에 익숙지 않소. 짐에게는 짐의 생각이 있소. 내버려두시오."

천자 후주는 이번에도 원헌의 말을 무시하고 자신의 소매를 잡는 그를 뿌리치며 후궁으로 달려갔다. 뭘 하려고 그러는지 지켜보니 천자는 후원 안에 있는 우물 속으로 들어가 숨으려 했다. 측근의 신하들은 천자의 그런 행동을 보고 어이가 없어 우물을 덮어 막으려 했는데, 후주는 그런 방해도 물리치고 우물 안으로 들어가 숨어버렸다.

수나라 한금호의 군대는 궁으로 난입해 약탈과 폭행을 자행하며 후주를 찾아다녔다. 그러는 와중에 천자가 후원 우물 안에 숨어 있다는 보고를 받았다. 병사들이 우물 안을 향해 나오라고 소리쳤지만 대답이 없었다. 결국 나오지 않으면 돌을 떨어뜨리겠다고 최후의 협박을 하자 후주는 그제야 깜짝 놀라 살려달라고 대답했다. 그래서 긴 줄을 내려준 뒤 끌어올렸는데, 지나치게 무거웠다. 마침내 다 끌어올리고 보니, 무거울 수밖에 없는 이유가 있었다. 후주뿐 아니라 장귀비와 공氘귀인까지 두 명의 미인이 함께 줄을 잡고 올라온 것이다.

한금호의 군대에 이어 하약필의 군대도 수도 건강에 입성했다. 또 바로 그 뒤를 이어 육군 총사령관인 고경도 도착했다. 그런데 이때 고경의 진영에 진왕 양광이 보낸 사자가 찾아와서 꼭 장귀비를 찾아 보호하라는 요청을 하고 갔다. 고경은 그 말이 의미하는 바를 곧바로 알아챘다.

"예로부터 미인은 나라를 망치는 원인이 된다고 하더니, 그 말이 맞구나. 남조의 선례를 우리나라가 따라서는 안 된다."

고경은 바로 장귀비를 끌어내 칼로 베어 죽였다. 그 뒤 입성한 진왕은 그 사실을 알고 안색을 바꾸며 화를 냈다.

"두고 보자. 이 복수는 꼭 하고 말 것이다."

남조 진나라는 마침내 멸망했다. 따져보면 남북조 이전 5호五胡 시대부터 이미 중국은 남과 북으로 분열되어 거의 300년 가까이 그 상태가 지속되었는데, 이 시기에 와서야 겨우 다시 합쳐진 것이다. 바야흐로 중국 정치사에서 일어난 일대 사건이었다.

이 과정에서 가장 공을 많이 세운 사람은 한금호였다. 하지만 그 전공은 실상 운이 좋아 생긴 결과로, 진짜 의미 있는 전쟁을 치른 장수는 하약필이었다. 하약필의 군대는 남조 주력부대의 저항에 부딪혀 그것을 격파하느라 한금호에게 입성의 선수를 빼앗겼던 것이다. 그 뒤 두 대장은 이때의 전공을 놓고 서로 자신의 공적을 내세우며 다투었다. 수문제는 두 사람에게 우열이 생기지 않도록 평등하게 상을 내려 논란을 중재했다.

이와 같은 관계는 고경과 양소 두 사람에게도 나타났다. 고경은 하약필과 한금호의 상급 총사령으로서 남조 공략을 담당한 책임자였다. 이에 비해 양소는 수군을 지휘해서 양자강을 장악하고 남조 군대의 이동을 봉쇄하는 임무를 맡았기 때문에 고생이 많았으나 수도 점령에는 직접적으로 관여하지 않았다. 그로 인해 상대적으로 그의 공력이 가려져버렸다. 이에 불만을 품은 양소는 고경에 대해 적대 의식을 불태우며 사사건건 충돌하고 고경의 지위를 끌어내리려 했다.

그러나 이번 출정의 최고 지휘관은 어디까지나 진왕 양광이었다. 그는 실상 아무 일도 하지 않고 보좌역을 맡은 고경이 모든 일을 다 처리했지만, 그래도 지휘관은 역시 양광이었다. 진왕이 포로와 노획품을 호송하면서 군대를 이끌고 위풍당당하게 수도 장안으로 개선하자, 아버지 수문제는 크게 만족스러워 했다. 진왕을 삼공三公의 자리에 올리고 수레와 말, 곤룡포와 면류관을 내려 공을 치하했다. 진왕의 위명이 높아진 일은 어머니 독고황후에게도 더할 나위 없는 기쁨이었다.

6

황태자 폐위 음모

    수문제의 부인 독고황후는 질투심이 대단히 강한 성격이었다. 중국의 오랜 예법에 따르면 부녀자의 질투는 최대 악덕으로 여겨졌으며, 그 정도가 심할 경우에는 이혼 사유가 되기도 했다. 이 때문에 중국의 역사가들은 독고황후의 질투를 부정적으로 바라보며, 심지어 나라를 망친 원인의 하나로 들기도 한다.

    독고황후는 남편 수문제에 대해서도 질투를 느꼈을 뿐만 아니라 신하들의 집안일에도 참견하며 질투심을 불태웠다고 한다. 어떤 관료의 집에서 첩이 회임했다는 이야기를 들으면 금세 기분이 나빠져 수문제에게 그 관료를 면직시키라고 권했다 한다. 수문제가 가장 신임했던 대신 고경도 그 화를 입은 사람 가운데 한 명이었다.

고경이 예순 살이 되었을 무렵 평생을 같이하던 부인을 잃었다. 그러자 독고황후는 수문제에게 말했다.

"고경이 부인을 잃고 불편할까 저어되니 후처를 들여 돌보게 함이 어떻겠습니까?"

수문제가 그 뜻을 전하자 고경은 완곡히 거절하며 말했다.

"저는 보시는 바와 같이 이미 나이 든 사람입니다. 조정에서 집으로 돌아가면 그저 정진하며 불경을 읽는 게 다입니다. 폐하의 뜻은 대단히 감사합니다만, 이제 와서 재혼할 생각은 없으니 부디 헤아려주시기 바라옵니다."

고경이 눈물을 글썽이며 간청하니 수문제는 딱히 더 이상 강요하지 않았다. 그런데 한참 지난 뒤 고경의 애첩이 남자아이를 출산했다. 수문제가 그 소식을 듣고 크게 기뻐하며 독고황후에게 알리자, 황후는 몹시 언짢아했다.

"폐하께서는 전에 고경이 뭐라 아뢰었는지 기억하실 것입니다. 고경이 첩을 예뻐하든 뭘 하든 그건 상관할 바 아닙니다만, 그 때문에 이렇게 쥐새끼처럼 폐하를 속인 게 아니겠습니까. 뭐 이런 인간이 다 있답니까? 지금 거짓말이 완전히 들통이 났는데도 여전히 그를 신용하시는 폐하의 심사가 도저히 이해되지 않습니다."

수문제가 듣고보니 과연 그럴 듯했다. 말하자면 천자를 속인 셈이 아닌가? 그로부터 고경에 대한 수문제의 태도도 점점 냉담해졌다.

독고황후가 고경을 싫어한 네는 이 밖에도 여러 가지 이유가 있었다.

고경이 독고황후를 '한낱 여인네 하나'로 표현한 것은 앞에서도 서술했지만, 그 일 말고도 황후가 고경을 마음에 들어 하지 않은 데는 더 중대한 이유가 있었다. 독고황후는 장남인 황태자를 미워하고 차남인 진왕을 사랑스러워했는데, 고경은 자신의 아들 고표인高表仁을 황태자의 딸과 결혼시켜 며느리로 맞은 것이다. 수문제·황태자·고경, 이 세 사람이 긴밀하게 연대를 구성하는 한 황후와 차남은 기껏해야 그들의 주위를 떠도는 부차적인 존재에 불과했다.

독고황후는 왜 황태자를 싫어했을까. 그 역시 황후의 질투 탓이라고 알려져 있다. 황태자는 당시 귀족 사회의 젊은이들이 그랬듯 예외 없이 여색을 밝혔는데, 많은 여인들 중에서도 유독 운씨雲氏를 총애했다. 그녀가 황태자의 사랑을 받으며 세력을 넓혀나간 것에 비해, 정실부인 원씨元氏는 오히려 소외되어 업신여김을 당했다. 그러던 중 황태자비 원씨가 이틀간 심장병을 앓다가 세상을 떠났는데, 혹시 운씨가 원씨에게 마수를 뻗친 것이 아니냐는 소문이 돌았다. 독고황후는 그 소문을 듣고 황태자를 불러 엄하게 타일렀으나, 황태자는 전혀 귀담아듣지도 않을 뿐더러 참회하는 모습도 보이지 않았다. 이 때문에 독고황후는 운씨를 미워하면서 황태자도 함께 미워하게 되었다고 한다.

황태자에 대한 독고황후의 감정이 그렇게 차갑게 굳어버리자, 황후의 영향을 쉽게 받는 수문제의 마음도 점차 움직이기 시작했다. 어느 날 수문제의 숙위 병사진을 강화하기 위해 황태자의 위사衛士들 가운데 건장한 이를 선발해서 천자의 숙위로 이동시켰다. 그러자 고경이 이의를 제기했다. 너무 많은 사람들을 빼가면 황태자에 대한 경호가 허술해질 수 있다는 얘기였다. 수문제는 고경이 황태자의 인척이 되었기 때문에 황태자를 감싸고돈다고 멋대로 추측했고, 이에 노여워하며 나무랐다.

"천자란 항상 공식 행차로 인해 궁에서 나갈 일이 많다. 따라서 호위하는 사람으로 힘센 무사가 많이 필요하다. 황태자는 딱히 특별한 일도 하지 않는다. 궁중에서는 학문에 힘쓰고 덕을 쌓으면 그것으로 충분하다. 황태자에 대한 경호는 원래 천자의 숙위가 겸해서 하는 것이 맞다. 그리 관습에 구애받을 필요가 없다."

천자와 황후의 의향이 모두 고경에게 불리하게 돌아가고 있다는 정황이 알려지자, 조정의 관료들 가운데 수문제에게 아첨하며 고경의 나쁜 점을 시시콜콜 들춰내려는 자가 나타났다.

고경은 수문제의 막내아들 한왕 량을 따라 몽골 지방의 돌궐족 정벌에 나섰을 때 병사를 이끌고 사막 깊숙한 곳까지 들어가서 돌아오지 않았던 적이 있다. 그 일을 두고 천자의 측근들 중에 몇몇이 '이는 틀림없이 고경이 배신을 하여 돌궐에 항복하러 간 것'이라며 모함하기 시작했다. 이에 수문제도 의심했지만, 그 사이 고경이 적을 무찌르고 공을 세워 돌아왔기 때문에 그나마 의혹이 풀릴 수 있었다. 그런데 고경은 명목상 총사령관인 한왕 량이 경험이 별로 없는 소년인 까닭에 전략 의논 자리에서 한왕의 의견을 전혀 듣지 않았다. 한왕은 그런 고경이 내심 불만스러웠다. 궁으로 귀환하자 양량은 독고황후의 처소로 달려가 호소했다.

"고경은 군에서 전권을 쥐고 전횡을 일삼았습니다. 저조차도 하마터면 고경에게 살해당할 뻔 했습니다."

수문제도 독고황후로부터 이 이야기를 전해 듣고는 고경의 전횡을 경계해야겠다고 마음먹게 되었다.

수나라의 개국공신 가운데 한 사람인 왕세적王世積 장군이 참언으로 인해 처형된 사건이 있다. 그 사건을 조사하자 궁 안의 비밀이 민간으로 새나가고 있다는 사실이 밝혀졌다. 이때 왕세적과 친한 고경에게도 혐의가 들씌워졌는데, 이유인즉 고경이 자신의 아들, 곧 황태자의 사위 고표인으로부터 들은 정보를 민간에 흘렸다는 거였다. 고경은 대역 죄인 왕세적으로부터 명마를 선물 받은 일이 있고 둘의 사이도 좋기 때문에, 당연히 그에게도 죄가 있다며 탄핵하는 이들이 나타났다. 결국 수문제는 고경의 모든 관직을 빼앗고 그저 제국공齊國公이라는 작위만 남겨 근신하도록 명했다.

수문제는 의심이 강한 천자였다. 따라서 그를 화나게 만들려고 마음만 먹으면 그것처럼 쉬운 일도 없었다. 고경 집안의 관리인이 아주 중요한 일이라며 수문제에게 다음과 같이 고해바쳤다.

"고경의 아들 고표인이 근신 중인 아버지에게 와서 해괴한 말을 늘어놓았습니다. 옛날 사마중달司馬仲達은 대신 자리에서 면직을 당해 칩거했지만 결국에는 혁명을 일으켜 천하를 손에 거머쥐었으니 아버지도 그리 걱정하지 않아도 된다는 얘기였습니다. 그 말은 마치 모반을 권하는 듯했습니다."

수문제는 고경을 재판에 회부하고 진상을 조사하도록 했다. 그러자 이번에는 재판관이 새로운 사실을 추가적으로 고했다.

"고경은 점쟁이 승려들을 가까이 두고 자신의 운명을 점치게 하여 그 내용을 들은 뒤 기뻐했다고 합니다. 어떤 중은 내년에 지금의 천자가 틀림없이 죽을 거라고 말했으며, 또 어떤 비구니는 지금 천자의 재위가 17년에서 18년, 길어봐야 19년에 불과하다고 말해 고경을 흐뭇하게 했다고 합니다."

어쩌면 수문제가 일부러 그들에게 이런 말을 하도록 시켰을지도 모른다. 재판관은 고경을 사형에 처해야 한다고 아뢰었으나 수문제는 굳이 다음과 같이 말했다.

"최근 왕세적을 죽인 지 얼마 되지 않았는데 지금 다시 고경을 죽이면 아무리 정당한 처분이라 할지라도 이래저래 말이 많을 것이다."

그러면서 고경의 작위를 빼앗고 일개 평민 신분으로 강등한 뒤 방면했다. 하지만 고경은 조금도 아쉬워하는 기색을 보이지 않았다. 그는 무서운 세상에서는 권력에 가까울수록 위험에 처할 수 있다는 사실을 충분히 자각하고 있었다. 쫓겨나서 오히려 안전해졌다며 기뻐할 정도였는데, 반드시 그 바람대로 되지 않는다는 사실을 나중에야 깨달았다.

고경의 실각은 황태자에게 큰 타격을 주었다. 사실 이 사건은 고경 개인의 문제라기보다는 반反황태자파의 음모가 차근차근 진행되고 있으며, 황태자를 무너뜨릴 전 단계로서 우선 고경을 공격하여 물러나게 한 일이기 때문이다. 이 사건은 또한 이제 천자 수문제까지 반황태자파의 수중에 들어갔다는 명확한 의미이기도 했다.

반황태자운동의 조직이 슬슬 표면에 등장하여 조금씩 그 모습을 드러내기 시작했다. 그 중심에는 독고황후, 차남인 진왕 양광, 그리고 조정 대신 양소가 삼각동맹을 이루었다.

진왕 양광은 황태자가 점차 부모의 신용을 잃어가는 모습을 보면서 잘하면 자신이 형 대신 황태자의 자리에 앉을 수도 있을 거라는 희망을 품기 시작했다. 그리고 부모의 총애를 얻기 위해서는 지금의 황태자와 정반대로 행동하면 될 거라 생각했다. 황태자 양용은 나이로나 경력으로나 지극히 당연한 순서로 태자에 책봉되었기 때문에 어느 누구에게도 거리낌 없이 제멋대로 행동했으며 위선자인 척 가장할 필요도 느끼지 못했다. 눈치 보지 않고 사치를 부렸으며 대놓고 여색을 즐겼다. 황태자의 그런 행동은 수문제나 독고황후의 빈축을 사기에 충분했다. 수문제는 자신이 젊었을 때 경제적으로 여의치 않았던 사정을 떠올리면 뭐든 아까워서 사치를 부리지 못하는 성격이었다. 이를 간파한 진왕은 부모의 마음에 들기 위해 열심히 노력했다. 사실 진왕이 그렇게 보이도록 그냥 시늉만 냈을 뿐이지만, 부모란 항상 그런 속임수에 잘 넘어가니 신기할 따름이다.

진왕은 독고황후가 질투심 많은 여권신장론자라는 사실을 알고 있었기에 표면상으로는 정실부인 소씨蕭氏 외에 다른 여자들을 가까이하지 않는 것처럼 꾸몄다. 물론 실제는 전혀 달랐다. 후궁이 회임을 하면 쥐도 새도 모르게 낙태를 시켰다. 독고황후는 그런 사실을 까맣게 모르고 진왕은 어디까지나 품행이 단정한 왕자라고 착각하여 일방적으로 믿어버린 것이다.

수문제와 독고황후가 보낸 사자가 오면 진왕은 소비蕭妃와 둘이서 환영하며 대접했다. 반드시 대문까지 마중을 나갔으며 맛있는 음식으로 융숭하게 대접하고 많은 선물을 안겨주었다. 또 그가 돌아갈 때는 대문까지 나가 배웅했다. 사자는 한껏 기분이 들떠, 수문제에게 돌아가 보고할 때는 진왕의 인자함과 효심을 입에 침이 마르도록 칭찬했다. 자식 칭찬을 듣고 기분 나빠할 부모는 어디에도 없다. 사자의 보고를 듣는 수문제와 독고황후 모두 눈을 가늘게 뜨고 흐뭇해 했다.

어느 날 수문제가 독고황후와 함께 진왕의 저택을 방문했다. 이때가 절호의 기회라고 생각한 진왕은 일생일대의 지혜를 짜내 부모를 기쁘게 만들었다. 먼저 젊은 미인과 사치스러운 가구를 모조리 별궁으로 치워서 사람 눈에 띄지 않게 감춘 다음, 늙은 여자들과 추녀들에게 일부러 남루한 옷을 입혀 시중들게 했다. 커튼과 깔개도 무늬가 없는 단색 원단으로 교체했다. 비파는 현이 끊어지고 먼지를 뒤집어쓴 것을 갖다 놓았다. 그것은 오랫동안 연회나 무도회를 열지 않았다는 증거가 될 터였다. 집 안의 이 같은 환경을 둘러본 부모는 크게 기뻐했다. 궁에 돌아간 뒤에도 가까운 신하들에게 이야기하며 자랑했을 정도였다.

진왕에 대한 기대가 이렇듯 점차 높아지는 데 반해 황태자에 대한 불신은 계속 커졌다. 미신을 신봉한 수문제는 그 때문에 관상가와 의논하고자 했다. 당시 가장 관상을 잘 보기로 평판을 얻고 있는 내화來和를 몰래 불러들여 왕자들의 관상을 하나씩 보고 오라고 시켰다. 이런 경우 점쟁이나 관상쟁이는 대개 자신이 점을 쳐야 할 대상보다는 점이나 관상을 봐달라고 부탁한 의뢰인의 마음을 먼저 맞추려고 하는 법이다. 내화는 그간 상류층을 상대해왔기 때문에 수문제의 의향을 알아채지 못했을 리 없다. 혹은 진왕이 미리 손을 써둔 것일지도 모르겠다.

"진왕의 관상을 보니, 눈썹 위의 뼈가 높게 솟아 있습니다. 이는 더할 나위 없이 좋은 귀인의 상입니다."

내화는 수문제에게 그렇게 보고했다. 실제로 진왕은 용모가 아름답고, 두뇌가 명석해 학문도 뛰어났으며, 글도 잘 지었다. 게다가 태도도 겸손하고, 관리들을 만나면 자세를 낮추었다. 당시 이런 젊은이는 매우 보기 드물었다. 진왕에 대한 평판은 관료들 사이에서 단연 으뜸이었다.

진왕이 양주총관이라는 직위로 남방 주둔 부대의 사령관에 임명되었을 때의 일이다. 곧 출발을 앞두고 독고황후에게 작별 인사를 하러 갔는데, 막상 돌아갈 때가 되자 갑자기 바닥에 엎드린 채 아쉬워하며 눈물을 흘리고 움직이려 하지 않았다. 황후도 사랑스러운 자식을 멀리 떠나보내야 한다는 생각에 눈물을 글썽이며 진왕을 일으켜세웠다. 이때가 기회라고 생각한 진왕은 가슴 아프고 슬픈 장면을 연출했다.

"저는 상당히 신경 써서 형님을 받들기 위해 노력했습니다만, 형님은 제 호의를 전혀 받아주지 않았습니다. 저는 왜 이렇게 어리석을까요? 항상 형님으로부터 꾸중만 듣습니다. 게다가 세상에는 예언들이 끊이질 않습니다. 설마 형님이 그런 말을 믿지는 않겠지만 사소한 계기로 무슨 일이 일어날지 모릅니다. 그래서 저는 항상 어마마마를 뵐 때면 이대로 긴 이별이 되더라도 상관없다고 각오하고 있기 때문에……"

진왕이 그렇게 말하며 눈물을 닦고 일어서자 독고황후가 그를 만류하며 말했다.

"요즘 나도 세간의 소문은 들었습니다. 역시 형이 심술을 부린 게 사실이군요. 내가 황태자를 원씨라는 착한 아이와 맺어줬는데 쳐다보지도 않더니 어디서 굴러먹었는지도 모르는 아운阿雲이라는 아이에게 정신이 팔려 있습니다. 이 얼마나 볼썽사나운 일입니까. 전에 황태자비가 독살

됐을 때, 나는 그저 풍문에 불과하다고 여겨 조사도 시키지 않았습니다. 그런데 황태자가 그걸 옳다구나 여겨 이번에는 동생한테까지 손을 뻗치다니! 내가 아직 멀쩡히 살아 있거늘 벌써 그렇게 분별 없이 행동한다면 내가 죽은 뒤에는 대체 어찌 되겠습니까. 도대체 황태자씩이나 되는 사람이 전처가 죽은 뒤 아직도 새 황태자비를 맞아들이지 않는 게 말이 됩니까? 우리 부부가 죽고 난 뒤 저 아운이라는 아이가 황후로 책봉되면 형제들이 모두 그 앞에 나가 무릎에 손이 닿도록 성중하게 절을 해야 한다고 생각하니, 난 도저히 가만히 있을 수가 없습니다."

독고황후는 무심코 본심을 드러내고 말았다. 진왕이 거듭 배례하고 흐느껴 울면서 물러나자, 황후는 그 뒷모습을 바라보고 가슴을 쥐어뜯으며 안타까워했다. 그리고 진왕에게 속마음을 내비친 이상, 이제는 마음을 다잡고 황태자 폐위 계획을 감행해야만 했다.

계획을 실행하려면 아무래도 조정 대신들 가운데 뜻을 같이할 동지를 찾아야만 했다. 그때 적임자로 떠오른 인물이 양소였다. 진왕은 전부터 양소와 자주 행동을 함께했기 때문에 어느 정도 친한 사이였지만, 황태자 폐위 음모에 가담시키기 위해서는 특별한 경로를 통해 일종의 공수동맹을 맺어야 했다. 만약 성공했을 때는 양소를 조정 대신으로 삼고 언제까지나 중용해줄 테니, 양소도 진왕의 황태자 옹립을 적극적으로 응원한다는 밀약을 맺어둘 필요가 있었다. 마침 진왕의 친우 가운데 우문술宇文述이 양소의 남동생 양약楊約과 매우 가까운 사이였다. 양소는 남동생 양약을 신임해서 어떤 비밀이라도 의논하며, 의논한 이상 대개 그 의견을 따른다는 소문이 자자했다. 그래서 진왕은 먼저 우문술을 이용해 양약과 연락을 취했다.

이런 경우 중국에서 예로부터 이용된 수법이 도박을 가장하여 뇌물을 보내는 방법이었다. 우문술은 양약을 불러내 같이 도박을 했고, 연속해서 지는 바람에 막대한 금은보화를 전부 빼앗기고 말았다. 양약은 우문술이 몹시 안됐다는 생각에 의중을 떠보았다.

"정말 이렇게 많이 잃어도 나중에 후회하시지 않겠습니까?"

그 말을 들은 우문술이 말했다.

"아닙니다. 오히려 기쁩니다. 사실 진왕께서 당신과 가까워지고 싶다는 말씀을 하셨고, 지금 드린 금은보화는 전부 진왕께서 맡기신 것뿐입니다. 만약 당신이 진왕 저택으로 같이 한번 가준다면, 나는 그것으로 맡은 바 책임을 다하는 셈입니다."

양약이 그건 또 무슨 연유냐고 물어오는 바람에 우문술은 진왕의 황태자 폐위 계획을 밝히고 조력을 구했다.

"천자께서도 황후께서도 이미 마음을 정하셨습니다. 단지 실행을 주저하고 계신 이유는 관료들로부터 반대가 나오지 않을까 염려하시기 때문입니다. 오히려 관료들이 먼저 나서서 폐적廢嫡_{적자로서의 신분이나 권리 따위를 박탈하는 것. 곧 황태자 폐위를 가리킴} 의견을 내지 않는 상황을 답답해 하고 계실 지경입니다. 천자께서는 이미 연로하십니다. 다음에 누가 천자가 될지 잘 가늠해서 이때 손을 써두지 않으면, 막상 천자가 바뀌고 나서 지금껏 나는 새도 떨어뜨릴 기세의 대신이 단 한마디에 목이 날아가는 건 흔히 있는 일입니다. 당신 형님의 조력만 있다면 이 계획은 거의 성공한 일이나 마찬가지입니다."

우문술이 그렇게 설득하자, 양약은 형 양소를 찾아가 그 계획을 알렸다. 양소는 흔쾌히 승낙하기는 했지만 조심성이 많았기 때문에 독고황후의 진의를 더 확실히 알아내고자 했다. 그래서 궁중에서 연회가 열릴 때 황후에게 다가가 말을 걸었다.

"왕자님들 가운데 진왕 마마가 폐하와 제일 많이 닮았습니다."

양소가 그렇게 속삭이자 황후는 속뜻을 알아차리고 말했다.

"경도 그렇게 생각하는군요. 정말 많이 착한 아이입니다. 부인도 마음씨 좋은 아이이지요. 그런데 웬일인지 형은 동생을 마음에 들어 하지 않는 것 같아 제가 걱정돼서 못 살겠습니다. 황태자가 첩으로 들인 아운이라는 아이는 엄청나게 닳고 닳은 여자로, 태자를 꼬드겨 부모 동생과 사이가 멀어지도록 꾸미고 있다니까요."

황후가 본심을 흘리자 양소는 안심하고 뒤이어 태자의 악행을 일러바쳤다. 한참 뒤 황후는 큰돈을 양소에게 보내 황태자 폐위 음모를 추진해줄 것을 부탁했다. 이로써 독고황후·진왕·양소라는 삼각동맹이 성립되었다.

사실 양소로서는 진왕 쪽의 제의를 받지 않았어도 폐적운동을 일으키려 했다. 양소는 그때까지도 늘 고경을 경쟁 상대로 의식하고 행동했다. 고경이 수문제의 심기를 거슬러 실각한 것까지는 좋았지만, 어쨌든 그는 황태자와 인척 관계로 맺어진 사람이다. 이른바 황태자파의 최대 유력자라 할 수 있다. 만약 황태자가 천자로 등극한다면 조정의 형세는 곧바로 급변해서 고경이 대신으로 부활하지 말라는 법도 없다. 그렇게 되면 그때는 양소가 실각할 차례다. 그것도 그냥 실각하는 차원으로 끝나지 않을지도 모른다. 왜냐하면 그때의 실각에는 보복의 뜻이 담겨 있을 게 분명했기 때문이다.

진왕은 황태자의 측근인 희위姬威에게 항상 황태자의 동정을 살펴 일일이 그것을 양소에게 보고하도록 시켰다. 황태자는 워낙 약점이 많은 인물이라 평상시의 나쁜 행실이 조정 관료들 사이에 유포되면 그에 대한 평판이 더 나빠질 게 확실했다. 그중 몇 개는 자연스럽게 수문제의 귀에도 들어갈 것이 뻔했다.

희위로부터 잔뜩 정보를 얻은 결과, 때가 무르익었다고 판단한 진왕은 이번에는 희위를 협박했다. 진왕의 측근 신하가 희위를 향해 말했다.

"황태자의 부덕이 점점 폐하의 귀에도 들어가, 이제 폐하께서 황태자 폐적에 대해 진지하게 고민하신다는 사실을 당신은 알고 있습니까? 만약 폐하께서 먼저 발의하시어 황태자 조사가 실시되면, 당신은 당연히 임무 태만으로 어떤 극형에 처해질지도 모릅니다. 그러나 이 시점에 만약 당신이 나서서 황태자의 나쁜 행실을 먼저 고발한다면 당신은 죄가 없어짐과 동시에 두둑한 상을 받게 될 겁니다. 결심한다면 지금도 아직 늦지 않았습니다."

반쯤 협박을 가하면서 황태자에 대한 고발을 권유했다. 희위는 이제 와서 뒤로 물러설 수도 없었다. 마침내 천자에게 상소를 올려 황태자가 모반을 꾀하려 한다고 호소했다.

황태자는 애초 덕망 잃을 일을 많이 했지만 쿠데타까지 생각한 적은 없었던 것 같다. 수문제는 황태자를 조사하기 위해 특별재판소를 설치하고 양소를 책임자로 임명하여 조사하도록 했으나, 황태자는 모반에 관해서는 끝내 인정하지 않았다. 하지만 안타깝게도 태자 측근인 희원이라는 살아 있는 증인이 있었다. 게다가 재판장이 양소이기 때문에 황태자로서는 더욱더 살아날 가망이 없어 보였다. 결국 황태자가 천자를 죽이려 계획을 꾸몄다는 대역죄가 날조되었다.

개황 20년(600) 10월, 수문제는 황궁 안 무덕전武德殿으로 백관들을 불러 모은 뒤 황태자를 어좌 앞으로 끌어내라고 명령했다. 황태자는 수문제가 보낸 사자가 당도했다는 이야기를 듣자 하얗게 질려 벌벌 떨며 외쳤다.

"날 죽이려는 거야. 난 죽을 거야."

그러나 수문제는 백관들이 늘어서 있는 앞에서 조칙을 내려 황태자를 폐하고 그 자식들의 작위를 전부 거두어 서민으로 강등하는 벌로 끝냈다. 폐위된 태자는 거듭 절하며 말했다.

"이 불효자는 무거운 처벌을 받고 세상 사람들 앞에서 본보기가 될 것이라 각오하고 있었습니다만, 폐하께서 가엾이 여겨 목숨을 구해주셨습니다. 감사드립니다."

그렇게 말하고 흐느끼며 엎드려 있다가, 이윽고 일어나 관례대로 의식을 마치고 물러났다. 늘어서 있던 백관들은 가라앉은 분위기였고 여기저기서 훌쩍거리는 소리도 들려왔다.

수문제도 역시 슬퍼했다. 황태자가 본디부터 그리 나쁜 아들은 아니었기 때문이다. 모든 것은 태자의 측근들이 잘못한 결과라며, 그들 가운데 주요 인물 일곱 명을 참수에 처하고 그 아내와 자식들은 관노비로 만들었다. 이 처벌은 완전히 잘못되었다고만 할 수도 없다. 전에 황태자 측근으로 임명되었다가 황태자의 노여움을 사 도망간, 매우 강직한 신하인 이강李綱은 수문제를 향해 대들며 말했다.

"이는 처음부터 폐하의 잘못입니다. 폐하께서 임명하신 태자의 측근 은 늘 태자가 연회를 열 때면 함께 장기 자랑이나 하는 수준의 얕은 견 식을 가진 사람들뿐이지 않습니까?"

수문제는 난처해 하며 변명했다.

"아니, 태자가 잘못한 것이다. 짐은 경과 같이 제대로 된 사람을 붙여 주었지만 태자가 꺼려 하며 쫓아냈지 않은가? 태자는 소인들만 가까이 두려 했다."

그러자 이강은 두려워하는 기색도 없이 수문제를 몰아붙였다.

"왜냐하면 폐하께서 나쁜 놈들을 이미 태자 측근으로 두셨기 때문에 저희들은 가까이 다가갈 수도 없었습니다. 서둘러 그런 아첨꾼들을 처 리하셨어야 했습니다. 황태자는 환경에 따라 훌륭해질 수도 나빠질 수도 있는 분입니다. 이제부터라도 늦지 않으셨습니다. 다시 한번만 생각해주 십시오."

수문제가 안색을 바꾸며 불퉁한 표정을 짓고 안으로 들어가버렸기 때문에 옆에 있던 대신들은 상황이 어떻게 될지 손에 땀을 쥐고 걱정했 다. 그러나 며칠이 지나 부대신副大臣 자리가 비었을 때, 수문제는 인선人 選을 결정해달라는 대신에게 다음과 같이 명했다.

"이강 외에 적임자는 없다."

다음 달 11월, 수문제는 차남인 진왕 양광을 황태자로 세웠다. 폐태 자의 신병은 새로 즉위한 태자에게 맡겼다. 폐태자는 자신에게 모반이란 전혀 기억에 없는 누명이라고 하소연하며 이 사실만은 꼭 천자에게 직접 해명하게 해달라고 부탁했지만, 새로 즉위한 태자는 그 청을 무시하며 전하지 못하게 만들었다. 황태자가 있는 동궁은 천자의 궁실과 이어져 있기 때문에 폐태자는 나무에 올라가 큰 소리로 천자를 불렀다. 하지만 양소가 먼저 수문제에게 선수를 쳤다.

"폐태자는 가엾게도 귀신이 들려 발광하고 있는 듯합니다. 만약 알현을 청하더라도 만나시지 않는 편이 좋을 것 같습니다."

양소는 그렇게 말하며 중간에서 차단했다.

7

수양제의 즉위

　수문제는 개황開皇 20년(600)이라는 해가 지나자 이듬해의 연호를 인수仁壽 원년으로 고쳤다. 남북조시대만 해도 천자 한 대代의 치세가 20년 이어지는 역사가 드물었다. 수문제에게 재위 20년째 해는 장자 폐적이라는 생각지도 못한 오점을 남겼다. 하지만 다행히 모범적인 청년이라고 소문이 자자한 새 황태자도 즉위했으니, 인심을 새롭게 하는 차원에서 이듬해 연호를 바꾸기로 결정했을 것이다. 연호가 바뀐 해는 때마침 수문제가 환갑을 맞이한 해이기도 했다. 당시에는 평균수명이 짧았기 때문에 환갑을 맞이하는 자체가 이미 장수에 속했지만, 더욱 오래 살라는 의미에서 '인수'라는 이름을 연호로 채택했다.

그런데 그 이듬해 인수 2년(602), 수문제를 안에서 뒷받침하며 조종하던 독고황후가 병사했다. 황후는 남자 기질이 강한 여장부였던 반면, 수문제는 요샛말로 공처가였다. 수문제는 황후가 하는 말은 뭐든지 따랐으며, 자발적으로 황후에게 정치 문제를 의논하고 의견을 구하는 게 일상다반사였다. 독고황후의 의견은 대체로 핵심을 정확히 찔렀기 때문에 이른바 현명한 여성임이 틀림없다. 수문제가 이룬 공적의 절반은 독고황후의 공이라 보아도 크게 틀리지 않다.

그러나 다른 한편 '여자란 영리한 듯 보여도 결국 눈앞의 이익에 정신이 팔려 손해를 보는' 경향도 없지 않다. 수문제의 정치에서는 종종 도가 지나친 부분이 발견된다. 전 왕조의 일족에 대한 잔인한 박해 등은 실질적인 필요보다도 오히려 미신에 이용당한 측면이 크다. 조정 관료들을 대할 때는 마구 부리는 것에 비해 포상이 적었으며, 또 마무리도 그다지 좋지 않았다. 이런 수문제의 실정으로 보이는 면에 대해서 독고황후 역시 책임을 아주 피해갈 수 없을 것이다. 그러나 무엇보다 독고황후의 가장 큰 실패는 가족 내 불화를 조성했다는 점이다.

수문제는 황후의 묏자리를 위해 점을 잘 치기로 유명한 소길蕭吉에게 땅을 고르게 했다. 그곳은 나중에 수문제도 죽으면 같이 묻힐 산릉이 될 곳이었다. 중국에서는 선조를 매장하는 묘지의 길흉이 바로 자손들의 운명에까지 영향을 끼치고 그에 따라 자손이 번영하거나 멸망하기도 한다고 믿었다. 소길이 묏자리를 점친다는 이야기를 들은 새 황태자는 몰래 그를 불러들여 다음과 같이 명령했다.

"자네가 유명한 점쟁이라는 것은 전에 나를 점쳤을 때 장래 반드시 천자가 될 운명이라고 말했다는 사실로 절반은 입증된 셈이네. 이번에는 자네의 예언 가운데 나머지 절반이 가능한 한 빨리 실현되도록 수고를 해주지 않겠나? 빠르면 빠를수록 받게 될 상은 커질 걸세."

"그러면 4년 정도면 어떻겠습니까?"

"좋아, 그럼 잘 부탁하네."

이렇게 무서운 거래가 성립되었다. 소길이 어떤 투시를 했는지는 모르지만 자신이 감정한 곳에 독고황후를 묻으면 4년 뒤에는 수문제도 합장될 것 같은 엄청난 땅을 수문제에게 추천했다. 그리고 아무렇지도 않은 얼굴로 보고했다.

"이곳은 대단히 기운이 좋은 땅입니다. 이곳을 산릉으로 삼으신다면 수 왕조의 명맥은 적어도 이천 년까지는 탄탄하리라고 보장합니다."

그는 나중에 친한 일족에게 다음과 같이 털어놓았다고 한다.

"나는 점치는 사람의 명예를 걸고 어느 쪽에도 거짓말을 하지 않았어. 이천二千 년이라는 글자를 잘 보게. 이것은 삼십三十 년으로도 읽을 수 있지 않겠나? 내가 보장한 것은 수 왕조가 적어도 30년은 계속되지만 그 뒤는 모르겠다는 거야."

이는 아무리 생각해도 의심스러운 이야기지만, 가장 믿을 만한 중국 역사서에 적혀 있는 내용이라 소개했다.

새 황태자는 모후인 독고황후의 상중에도 늘 쓰던 방법으로 아버지 수문제의 눈을 속였다고 한다. 황후가 붕어했다는 보고를 받자 황태자는 바로 달려가 수문제와 궁인들이 보는 앞에서 괴로워한 나머지 기절할 정도로 슬퍼했다. 그러나 자신의 방으로 돌아오면 언제 그랬냐는 듯 천연

덕스럽게 음식을 먹고 웃는 등 평소와 조금도 다르지 않게 생활했다. 주방에 명을 내려 표면상으로는 아침에 쌀 한 숟가락, 저녁에 쌀 한 숟가락씩 아주 적은 양으로 밥을 지어 먹었지만, 따로 몰래 뒤에서 맛있는 음식을 들여와 먹었다. 냄새가 나면 다른 사람들에게 들킬 우려가 있으므로 죽통 속에 음식을 담고 뚜껑을 밀랍으로 밀폐한 뒤 두건에 싸서 전달하도록 했다.

새 황태자는 동생인 촉왕 양수와 사이가 나빴다. 나이 차이가 크게 나지 않았던 이유도 있지만, 촉왕에게 여러 가지 결함이 있었던 것도 사실이다. 수문제는 황태자를 새로이 세운 이상 동생이 새 황태자에게 복종하도록 버릇을 들여야겠다는 생각에, 멀리 사천성에 있는 촉왕을 불러들였다. 촉왕은 폐위된 태자 맏형의 소식을 듣고 극도로 경계하며 한때 천자의 부름에 응하지 않겠다고 결심했지만, 주위의 압박 때문에 마지못해 상경했다.

민간을 시끄럽게 만든 촉왕의 죄상은 여러 모로 양소의 입을 통해 수문제의 귀로 들어갔다. 촉왕이 장안에 도착해서 수문제를 알현하고 인사를 해도 수문제는 실쭉거리며 한마디도 하지 않았다. 수문제가 다음 날 사자를 보내 힐책하니 촉왕은 다시 궁에 찾아와 사죄했다. 태자나 일족들이 촉왕을 대신하여 사죄했지만 수문제는 엄하게 반성을 촉구하기 위해 특별 법정을 조직하고 늘 그렇듯 양소를 재판장으로 임명했다. 사실 촉왕의 죄는 원래 그렇게 악질적이지는 않았다. 하지만 그런 정황이 밝혀질 경우 새 태자에게는 오히려 불리해진다. 이 때문에 태자는 수문제가 가장 싫어하는 일로 촉왕의 죄를 무겁게 만들 모략을 꾸몄다. 은밀히 두 개의 인형을 만들어 두 손은 뒤로 돌려 묶은 뒤 목에 칼을 씌우고 발을 쇠사슬로 연결한 다음 심장에 못을 박아 넣었다. 그중 한 개에는 수문제의 이름인 양견, 나머지 한 개에는 막내동생 한왕의 이름인 양량을 써붙였다. 그러고는 다음과 같은 주문을 써 넣고 화산華山 기슭에 묻었다.

"서악西嶽의 자부성모慈父聖母여. 부디 이 두 사람의 생명을 거두어 가시길."

새 태자는 저주가 담긴 이 인형을 양소가 찾아낸 것으로 하고 파내 수문제에게 갖다 바쳤다. 미신을 잘 믿었던 수문제는 그런 사실도 모른 채 불같이 화를 냈다. 양소가 열거한 죄상 열 가지를 그대로 받아들여 촉왕의 관작 일체를 박탈하고 서민으로 강등시켜 궁 안에 구금했다. 이때도 촉왕을 제대로 보필하지 못하고 죄를 크게 만들었다는 죄목으로 보좌관과 측근 100여 명이 처벌을 받았다.

독고황후가 죽고 촉왕이 폐출된 뒤 수문제의 사생활이 문란해졌다. 공처가였던 수문제는 황후의 죽음으로 무거운 압박에서 해방되자 나잇값도 못하고 수많은 미인들을 가까이했다. 그중에서도 진陳부인과 채蔡부인, 두 사람을 가장 총애했다. 진부인은 남조 진나라 선제의 딸이며, 채부인 또한 강남 출신이었다. 당시의 문화는 이른바 귀족 문화로, 특히 남조에서 화려하게 꽃피웠다. 이에 비해 화북에서는 이민족의 침입을 받아 무지렁이들이 활개를 폈기 때문에, 수나라가 중국을 통일하여 일단 세상이 안정되자 남방 문화가 북방으로 대거 역류해 들어오기 시작했다. 북방인들이 남방 문화에 갖는 동경은 굉장히 심했는데, 단순히 젊은이들뿐 아니라 예순을 넘긴 늙은 천자 또한 예외가 아니었다.

그러나 수문제에게 오랜 시간 반려였던 독고황후를 잃은 타격은 심각했다. 수문제는 원래부터 고독한 인간이었다. 어느 누구도 신뢰하지 않았던 동시에, 어느 누구로부터도 깊은 신뢰를 받지 못했다. 처음에는 부부와 자식들만은 영원히 단단한 결속을 유지하며 서로 깊이 믿고 의지하게 되기를 염원했으나, 그 기대는 자식들에서부터 점차 깨지기 시작했다. 마지막에 남은 건 역시 독고황후 단 한 사람이었다. 그런 독고황후를 먼저 떠나보내고 나니 자신은 세상에서 완전히 고립된 일개 노인에 불과하다는 사실을 절실히 느낄 수밖에 없었다.

수문제는 장점도 물론 많았지만 동시에 단점도 지닌 인간이었다. 특히 의심 많은 성격이 최대 약점이었다. 독고황후의 죽음과 자신의 고립으로 인해 의심은 점점 더 커져갔다. 모든 사람이 자신을 배신하려고 틈을 노리고 있는 것 같은 느낌이 들었다. 속임수에 넘어가지 않겠다는 경계심이 도리어 그의 마음을 더욱 불안하게 만들었고, 이 때문에 형벌을 남용하기에 이르렀다. 그를 위해 힘껏 일해온 공신도 사소한 혐의로 면직시키거나 주살하는 일이 많아졌다.

지나치게 가혹한 형벌은 관리와 군대를 동요시키는 결과를 불러왔다. 수나라 왕실은 사실 무천진 군벌 사이에서는 크게 눈에 띄는 집안이 아니었다. 그래서 수문제가 제위에 올랐을 때는 모두가 눈이 휘둥그레질 정도로 놀라워했다. 수문제가 전 왕조의 일족에 대해 무자비한 살육을 감행했을 때는 무천진 군벌의 단결을 파괴하는 배신행위로 인식되어 큰 반감을 일으켰다. 그런 분위기를 감지한 수문제는 가급적 무천진 군벌의 오래된 가문을 경원시하고 새롭게 한인漢人을 등용해서 중책을 맡겼다. 처음에는 이덕림, 이어서 고경, 그 다음 양소가 그 예다. 그러나 그것도 절대적 위임이 아니기 때문에 마지막에는 양소 또한 권력의 자리에서 멀어질 수밖에 없었다.

상호 불신감이 높아지자 천자 쪽에서는 중과부적이라 부담이 쏠리는 상황은 어쩔 도리가 없었다. 수문제는 점차 노이로제 기미를 보이기 시작했다. 감정의 기복도 심해져, 나중에는 제대로 제어할 수 없게 되었다. 일종의 강박관념에 사로잡힌 나머지, 천자라면 절대 해서는 안 될 함정 수사를 명하기도 했다. 지방의 하찮은 관리마저도 그런 방식으로 일부러 뇌물을 주고 사람 됨됨이를 시험했다. 만약 뇌물을 받으면 바로 수뢰죄를 적용하여 엄벌에 처했다. 그렇게까지 해서 수문제는 자신이 아직 다른 사람들의 속임수에 넘어가지 않았다며 스스로를 위안했다.

독고황후가 죽고 2년 뒤, 수문제는 수도 장안의 서북방에 있는 기주岐州의 별궁인 인수궁仁壽宮으로 행차했다. 인수궁은 수문제가 남조를 평정한 뒤 양소에게 감독을 맡겨 지은 별궁이었다. 궁이 완성되자 수문제는 너무 사치스럽게 지었다며 양소를 힐책하기도 했으나, 만년에 이르러서는 그곳의 장엄하고 수려한 모습에 마음이 끌려 가끔씩 수도를 비우고 별궁에서 오랫동안 머물렀다.

그해(604) 별궁 행차는 정월에 이루어졌는데, 수문제가 그곳에서 지내며 4월을 맞을 무렵 중병에 걸렸다. 다행히 황태자가 정무에 익숙해진 덕분에 정사를 일임할 수 있었고, 그렇게 느긋하게 별궁에 머무는 동안 건강을 잃은 것이다. 6월이 되어서도 병세가 호전되지 않자 천하에 대사령大赦令을 내려 죄인의 목숨을 살려줌으로써 그 공덕에 의지하려 했으나,

아무 소용 없었다. 7월이 되자 수문제는 더 이상 가망이 없다는 사실을 스스로 자각했을 것이다. 황태자와 대신들을 불러 한 사람씩 악수를 나누고 작별 인사를 전한 다음 숨을 거두었다.

수문제의 임종 모습은 당唐 대에 작성된 가장 믿을 만한 정사로 꼽히는 『수서隋書』「문제본기文帝本紀」를 근거로 묘사했다. 이에 따르면 수문제는 긴병을 앓은 뒤 점점 말라서 썩은 나무가 쓰러지듯 죽었다고 한다. 그런데 같은 책 『수서』의 열전列傳을 보면 매우 충격적이고 기괴한 소문이 실려 있다. 수문제의 죽음이 자연사가 아니라 황태자가 꾸민 결과라는 것이다. 이야기로는 이쪽이 훨씬 흥미진진하기 때문에 후세의 역사서는 대체로 수문제 살해설을 채용했고, 일반적인 상식으로도 살해설이 널리 통용되고 있는 듯하다.

그에 따르면 사건의 전말은 다음과 같다. 수문제가 인수궁에서 병이 위독해지자 황태자, 양소, 유술柳述, 원암元巖 등이 궁에 묵으며 간호했다. 그런데 황태자가 어느 날, 따로 적당한 사람도 있을 텐데 하필이면 수문제가 가장 총애한 진부인의 방에 들어가 무례한 짓을 범하려 했다. 진부인은 필사적으로 저항하며 황태자의 손을 뿌리치고 수문제가 있는 곳으로 도망쳤다. 수문제는 진부인의 옷차림이 흐트러지고 숨이 고르지 못한 모습을 보고 그 이유를 물었다. 진부인이 황태자가 자신을 능욕하려 했음을 고하자 수문제는 불같이 화내며 유술과 원암을 불러 명했다.

"내 아들을 여기로 데려오게."

유술과 원암이 황태자를 부르려 하자, 수문제가 엄하게 다시 말했다.

"착각하지 말게. 폐위된 태자를 데리고 와."

유술과 원암은 수문제의 엄명을 받들어 장안에 구금되어 있던 폐태자를 부르는 칙서를 작성해서 발송하려 했는데, 그 소식을 들은 양소가 곧바로 황태자에게 보고했다. 그런 다음 조칙이라 칭하면서 유술과 원암을 체포해 미결수를 가두는 감옥에 처넣어버렸다. 이후 황태자의 숙위병宿衛兵을 동원해서 궁문을 굳게 지키게 하고, 태자의 측근인 장형張衡으로 하여금 수문제의 병실 주위를 에워싸게 했다. 장형은 수문제의 시종과 궁녀를 병실에서 모조리 쫓아낸 뒤 끔찍한 살상을 일으켰다. 수문제의 신음 소리가 멀리 바깥에까지 새어 나왔다. 진부인은 자신도 함께 살해될까봐 하얗게 질려 벌벌 떨었다. 그때 황태자가 진부인에게 반지를 선물했다. 이로써 황태자는 그날 밤 자신의 뜻을 이루었다고 하는, 마치 직접 눈으로 본 듯한 이야기가 『수서』 열전의 기록이다. 상당히 흥미로운 이야기이긴 하지만 작위적인 냄새가 너무 많이 나는 것 같다.

수문제가 죽고 9일째가 되어서야 비로소 국상이 발표되고 황태자가 즉위했다(604). 그가 바로 중국 역사상 최대의 악명을 떨친 수양제다.

수양제의 즉위와 동시에 그때까지 권력의 중심에서 떨어져 있던 양소가 복귀하여 조정의 실권을 장악했다. 그의 동생 양약은 중요한 임무를 띠고 장안으로 파견됐다. 양약은 제일 먼저 수문제의 칙서를 가장해 폐태자에게 죽음이 내려졌다고 속여 가여운 폐태자를 목 졸라 죽였다. 그런 뒤 수문제가 죽은 사실을 발표하고 백관을 지휘해서 새로운 천자의 도착을 기다리도록 했다.

8월에 수양제는 수문제의 관을 모시고 기주의 인수궁을 떠나 수도 장안으로 돌아왔다. 수양제는 양약의 일 처리 방식에 기분이 좋아져 그를 칭찬하며 말했다.

"형 양소뿐만 아니라 동생 양약도 만만찮은 수완가이군."

수양제는 폐태자를 다시 한번 옹립하려 한 유술과 원암의 관작을 박탈하고 평민으로 만들었으며 화남華南의 변두리로 유배를 보냈다. 유술은 수문제가 총애했던 신하로, 수문제의 막내딸을 아내로 맞았다. 수문제는 양소를 권력에서 쫓아낸 뒤 오로지 유술만을 의논 상대로 삼았기 때문에, 양소는 유술에게 좋지 않은 감정을 갖고 있었다. 유술을 유배형에 처했으므로 수양제는 자신의 여동생을 그와 이혼시키려 했으나, 여동생은 말을 듣지 않았다. 그녀는 유술이 돌아오기만을 기다리다가 결국 죽었다. 유술도 기후가 좋지 않은 화남 지방을 여기저기 옮겨 다니는 사이 병에 걸려 죽었다. 아마도 말라리아였을 것이다.

당시 수양제의 형제 가운데 황자답게 중요한 임무를 맡았던 사람은 막내인 한왕 양량뿐이었다. 한왕은 어린 막내인 만큼 수문제 부부에게 가장 많이 귀여움을 받았다. 그는 자신의 영토에서 떨어져 있는 만리장성의 방위 기지인 병주幷州를 지키라는 명을 받고 몽골 지방의 유목민인 돌궐의 남침에 대비하고 있었다. 그의 휘하 부대에는 기병이 많았는데, 천하 최강의 군대로 명성이 높았다. 그럼에도 총지휘관인 한왕 탓인지, 그의 보좌관과 장군들 탓인지, 한왕의 군대는 한 번도 전공을 세운 적이 없었다. 이 때문에 수문제로서도 한왕을 더 이상 등용하지 못했고, 관료들 사이에서도 그에 대한 평판이 별로 좋지 못했다. 수문제 만년에 한왕은 자신의 형제들이 차례로 관작을 빼앗겨 실의에 빠지는 모습을 보고 다음은 자신의 차례가 되지 않을까 두려움에 빠졌다. 그런 그를 더욱 부

수양제
수문제의 차남 양광은 황태자 폐위 음모를 꾸며 결국 형을 태자의 자리에
서 끌어내리고 자신이 황태자가 된 뒤, 604년 부친이 죽자 마침내 황제의
자리에 오른다. 그림은 재위 13년(616) 무렵의 모습이다.

채질한 이들이 멸망한 남조에서 항복해온 장수들이었다.

수문제는 의심이 많았던 만큼 조심성도 많았다. 외부로 나가 병권을 쥔 자식이 한왕 한 명만 남았기 때문에 수문제는 황태자 다음으로 한왕에게 의지했다. 그런데 만약 수도에서 예기치 못한 쿠데타라도 일어나 수문제와 황태자가 동시에 죽는 일이 발생할 경우, 자칫 한왕이 수도로 유인되어 불시에 당하는 일이라도 생기면 큰일이라고 생각했다. 사실 그 똑같은 방법으로 수문제가 북주의 다섯 왕자를 일망타진한 일이 불과 얼마 전이었다. 실제로 모든 영토가 상시 계엄령하에 있으면서 명령이 비밀리에 결정되고 비밀리에 전달되며 비밀리에 집행되는 시대에서는 어떤 일이라도 일어날 가능성이 있다. 이런 까닭에 수문제는 한왕을 파견할 때 몰래 언질을 주었다.

"너를 움직일 수 있는 사람은 오직 나 한 사람뿐이다. 그것도 친필로 쓴 조칙에 한한다. 내가 쓴 조칙에서 '칙勅'이라는 글자 옆에 점을 한 개 더 찍어둘 테니 그것을 표식으로 삼아라. 점이 없는 조칙은 가짜이니 조심해야 한다."

그렇게 수문제는 남모르게 사전 계획을 짜두었다. 수양제로서는 형제 중 유일하게 실권을 여전히 갖고 있는 한왕이 말 그대로 눈엣가시였다. 그래서 수문제의 국상을 발표하기 전에 그 문제를 해결해야겠다는 생각으로 수문제의 조칙을 위조하여 한왕에게 보내, 그를 수도 장안으로 불러들이려 했다.

한왕이 칙서를 받고 살펴보자 '칙'이라는 글자 옆에 점이 찍혀 있지 않았다. 이를 수상히 여긴 한왕이 몰래 전쟁 준비를 하면서 사태의 추이를 지켜보니 아버지 수문제가 죽고 수양제가 즉위했다는 소문이 들려왔다. 그 사실을 숨긴 채 아버지의 명령을 가장해서 자신을 수도로 부르는 것이라면, 이는 명백히 자신을 적으로 간주하는 행동이었다. 한왕은 마침내 결심을 굳히고 군사를 일으켜, 간신 양소가 모반을 했으니 그를 토벌하여 측근을 모조리 숙청한다는 명목으로 사방에 격문을 돌리고 동지를 모았다. 그러나 그보다 앞서 수양제가 이 사태를 예견하고 사람들을 매수해놓았기 때문에 한왕 지휘 아래 있던 52개 주州 가운데 한왕에게 가담한 것은 19개 주에 불과했다.

한왕의 참모는 모든 병력을 집중시킨 뒤 그 힘으로 수도 장안을 공격함으로써 전부를 내건 한판 승부를 걸도록 권했지만, 정작 한왕은 결단을 내리지 못하고 사방에 병사를 파견하여 영토를 확장하기 시작했다. 그러는 가운데 남쪽으로 향한 주력군이 황하를 건너는 지점에 해당하는 포주蒲州를 성공적으로 점령함으로써 장안 공략의 돌파구를 열었다. 그러나 한왕의 우유부단한 성격 때문에 절호의 기회를 멀뚱멀뚱 쳐다보며 그대로 놓쳐버렸다. 결국 애써 차지한 포주도 수양제 쪽 양소에게 도로 빼앗겨버렸다. 반대로 양소는 그 길로 여세를 몰아 병주로 쳐들어가 한왕의 군사를 격파하고 포로로 삼았다. 한왕의 모반은 사형에 해당했지만 죽음만은 면케해준 뒤 서민 신분으로 강등했으며 죽을 때까지 숨어 살면서 자연스럽게 죽음을 기다리라고 명했다.

이로써 수문제의 다섯 아들 가운데 천자가 된 차남 수양제를 제외하면 장남 폐태자는 수양제에게 살해당했고, 셋째 아들 진왕 양준은 아내에게 독살당했으며, 넷째 아들 촉왕 양수는 수문제의 노여움을 사서 서인庶人으로 전락했는데, 이번에 또 한왕 양량이 유폐됨으로써 하나같이 비참한 처지가 되었다. 이런 결과의 근본 원인을 따지자면 수문제의 가정교육이 실패했다는 문제를 지적할 수 있지만, 그와 동시에 당시의 사회 환경, 특히 부자연스러운 권력 구조의 왜곡에 따른 문제점도 컸다.

그러나 여러 약점을 갖고 있다고 해도 수문제는 역시 명군이 틀림없다. 그는 혼란이 거듭되던 남북조의 분열 속에서 가장 마지막에 출현하여 중국 전 영토를 통일하고, 이른바 차기 왕조인 당나라의 통일 정치를 위한 기초를 쌓았다. 남북조시대의 군주들은 대부분 자기 권력에 도취되어 그것을 자신의 쾌락에 악용했을 뿐 도탄에 빠진 백성의 괴로운 삶은 대수롭지 않게 여겼는데, 수문제는 자신의 고생은 돌아보지 않고 백성을 위한 정치에 힘썼다. 건강을 챙기지 않고 정사를 돌보는 수문제에게 신하들이 불만을 토로할 정도였다. 그러나 그 덕분에 백성의 생활도 점차 풍요로워졌고, 정부의 감세와 함께 종래 지나치게 엄격했던 형법을 완화할 수 있었다. 천자 개인의 생활은 지극히 검소했지만, 반대로 정부의 창고에는 식량이 넉넉히 쌓여갔다.

그러나 비축된 식량이 영원히 지속되는 태평천하로 이어지지는 않았다. 낭비가 시작되고 악용되어서 내란을 불러일으켰으며, 심지어 백성을 괴롭히는 원흉이 되기도 했다. 그렇게 된 결과에 대해 수문제 역시 간접적인 책임에서 벗어날 수 없다. 인간의 호의가 그대로 결실을 맺는 일이 얼마나 어려운지를 역사는 많은 실례로 보여준다.

8

대운하와 장성

중국이 남북으로 분열되어 있는 동안에는 남조나 북조 모두 서로 상대를 경계하고 양국 백성이 빈번하게 교류하는 것을 좋아하지 않았다. 양국 간에 사절 왕래가 가끔 이루어지긴 했지만, 이는 서로의 정세를 살피려는 목적이 컸다.

그런데 수나라가 남북을 통일하자 교통과 무역을 크게 활성화시켜 양쪽에 없는 물자를 서로 주고받아 부족한 부분을 보완하는 작업이 필요해졌다. 중국의 지형은 서쪽이 높고 동쪽이 낮은 형태라서 거의 모든 하천이 서쪽에서 동쪽으로 흐른다. 몇 개의 큰 강이 있지만 대부분 평행하게 흐르는 까닭에 동서 교통에만 편리할 뿐 남북 교통에는 도움이 되지

대운하를 뚫는 공사

않았다. 이 때문에 예전에도 필요에 따라 황하와 양자강을 잇는 운하가 뚫린 적이 있지만, 더 준설하지 않고 놔두자 곧바로 쓸모없게 돼버렸다.

수문제 역시 남북을 연결하는 운하의 필요성을 느껴 과거에 이미 만들어졌던 운하의 개수에 착수했다. 하지만 천하의 전란을 평정하고 안정을 되찾은 지 얼마 되지 않은 데다, 수문제의 정책도 백성의 안정화를 최우선으로 했기 때문에 사회를 소란스럽게 만드는 대공사는 가급적 피했다. 그러다보니 수문제가 죽은 뒤 막대한 흑자 재정의 잉여금이 쌓여 있었고 창고에는 금은보화가 넘쳐났다.

수양제는 아버지의 소극적인 정책을 완전히 바꾸어 모든 면에서 적극적인 정책을 펼쳤다. 그는 즉위한 해(604)에 먼저, 수도 장안에서 동쪽의 낙양 부근에 이르는 수로를 보수했다. 이는 단순히 보수에만 목적이 있지 않고, 전국의 큰 하천들을 남북으로 연결하여 하나의 커다란 수로망을 건설하는 큰 계획의 일부에 불과했다.

수양제는 이듬해를 대업大業 원년(605)으로 개원하고 드디어 운하를 뚫는 일에 착수했다. 그해에 황하에서 회수淮水에 이르는 통제거通濟渠, 회수에서 양자강에 이르는 한구邗溝를 개통했다. 이 수로는 부분적으로는 이미 존재하던 것이지만 하나의 대운하로 연결하여 완성했기 때문에 수도 장안에서 양자강 입구에 가까운 강도江都(양주揚州)까지 배를 이용하여 문제없이 왕래할 수 있게 되었다.

운하는 물이 흐르는 구간에서는 배가 움직이는 데 별 문제가 없지만 평탄해서 물이 잘 흐르지 않는 곳이나 흐름을 역행해서 건너야 할 때는 배에 밧줄을 매달아 사람의 힘으로 끌어야 했다. 따라서 운하 기슭에는 반드시 평행하게 도로를 설치해야만 했다. 그것을 어도御道, 즉 천자용 도로라고 하는데, 길가에는 버드나무를 심어 그늘이 생길 수 있도록 정비했다.

황하에서 양자강에 이르는 운하의 폭은 40보, 지금의 60m 정도였다. 이 운하에 수만 척의 배를 띄울 수 있었는데, 가장 큰 배는 물론 천자가 타는 용선龍船이었다. 용선은 길이가 600m, 높이 14m로, 상갑판에 천자의 어좌와 집회소가 있고 중갑판은 이중 구조로 만들어져 백관과 후궁의 선실 120개가 있었으며, 가장 아래층에는 환관들이 묵고 요리실과 저장소도 마련되어 있었다. 황후의 배는 이것보다 약간 크기만 작을 뿐 구조나 장식에는 차이가 없었다.

수양제는 장안에서 강도까지 수로를 따라 별궁 40여 개를 짓게 했는데, 그중에서도 장안에서 낙양으로 가기 직전 수안현壽安縣에 지어진 현인궁顯仁宮은 가장 장엄하고 아름다운 궁으로 유명했다.

낙양은 동한東漢과 북위北魏의 옛 수도였으나 수양제는 그곳을 부도副都로서 동경東京 또는 동도東都라 칭했다. 그리고 낙양을 경제의 중심지로 번영시키기 위해 지방의 부호 수만 세대를 강제로 이주시켜 점포를 열게했다. 동경성 서쪽에는 천자 개인용 유원지로 주변 둘레 90km의 서원西苑을 만들었다. 서원 중앙에는 둘레 약 5km 정도의 인조 연못을 파고 그 안에 봉래산蓬萊山 신선이 살고 불로초와 불사약이 있다고 전하는 전설상의 영산(靈山). 방장산, 영주산과 함께 삼신산이라 불림 등의 형태를 본뜬 세 개의 산을 만들었으며, 수면으로부터 30m나 높이 솟은 산봉우리에 누각을 드문드문 설치하여 그 위까지 올라갈 수 있도록 설계했다. 연못으로 들어가려면 구불구불한 수로를 통과해

서원 연못 안에 만든 세 개의 산

야 하는데, 그 수로 양쪽에 16개의 휴게소가 있었으며, 휴게소마다 미인들이 수양제의 방문을 기다리고 있었다. 궁전 누각의 재료와 정원의 나무들은 멀리 떨어진 광동廣東 부근에서 조달한 것으로, 화려함의 극치를 자랑했다. 겨울에 나뭇잎이 떨어지면 색색의 비단을 나뭇잎 모양으로 잘라 나무에 달아놓고, 색이 빛바래면 다시 새로운 것으로 교체했기 때문에 일 년 내내 봄가을 같은 경치를 감상할 수 있었다. 연못 안의 연蓮이나 마름연못이나 늪에 떠서 자라는 한해살이풀의 잎이 시들 때도 비단으로 대용품을 만들었다. 수양제는 이렇게 조성한 서원을 상당히 마음에 들어 했는데, 달 밝은 밤에는 궁녀 수천 명을 거느리고 말을 타고 돌아봤으며, 맑고 시원한 밤에 즐기는 곡을 지어 말에 탄 채 음악 연주를 시켰다. 현인궁 다음으로 아름다운 궁전은 양자강에서 가까운 강도의 별궁이었다.

운하가 개통되었을 때 수양제는 수천 척의 유람선과 수천 척의 호위함을 이끌고 낙양 근처의 현인궁에서 강도까지 대형 시연 행사를 열었다. 유람선에는 후궁과 왕족들, 승려와 비구니, 도사道士, 외국 상인 및 그들의 휴대품을 실었다. 배를 젓는 일은 군인 8만여 명이 담당했으며, 그 가운데 장교들이 9천여 명으로, 이들은 비단으로 만든 상의를 입었다. 호위함에는 근위병 12대대가 탔는데, 병사들이 번갈아가며 노를 저었다. 또한 양쪽 기슭에는 기병이 늘어서서 엄중히 경호하며 앞으로 나아갔다. 이 배들의 행렬 길이는 약 90km였다고 한다. 배가 지나가는 길에 해당되는 지방의 지방관들은 그 많은 사람들에게 식량을 제공하라는 명을 받았다. 양이 부족하거나 질이 좋지 못하면 엄한 처벌을 받았기 때문에 온갖 산해진미를 갖춰 내놓아야만 했다. 그런데 후궁들은 먹는 양이 적어

수양제가 운하에서 타고 다닌 용선

서 음식이 남아돌 때가 많았다. 그렇다고 남은 음식을 버리면 문책을 당하므로, 구멍을 파서 묻은 뒤에 떠났다고 한다. 바로 옆에서는 굶주림에 지친 백성들이 말라 죽어가고 있었으니, 아이러니한 이야기가 아닌가.

거대한 행렬은 유사 이래 가장 볼 만한 장관이었다. 그만큼의 행렬을 이끌고 지나가는 수양제는 실로 유쾌하기 짝이 없을 터다. 고관들이나 상급 장수들의 경우에는 수양제를 보필하면서 다소나마 떡고물이라도 떨어질 테니 이 행사를 좋은 오락거리로 여겼을 것이다. 이 행사에서 오직 죽도록 고생하는 이들은 하급 군인과 징발된 군사들이었다. 아마 먹을 것도 부족하고 시간도 없어 배를 곯아가면서 바쁘게 일하느라 녹초가 되었을 것이다. 그러나 이들보다 더욱더 고통스럽고 힘들었던 사람은 모든 비용과 노동력을 최종적으로 부담하는 일반 백성이었다. 게다가 이렇게 큰 행렬이 한두 번으로 끝난 게 아니라서 더 심각했다.

수양제는 대업 원년 겨울을 기후가 따뜻한 강도에서 보낸 뒤 이듬해 동도 낙양으로 돌아왔다. 대운하가 제 기능을 하기 시작하자 남쪽 양자강 입구의 삼각주 지방에서 조세로 거둔 쌀을 북쪽으로 운반했다. 이렇게 실어 온 쌀을 저장하기 위해 수양제는 낙양 근처에 커다란 창고를 짓고 낙구창^{洛口倉}, 회락창^{回洛倉}이라 이름 붙였다. 낙구창은 황하와 낙수^{洛水}가 만나는 교차점에 세워졌는데, 약 10km의 성벽으로 둘러싸고 내부에 3,000개의 지하 창고를 설치해놓았다. 한 개의 지하 창고에는 8,000석가량의 쌀을 저장할 수 있었다. 회락창은 낙양성 바로 북쪽에 지어졌으며, 지하 창고 300개를 갖추었고 주위에 약 5km의 성벽이 둘러쳐 있었다.

대운하는 다시 황하에서 북쪽으로 더 이어 건설되었는데, 이 구간을 영제거永濟渠라고 부르며 지금의 북경北京에 가까운 탁군涿郡에 다다랐다. 탁군은 당시 군사상·교통상의 요지로, 만주 방면의 이민족에 대비한 전초기지였다. 운하는 남쪽으로도 확장되어 양자강에서부터 태호太湖중국 5대 담수호 중 하나로, 강소성과 절강성 경계에 위치한다. 주변의 물줄기는 양자강으로 흘러 들어간다 쪽을 거쳐 항주杭州에서 전당강錢塘江과 맞닿았다. 그러나 양자강 이남의 새로운 운하인 강남하江南下는 수양제 대에 관통시키지 못했다. 다만 대업 7년(611)에는 강도의 별궁에서 조금 남쪽으로 내려가 대운하가 양자강으로 빠지는 출구를 시찰하고 난 뒤, 북쪽으로 올라가 황하를 건너 탁군에 도착해서 군사를 지휘했다.

대운하의 전체 길이는 대략 1,500km로, 일본의 아오모리青森 현에서 야마구치山口 현에 이르는 길이와 거의 맞먹는다. 이 거리는 한반도의 남북 전체 길이 약 1,000km보다 조금 더 길다. 운하는 나중에 명明 대에 이르러 수로의 일부를 동쪽으로 많이 치우치게 보수했을 뿐 오늘날까지 그대로 유지되고 있다. 중국의 교통·경제에서 운하가 차지하는 의의는 엄청나게 크다. 이미 수 왕조가 남북을 통일한 이상 언젠가는 누군가 뚫어야만 하는 일이었다고도 할 수 있다.

그러나 그런 만큼 큰 공사를 하기 위해 치른 희생은 막대했다. 대업 원년(605), 동경을 건설하는 데 연인원 장정 200만 명, 같은 해 통제거를 개통하는 데 100만여 명을 징발하면서 영제거를 개통할 때는 하북河北 지방의 연인원 백성 100만여 명을 징발했지만 남자만으로도 부족해 여자들까지 징발하기에 이르렀다. 여자를 노역에 동원한 일은 역사상 전례가 없는 폭정으로 꼽힌다. 다수의 인부를 모아 일을 시키는 만큼 건강 관

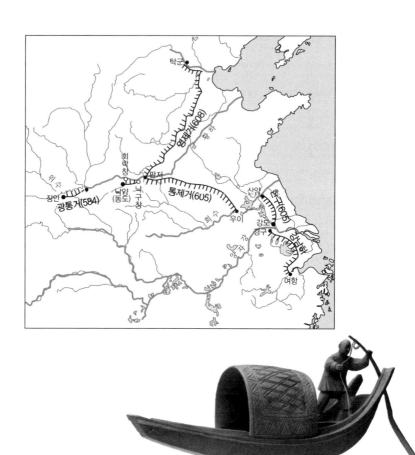

수나라 때 만들어진 운하

중국의 남북을 잇는 대운하는 수양제 때 거의 완공되었다. 수양제는 황하에서 회수에 이르는 통제거(通濟渠), 회수에서 양자강에 이르는 한구(邗溝)를 605년에 개통했다. 대운하가 완성되자 수도 장안에서 양자강 입구에 가까운 강도(江都)까지 배를 이용하여 자유롭게 왕래할 수 있게 되었다. 오른쪽 모형은 운하의 뱃사공으로, 운하에는 천자의 용선은 물론이고 도시와 마을의 작은 배들도 운항할 수 있었다. 그러나 대운하 건설 공사가 컸던 만큼 백성들이 치른 희생도 막대했다. 연인원 100만여 명의 백성이 대운하를 건설하는 데 징발되었다.

리도 제대로 이루어지지 못했고 식량도 부족했는데, 감독관이 거만하게 굴면서 일을 부리는 방식만 거칠어 인부들은 고된 노동에다 기아와 역병까지 겹쳐 연달아 쓰러져나갔다. 이 때문에 시체를 수레에 싣고 버리러 가는 사람이 도로에 끊이지 않았다. 이 시기 징발된 사람 가운데 두 명 중 한 명은 돌아오지 못했다고 한다.

후세에 이에 대한 내용이 『개하기開河記』라는 소설로 만들어져 많은 사람들에게 읽혀졌는데, 소설이 사실처럼 받아들여진데서야 수양제도 꽤 난처할 것이 틀림없다.

남북조시대에 분열된 중국의 국력은 내부 대립으로 상쇄됨으로써 상대적으로 외부에 대한 방어력이 약해졌다. 북부가 동서로 또다시 분리된 북제·북주 대립 시대에는 장성 북쪽의 몽골 지방에 자리한 유목 민족 국가로부터 침략을 받아 중국이 그들의 신하로 예속되는 사태까지 발생했다. 그러나 수나라가 천하를 통일하자 이번에는 중국 세력이 장성을 넘어 몽골 지방을 압박했다.

당시 몽골 지방에는 돌궐이라 불리는 유목 민족이 세운 큰 나라가 성립되어 있었다. 돌궐이라는 글자는 '투르크'라는 발음을 음차 표기한 것으로, 현재 서아시아에서 유럽에 걸쳐 살고 있는 투르크족의 선조에 해당한다.

돌궐은 군주 타발가한佗鉢可汗 때 세력이 절정에 달했다. 이 시기 북주·북제의 두 나라를 속국으로 삼아 매년 공물을 징발했으며, '나에게 두 사람의 중국 천자라는 효자가 있는 한 굶어 죽을 걱정은 없다'며 자랑했다. 그러나 타발가한이 죽은 뒤에는 내홍이 일어나 결국 동서로 분열되고 말았다. 공교롭게도 이 시기 중국에서는 수문제가 나타나 남북조 통일을 완성했다.

수문제는 동돌궐의 계민가한啓民可汗을 후원하고 그의 군주 자리를 확고하게 만들어주었기 때문에, 계민가한은 수나라의 은혜를 입고 조공국이 되어 수양제의 시대를 맞았다. 수양제 역시 계민가한을 도와 그로 하여금 북방 민족을 지배하게 한 다음, 그 힘을 이용해서 북방 국경선의 평화를 유지하려 했다. 대업 원년에 동몽골의 거란족이 장성 경계선을 넘어 침범하자, 수양제는 계민가한에게 돌궐 기병 2만 명을 동원해서 중국과의 협력하에 거란을 습격하도록 명을 내렸다. 그 결과 4만 명을 포로로 잡았는데, 남자들은 모조리 죽이고 여자들은 노예로 만들었다. 수양제는 그 노예의 절반을 돌궐에 제공했다. 2년 뒤 계민가한이 스스로 수나라 조정에 들어와 참렬했으므로 수양제는 그에 대한 답례로 사이좋게 장성을 순시하고 행궁에 계민가한을 초대했다. 그리고 이 무렵 인부 5만 명 정도를 징집하여 20일에 걸쳐 장성을 보수·개축하도록 했다.

장성을 따라 순행하는 수양제의 행렬은 미증유의 어마어마한 대규모였다. 천자는 행전行殿, 즉 움직이는 궁전이라 불리는 수레를 탔다. 천자와 시종 수백 명을 실은 커다란 마루 아래에 수레를 장착했다. 숙박할 때는 그 주위를 행성行城, 즉 이동식 장성을 만들어 둘러싸서 호위했다. 행성은 널빤지를 병풍처럼 이어 붙인 것으로, 군데군데 성문을 만들어놓고 전망대도 갖추었다. 전체적으로 둘레 약 3km의 길이였으나, 출발할 때는 분해해서 수레에 싣고 운반했으며 다음 묵을 곳에서 다시 조립했다.

만리장성 보수·개축 공사

완전무장한 군사 50만여 명, 말 10만 필이 행렬의 뒤를 따랐다고 하는데, 이는 아마도 과장된 수치일 듯싶다.

장성은 보통 만리장성이라 불리지만 실제로는 대략 3,000km 정도로 1만 리는 미터법으로 환산하면 약 4,000km이다 대운하 길이의 약 두 배다. 수양제가 보수·개축한 부분은 그중 중앙부로, 전후 2회에 걸쳐 처음에는 100만여 명, 두 번째는 20만여 명의 노동력을 사용했다.

장성의 서쪽 끝은 돈황敦煌까지 이어지는데, 돈황은 중국과 서아시아를 잇는 교통로의 요지였다. 장성은 바로 이 교통로, 즉 남쪽으로 나란히 이어진 교통로를 북방 유목 민족의 침략으로부터 보호하는 역할을 했다. 그런데 그 즈음 생각지도 못한 남쪽에서 토욕혼土谷渾이라는 유목 민족 국가가 일어나 동서 교통을 위협했다. 수양제는 서아시아 지방에 배구裴矩를 사자使者로 파견하여 외국 상인들을 유치하는 한편, 대업 5년(609)에는 직접 병사를 이끌고 토욕혼을 정벌했다. 도망치는 토욕혼의 가한을 끝까지 쫓아가 지금의 청해靑海 근처까지 진출했는데, 이 일을 두고 수양제는 자신이 전쟁도 잘한다며 우쭐거렸다.

"중국 고대의 제왕들은 여러 곳을 시찰하는 순수巡狩를 통해 천자의 위엄을 이민족들 사이에서 뽐내곤 했다. 그런데 남조의 천자는 완전히 얼간이로, 궁 안 깊숙이 틀어박혀 화장하는 법 따위만 알고 일반 백성들과는 접촉하려 하지 않았다. 이런 정치 방식이 가당키나 한가?"

수양제는 이렇게 뽐냈다지만 당시 백성의 입장에서 보자면 수양제 같은 방식으로 순수를 실행하는 일이야말로 두말할 필요 없는 민폐였으며, 차라리 궁중 깊숙한 곳에서 화장만 하고 있는 편이 더 큰 도움을 주었을 거라 생각했을 것이다.

수양제가 토욕혼 정벌을 끝내고 동서 교통로를 이용해 감주^{甘州} 장액군^{張掖郡}을 거쳐 동쪽의 양주^{涼州} 무위군^{武威郡}에 도착했는데, 그 지역은 예로부터 서방 무역의 기지로 번창한 곳이었다. 사자 배구가 미리 연락을 취해놓았기 때문에 사막 가운데의 소국^{小國}인 고창국^{高昌國}의 왕 국백아^{麴伯雅}, 이오국^{伊吾國}의 추장, 그 외 27개국의 사자들이 모여 수양제를 알현했으며, 향을 피우고 음악을 연주하며 떠들썩하게 가무를 즐겼다. 그러나 외국인들이 그렇게 많이 모여들 수 있었던 배경은 상품을 싸게 팔거나 상과 뇌물을 제공한 결과일 뿐, 사실 그곳의 떠들썩한 번화함이 중국 경제에는 그다지 도움되지 않았다. 오히려 백성은 물자를 징발당하거나 운반에 동원되는 등, 그로 인한 고통이 한두 가지가 아니었다. 백성이 생업을 잃고 빈곤에 빠지기 시작한 것은 서쪽에서부터 먼저 시작되었다고 역사에 기록되어 있다.

그런데 수양제와 조정 대신들은 그런 백성의 고통과는 전혀 상관없다는 듯이 행동했다. 이듬해 대업 6년(610)에는 동도 낙양에 외국 상인들을 위한 대형 견본시장을 열었다. 정월 15일 대보름부터 우선 접대 목적으로 단문가^{端門街}의 대로변에 백희^{百戱}라는 서커스를 공연하기 위한 공연장을 마련했는데, 그 주변에는 둘레 8km의 울타리를 빙 둘러 세워놓았다. 여기서 벌어지는 각종 공연 가운데 곡예는 두 사람이 지탱하고 있는 높은 장대의 양쪽 끝에서 무희가 춤을 추며 걸어 나오다가 중앙에서 만나면 한쪽이 다른 쪽을 뛰어넘어 위치를 바꾸는 재주이다. 또 다른 공연으로 마술도 있었는데, 입에서 불을 뿜고 천변만화하는 기술을 보여주었

서역인에게 개방된 시장

다. 전시물로는 고래가 있었는데, 몸길이가 20m나 되고 코에서 물을 뿜다가도 어느 순간 황룡으로 형태를 바꾸었다.

옆에서는 오케스트라가 흥겨운 음악을 연주했다. 단원들을 다 합치면 1만 8,000명이나 되었다고 하니, 그들이 한번 연주하면 그 소리가 20~30km 떨어진 곳에까지 울렸다고 한다.

이런 여흥을 보여준 뒤 외국 상인들을 시장 안으로 안내했다. 시장 안 점포들은 미리 명령을 받아 외관을 새롭게 단장하고 장막을 쳐서 흥을 북돋았다. 가게 앞에는 갖가지 진귀한 물품을 잔뜩 쌓아놓고 손님을 불러들였다. 음식점에는 골풀로 만든 돗자리를 새로 깔아 자리를 마련했으며, 외국 상인들에게는 술을 무제한 무료로 제공했다. 값을 치르고 먹겠다고 말해도 다음과 같이 말하며 거절했다.

"중국은 물자가 남아돌 정도로 풍부하기 때문에 외국인들한테는 예전부터 술값을 받지 않습니다."

대부분의 사람들은 이러한 응대에 놀라 말문이 막히곤 했지만, 그중에는 공짜로 음식을 얻어먹으면서도 욕을 하고 나가버리는 괴짜도 있었다. 그 사람은 인조 나무에 두른 색색의 비단을 가리키며 말했다.

"나는 중국을 여행하면서 도시, 시골 할 것 없이 가난한 사람들을 굉장히 많이 봤습니다. 그들은 입을 옷이 없는지 거의 반나체 상태였습니다. 이런 식의 장식은 아무 쓸모도 없습니다. 차라리 가난한 사람들에게 나눠 주어 옷으로 만들어 입히는 편이 좋다고 생각됩니다만."

그 말을 들은 중국 상인은 할 말이 없어졌다.

그때가 수양제의 위세가 절정에 달했을 무렵이었다. 오랫동안 중국

낙양 견본시장에서 공연되었던 백희

에 복속하는 것을 주저하고 있던 서돌궐의 처라가한^{處羅可汗}도 내란으로 피폐해지자 결국 대업 7년(611) 수나라 조정에 참렬하고 스스로 수양제를 알현했다. 수나라 재정은 적자에 시달리면서도 크게 파탄나지는 않았고, 백성은 빈곤과 고통에 시달리면서도 아직 반란을 감행할 수준까지는 가지 못했다. 그러나 아무리 순종적인 백성이라도 참는 데 한계가 있는 법이다. 세상은 점점 더 험악해져 가는데 수양제는 너무나도 무신경했다.

9

해 뜨는 나라

수나라가 남북조의 분열을 끝내고 천하를 통일하자 그 힘이 사방으로 미쳤다. 만리장성을 넘어 몽골 지방과 서역은 물론이고 동쪽과 서쪽의 여러 국가에도 수나라의 힘이 뻗어나갔다. 수문제 때는 대외적으로 소극적인 정책을 펼쳤기 때문에 천천히 조금씩 세력이 확장되었지만, 수양제가 등극하여 적극적인 대외 정책을 꺼내들자 곧바로 온 사방으로 큰 파문이 퍼져나갔다.

수양제는 즉위해서 개원한 대업 원년(605)이 되자마자 임읍^{林邑} 침략을 위한 군사를 일으켰다. 당시는 지금의 북베트남까지가 중국 영토로, 교주^{交州}라고 불렀다. 그리고 그 남쪽에 있는 남베트남 지방이 임읍이라 불렸던 독립국이었다. 임읍국에는 오늘날 순화順化베트남 중부에 있는 도시. '후에'라고 불림와 광남廣南베트남 남중부 지역의 성, '꽝남'이라 불림이 포함되어 있었는데, 이 도시들은 남해 무역의 큰 중심지로서 해외 국가의 진귀한 물자들이 모이는 곳이었다. 임읍국의 수도가 바로 광남이었다.

수나라 장군 유방劉方은 직접 해군을 이끌고 임읍의 해안을 따라 수도로 쳐들어가는 한편, 별장別將에게 명하여 육군을 이끌고 동시에 남하하게 했다. 임읍왕 범지梵志가 코끼리 부대를 앞세워 역습해오자, 유방은 함정을 파고 그 위에 풀을 덮어 구별이 되지 않도록 위장한 뒤 적을 유인했다. 마침내 임읍군이 함정에 걸려들었고, 유방의 군대는 그 틈을 놓치지 않고 투석구로 돌을 난사했다. 그러자 코끼리들이 흥분해 날뛰는 바람에 임읍군이 큰 혼란에 빠졌다. 수나라 군사들은 재빨리 좌우에서 포위하여 임읍군을 크게 격파했다. 결국 국왕 범지는 수도를 버리고 해상으로 도망쳤다. 이윽고 유방의 군사들이 임읍의 수도를 점령하고 약탈을 자행했다. 특히 궁궐에 침입해서는 순금으로 만든 임읍국 국왕의 선대위패와 범어로 적힌 기록 등을 약탈했다. 그러나 이곳의 기후가 중국인에게 익숙지 않았기 때문에, 수나라 군사는 개선할 때까지 절반이 사망했고 대장군 유방 본인도 귀환 도중 병사했다. 범지는 수나라 군사가 물러간 뒤 임읍국으로 돌아와 수나라에 사신을 보내고 조공국이 되었다.

대업 3년(607), 수양제는 주관朱寬이라는 자로 하여금 해외 여러 나라를 순회하게 하면서 각국에 조공을 바치도록 종용했다. 주관은 류큐국流求國에도 다녀왔는데, 그 뒤 수나라가 류큐국을 침략했던 것으로 미루어 보면 류큐국은 조공 권유에 응하지 않았던 것 같다.

류큐국이 원래 어느 지방에 해당하는가를 두고 예로부터 여러 가지 이설이 존재했다. 일설에는 지금의 류큐, 즉 오키나와라고 하지만, 다른 설에서는 지금의 타이완이라고 주장한다. 내 의견을 묻는다면 나는 오키나와도 타이완도 아닌, 더 남쪽에 위치한 필리핀 부근일 거라 생각한다.

한편 주관이 류큐에 갔을 때 일본에도 들렀던 것 같다. 이듬해 대업 4년(608) 일본의 사자가 수나라 조정에 나타났기 때문에, 설사 두 나라의 사서에 그에 관한 사실이 기록되어 있지 않더라도 일본에 다녀갔던 주관의 초대에 응해서 일본이 사자를 파견했다고 해석하면 이야기의 앞뒤가 맞아떨어진다.

일본은 중국의 남북조 분열 시대에 북조보다 오히려 남조와 밀접한 교류를 유지했다. 남조의 송나라부터 양나라에 걸쳐 일본의 사자가 여러 번 수도를 방문했으며, 이때 찬讚, 진珍, 제濟, 흥興, 무武라는 사람이 각기 왜왕倭王에 봉해졌다는 기사가 중국 정사正史에 실려 있다. 그들이 일본의 무슨 천황에 해당하는지에 대해서는 여러 가지 주장이 존재하기 때문에 쉽게 정할 수 없지만, 적어도 그중 왜왕 무가 유랴쿠雄略 천황이라는 것만은 의견이 일치해서 인정을 받고 있다. 그리고 전쟁으로 인해 어수선했기 때문인지 일본과 중국의 공적인 사절 왕래는 남조 진나라 때부터 수나라 통일 초기에 걸쳐 일시적으로 중단된 것으로 보인다.

중국에서 수나라가 통일을 이룩하고 안정을 찾을 무렵 일본은 스이코推古 천황 치세로 쇼토쿠聖德 태자가 섭정을 하고 있었는데, 스이코 천황 8년(600, 수문제 개황 20년)에 최초로 수나라에 사신을 보냈고, 그 다음으로 스이코 천황 15년에—수나라로 따지면 대업 3년(607)에—오노노 이모코小野妹子를 사신으로 파견했다. 이는 무엇보다 수나라 정황을 정탐해서 일본의 국책 수립에 도움이 되도록 하려는 목적이 컸다. 이듬해 3월, 오노노 이모코 등은 동도 낙양에서 수양제를 알현했던 것 같다. 그때 일본이 보낸 국서가 이미 잘 알려진, 다음과 같은 유명한 구절로 시작한다.

"해 뜨는 곳의 천자가 해 지는 곳의 천자에게 글을 보낸다. 별일 없는 가?"

이때 일본 국왕의 이름이 다리시히코多利思比孤라고 되어 있으나, 이는 쇼토쿠 태자의 이름을 듣고 국왕으로 잘못 기록했을 가능성이 있다. 수양제는 그 국서를 보고 몹시 기분이 상해서 다음과 같이 명했다.

"앞으로 오랑캐 글 중에 이렇게 무례하게 쓰인 것이 있다면 내게 올릴 필요 없다."

중국식 사고방식에 따르면 중국의 황제는 세계의 주권자이기도 하며, 또한 외국의 군주라 하더라도 중국 황제 입장에서 보면 한낱 신하에 불과했다.

그러나 수나라 쪽으로서도 일본의 국정을 정찰해둘 필요가 있기 때문에 오노노 이모코가 귀국할 때 배세청裴世淸을 동행시켜 일본으로 건너가게 했다. 사자가 온다는 보고가 전해지자 일본 조정은 발칵 뒤집어져 위아래를 막론하고 다들 정신이 없었다. 먼저 오사카의 선착장에 여관을 건설하여 배세청 일행 12명을 접대했다. 장식을 단 배 30척을 보내 환영했다고 하는데, 일본은 나름대로 성심껏 환영의 뜻을 담은 의식이었을 것이다.

그런데 오노노 이모코는 수양제로부터 받아온 국서를 도중에 분실했

복원된 견수사 호와 일본에 온 배세청 일행

2007년, 일본 견수사의 대흥성(大興城, 수나라의 수도이며 장안으로도 불림. 현재의 서안) 활동 1400주년을 맞이하여 중·일 양국이 큰 행사를 벌였다. 위 사진은 그때 복원해서 제작·전시된 견수사 호이다. 아래는 견수사의 답례사로 일본에 온 배세청 일행을 묘사한 그림이다.

다며 조정에 바치지 않았다. 결국 배세청이 지참한 국서만 전달되었는데, 국서의 형식은 '황제, 왜황倭皇에게 묻는다'로 시작하고 있었다. 이는 아무리 생각해도 석연치가 않다. 중국의 황제가 외국의 군주에게 '황皇'이라는 글자를 사용하는 것은 아주 특별한 경우를 제외하면 거의 없다. 이 때문에, 원래 국서에는 왜왕倭王이라고 되어 있지만 나중에 '왕王'이라는 글자 위에 '백白'을 추가로 써 넣어 왜황倭皇으로 바꿈으로써 일본의 체면을 살리려 했다는 설이 있다. 그렇다면 도대체 그런 조작을 한 사람은 누구일까? 오노노 이모코 등이 배세청에게 온갖 대접을 하고 억지로 담판을 지어 가필을 시킨 것일까? 하지만 그렇다고 해도 이런 방식으로는 여전히 중국과 일본이 진짜 대등하다고 할 수 없다. 왜냐하면 수양제 쪽은 단순히 황제라고만 되어 있는데, 중국 황제는 전 세계의 주인이기 때문에 세계에서 황제는 단 한 사람뿐이고, 말하자면 그것만으로도 고유명사가 된다. 따라서 황제 앞에 '수隋'라는 왕조 이름을 붙이는 경우가 없다. 이에 비해 수신인을 '왜황'이라고 했다면, 이는 '왜'라는 한정된 지방만의 주권자를 가리키는 셈이 된다. 무한의 영토를 가진 군주가 유한한 영토를 소유한 군주에게 보내는 편지가 되므로 양국은 결코 대등하지 않은 관계임을 말해주는 것이다. 아마도 그 정도는 쇼토쿠 태자 또한 알고 있었겠지만, 외교상의 문제는 까다롭게 따지기 시작하면 한도 끝도 없기 때문에 적당한 선에서 타협한 결과일 것이다.

배세청이 돌아갈 때가 되자 이번에는 오노노 이모코가 다시 그를 따라 수나라로 갔다. 이때 일본 조정이 오노노 이모코에게 맡긴 국서는 '동쪽의 천황, 서쪽의 황제에게 공경하며 아뢴다'로 시작된다. 그러나 이 국서는 수양제 앞에서 개봉되지 않았기 때문에 수나라 역사에는 전혀 기재되어 있지 않다.

여기에 '동천황東天皇, 서황제西皇帝'라는, 지금까지 어디서도 사용된 적 없는 두 가지 칭호가 나오는데, 이 단어가 당시 일본의 사관史官이 순전히 엉터리로 지어낸 것이냐 하면, 꼭 그렇지만도 않다. 그들은 지식인층에 속했으므로 자신들이 작성한 편지가 중국 조정에서 공개되더라도 무지한 이민족이 쓴 글이라고 비웃음을 당하지 않으려고 세심한 주의를 기울였다. 표면적으로는 황당무계해 보여도 실제로 그 이면에는 무시할 수 없는 학식을 갖추고 중국의 고사를 바탕으로 편지를 썼다는 사실을 알아채게끔 단어를 선택했기 때문이다. 원래 황제는 천하에 유일무이한 존재이므로 그에 대립하는 것을 인정하는 듯한 수식어를 붙이면 안 된다. 그런데 일부러 '서황제'라고 대립자의 존재를 암시하는 듯한 칭호를 사용한 것은 『사기史記』에 등장하는 고사에 근거했기 때문이다. 진秦나라 소양왕昭襄王 때 진나라는 제나라와 약속을 맺어 서로 서제西帝, 동제東帝라 불렀다는 고사가 있다(기원전 288). 그 시대에는 아직 황제라는 단어가 없었지만 고대의 제帝는 곧 후세의 황제에 가깝다. 따라서 만약 서황제라고 쓴 일에 대해 중극 측에서 무지하다고 비웃는다면, 당신들은 『사기』 속 고사도 모르냐고 반격할 태세가 준비되어 있었다.

다음으로 천황이라는 명칭이 도교에서 유래하지 않았냐는 이야기를 최근 자주 들었는데, 당시 일본에서 주권자의 칭호에 영향을 끼칠 만큼 도교가 우세했다고는 볼 수 없다. 반면, 불교라면 당시 상류층과 하류층이 모두 숭상했다는 사실은 이미 잘 알려져 있기 때문에 오히려 불교에서 기원된 명칭이라는 추측을 갖고 고찰하는 편이 타당하다고 본다. 불교에는 천왕天王이라는 칭호가 있으며, 중국에서는 수나라보다 한 세대 앞선 5호 16국 시대에 특히 천왕이 군주의 칭호로 많이 사용되었다. 불교의 천왕은 '사천왕'이라는 개념에서 알 수 있듯이 동서남북에 각각 있다. 일본의 고대 군주는 천왕이라는 칭호를 사용했다는 것이 나의 지론인데, 방위로 따지자면 일본의 천왕은 동방 천왕에 해당한다. 그런데 중국에 실제로 천왕이라는 이름을 내건 군주가 등장했을 무렵, 그 지위는 황제에 못 미치는, 다시 말해 황제보다 한 단계 낮은 위치였다. 따라서 서황제에 대해 동천왕이라고 한다면 상대의 우위를 인정한다는 뜻이 되므로, 동천황으로 바꿔 쓴 이유도 쉽게 짐작할 수 있다. 당시 일본에서 그다지 영향력을 행사하지 못한 도교에서 천황이라는 이름을 빌려왔다고 생각하기보다는, 불교의 범위 내에서 헤아려 천왕에서 천황으로 바뀌었다고 추정하는 편이 자연스럽지 않을까? 나아가 나는 동천황이라는 명칭을 그 이전 일본에 천왕이라는 호칭이 존재했다는 방증의 하나로 들고 싶다.

오노노 이모코가 두 번째로 수나라에 사신으로 건너갈 때는 다카무코노 구로마로高向玄理 등 여덟 명의 유학생을 데리고 떠났다. 그 전까지 일본은 한반도에서 건너온 지식인과 승려를 통해 대륙의 문화를 받아들였지만, 이제는 바야흐로 일본인이 직접 중국에 건너가서 문화를 흡수해 오도록 한 것이다. 이에 더해 수나라 사신 배세청과 동행한다는 사실은 중국에 도착한 뒤 면학과 관련되어 많은 편의가 제공될 수 있음을 뜻하기 때문에, 대단히 좋은 기회였다.

일본 조정은 수나라와 대등한 국교를 맺었다고 생각하여 국서 쓰는 방식 등에 상당한 주의를 기울였지만, 일본 사절이 수나라에 도착한 뒤 과연 대등한 예의로 교제를 했는지에 대해 따져본다면, 아마도 그러지 못했으리라는 것이 내 생각이다. 중국에는 청조淸朝 말까지 대등한 국가 간의 외교를 맡아본 관청이 전혀 없었으며 외국 사자에 대해서도 모두 조공사朝貢使로 인식했기 때문에 일본 사신이라고 예외일 수 없었다.

그러나 일본이 아마도 수양제의 권유에 응하여 평화적으로 국교를 개시한 일은 결과적으로 현명했다고 할 수 있다. 왜냐하면 수나라가 멸망한 뒤 수나라보다 한층 더 강대해진 당나라가 출현했는데, 일본은 그때까지 어느 정도 중국 문화를 흡수한 덕분에 당과의 외교에서 거의 큰 실수 없이 무난히 교섭할 수 있었기 때문이다. 그뿐만이 아니다. 수나라에 대한 외교에서도 자칫 잘못했다가는 수나라로부터 침략을 당하지 말라는 법도 없는 상황이었기 때문이다. 무엇보다도 상대가 과대망상증에 가까운 성향을 지닌 수양제였다. 수양제의 희생양이 되어 힘든 일을 겪은 곳이 류큐국이었다.

앞서 설명했듯 수양제는 대업 3년(607)에 주관을 해외로 파견했는데, 주관은 선원 하만何蠻으로부터 동쪽 해상에 날씨가 좋을 때는 섬 그림자가 보인다는 말을 듣고, 그를 데리고 류큐에 갔다. 그러나 통역을 데리고 가지 않았기 때문에 말이 통하지 않았다. 결국 류큐인 한 명을 포로로 잡아 돌아왔다. 이듬해 그 포로를 통역으로 삼아 다시 류큐로 건너가 국왕에게 조공을 권했지만, 류큐 왕은 말을 듣지 않았다. 그래서 류큐국의 산물만 얻어서 되돌아갔다.

바로 그때 일본의 사자가 수나라 조정에 와 있었다고 하니, 그 사자는 분명 오노노 이모코일 것이다. 짐작건대 처음 사신으로 갔을 때일 듯싶다. 그는 주관이 갖고 돌아온 류큐의 산물 가운데 포갑布甲, 즉 삼베로 만들었을 갑옷투구를 보고 설명했다.

"이것은 이야쿠국夷邪久國 사람들이 사용하는 물건입니다."

이야쿠란 지금의 야쿠시마屋久島를 가리키는데, 당시 일본인들은 류큐 전체를 야쿠라고 불렀던 듯하다. 하지만 오노노 이모코가 엉터리로 지어냈을 수도 있다.

대업 6년(610), 수양제는 진룽陳稜과 장진주張鎭周라는 두 장수로 하여금 동양군東陽郡의 병사를 이끌고 의안군義安郡에서 출범해 류큐를 공격하게 했다. 동양군이란 무주婺州지금의 절강성 금화현를 가리키고, 의안군은 조주潮州광동성 동부에 있는 도시를 가리킨다. 출범지를 중시하면 류큐는 지금의 필리핀 부근이어야 한다. 왜냐하면 중국은 예로부터 지금의 오키나와가 목적지라면 복주福州 부근에서, 타이완이 목적지라면 장주漳州 부근에서 출발하는 식으로 출발 지점이 정해져 있었기 때문이다. 오키나와와 타이완으로 향하는데 일부러 조주를 출발지로 골랐다고는 생각하기 힘들다.

중국에서 각국으로 출발하는 각 항구의 위치

진릉의 부하 중에는 다수의 외국인, 특히 곤륜인崑崙人지금의 동남아 지역 사람이라 불리는 남양인南洋人이 있었는데, 그중 류큐 말을 잘하는 사람을 사자로 보내 항복을 권유했지만, 류큐국의 갈랄두渴刺兜 왕은 응하지 않았다. 그리하여 전쟁이 시작되었으나 류큐는 도저히 수나라 군사의 적수가되지 못했고 싸울 때마다 패해 도성으로 도망치기 바빴다. 진릉은 삼중의 해자와 삼중의 성벽으로 둘러싸인 류큐국 수도의 방어벽을 돌파하여끝내 국왕을 참수했으며, 도성의 백성 1만 7,000명을 포로로 잡아갔다. 수양제는 그들을 모두 노예로 삼은 뒤 백관에게 나누어 주었다.

물론 일본 본토의 실력은 류큐에 비할 바가 아니었다. 그러나 당시조정의 외교정책 여하에 따라서는 원구元寇1274년과 1281년에 일본을 공격한 원나라 군대를 일컫는 용어와 같은 대대적 침략 사태가 절대로 일어나지 않는다고 장담할수도 없는 상황이었다.

해외 여러 국가들 가운데 수양제가 또 하나 흥미를 느낀 곳은 적토국赤土國이었다. 적토국이 어디에 위치했는지에 대해서는 여러 설이 분분한데, 나는 지금의 수마트라섬 잠비 부근이라 믿고 있다. 적토국은 당시 말라카 해협을 지배하면서 동서 교통의 실권을 장악했으며, 마치 영국 패권 시대의 싱가포르와 같은 위상을 갖고 있었다.

적토국의 최초 조공은 대업 4년(608)으로, 일본의 오노노 이모코와 거의 같은 시기이기 때문에 이 조공 역시 주관이 적토국에 가서 권유한 결과라고 생각된다. 그리고 이때도 오노노 이모코의 귀국과 마찬가지로 적토국 사자의 귀국에 상준常駿이라는 자가 동행해서 적토국에 건너갔다. 이렇듯 수나라의 외교 방식은 도장을 찍듯이 일률적으로 행해졌다.

상준 일행은 광동에서 출항하여 배를 타고 임읍 도성 앞바다에 위치한 능가발발다주陵伽鉢拔多洲, 즉 후세의 점불로도占不勞島베트남의 꾸라오짬 섬에 정박한 뒤 그곳에서 담수를 보급하면서 잠깐 휴식을 취했다. 그런 다음 동북 무역풍을 타고 시암 만지금의 타이 만. 시암은 태국 왕국의 옛 이름 앞바다를 거의 일직선으로 종단하여 사자석師子石, 즉 지금의 싱가포르에 도착했다. 이후 도서가 인접해 있고 서쪽으로 낭아수국狼牙須國랑카수카(Langkasuka), 현재 말레이반도 케다지구의 높은 산을 바라보면서 남하했다는 기록으로 미루어 링가·싱케프 제도에 다다랐음이 틀림없다. 그곳에서부터 적토국 영토로 들어간 뒤에는 바탄하리 강을 거슬러 올라가 수도 잠비에 도착했을 것이다. 흥미로운 사실은 적토국도 일본이 했던 것처럼 상준 일행을 맞이하기 위해 배 30척을 보내 음악을 연주하면서 수도로 안내했다고 한다.

그 뒤 상준 일행은 단단丹丹현재 인도네시아 자바 반둥(Bandung)을 거쳐 파리국婆利國현재 인도네시아 발리에 이르렀고, 그해 말에 중국으로 돌아왔다. 수양제가 이렇게 다양한 국가에 사신을 파견하고 그 국가의 조공 사신을 중국으로 불러들이려 했던 데는 제왕으로서의 허영심을 충족시키려는 의도가 작용했던 것으로 보인다.

적토국 왕은 상준 일행이 귀국할 때 수나라에 대한 답례 사신으로 왕자 나야카那邪迦를 동행시켰다. 이 또한 일본의 오노노 이모코가 배세청이 귀국할 때 함께 수나라로 건너간 일과 비슷하다. 상준과 나야카는 대업 5년(609) 봄, 낙양과 가까운 홍농군弘農郡에서 수양제를 알현했다. 수양제는 크게 기뻐하며 상준에게 비단 200필을 하사하고 나야카에게도 관작을 내리는 등 후한 상을 내렸다고 한다.

이듬해 대업 6년에 일본에서 사자가 공물을 가지고 인사를 하기 위해 입조入朝했다는 기사가 있는데, 그 뒤로는 왕래가 끊긴 듯하다. 아마도 그 무렵부터 수나라 국내가 혼란스러워지고 치안 유지가 어려워 공물을 지참한 사신의 입국이 어려워졌기 때문일 것이다. 그런 상황에 대해서는 수나라와 더 밀접하게 왕래하고 있던 백제 등에 의해 소식이 전해졌을 거라 생각된다.

이렇게 보면 수나라에 대한 일본의 태도는 몹시 소극적이었으며, 지금까지 알려진 것처럼 결코 대담하지도 못했다. 다만 냉정하게 평가할 때 당시 중국 문화는 어찌 됐든 일본보다 훨씬 앞서 있었기 때문에 일본은 중국으로부터 선진 문물을 전수받아야 했다. 국력의 크고 작음의 문제가 아니라 선진 문화를 가진 나라에 대해서는 겸허하게 그것을 존경하고 지식을 전수받아야 한다. 이 같은 전수는 개인 간에는 자연스럽게 이루어지는 일이기 때문에 국가 간에도 그렇게 하는 것이 당연하다. 메이지 시대 이후의 일본은 때때로 외국 문물을 숭배하고 추종하는 배외주의拜外主義로 인해 욕을 먹기도 했지만, 일본에 진정 도움이 된 것은 바로 배외주의였다. 이와 반대되는 양이攘夷 사상은 말만 그럴듯할 뿐, 그 사상이 나중에 태평양전쟁으로 이어졌음을 생각하면 사실상 일본을 망쳐놓았다고도 할 수 있다.

쇼토쿠 태자 시대의 일본 외교는 수나라 국력이 두려워 조공을 바치는 것 같은 형식이 되지 않도록 상당한 주의를 기울였다. 수나라 역사에 따르면 배세청이 일본에 도착했을 때 왜왕과 면회를 했다고 하는데, 스이코 천황은 여성이기 때문에 중국의 사신과 만났을 리 없다. 배세청이 만난 사람은 쇼토쿠 태자였을 것이다. 그가 배세청에게 말했다.

"나는 바다 서쪽에 수라는 예의지국이 있다고 들었기 때문에 사신을 보내서 조공한 것입니다. 우리는 오랑캐이며 대해의 변두리 구석에 살기 때문에 예의를 모릅니다. 그런 까닭에 일부러 국내에만 있었고, 곧바로 뵈러 가지 않았습니다. 하지만 지금 길을 정갈히 치우고 숙소를 정돈하여 사신을 기다리고 있었습니다. 만약 대국의 훌륭한 교육 방침을 들을 수 있다면 더 이상의 행복은 없을 것입니다."

이 말에는 매우 교묘한 외교적 수사가 내포되어 있다고 할 수 있다. 일본이 조공한 까닭은 수나라가 예의지국, 즉 도의를 아는 국가이기 때문에 그에 맞게 경의를 표한 것이라고 말하고 있다. 그 다음 내용은 국왕 자신이 수나라에 조공하러 가지 않은 일에 대한 변명인 듯하다. 이로써 미뤄보면 수나라는 미리 각국에게 국왕 자신이 직접 인사를 하러 오라고 요구했던 것 같다. 물론 각국은 제각기 국내 사정이 있을 터이므로 그런 일이 금방 간단히 실현된다고는 할 수 없다. 그러나 수나라에 바라는 것이 있는 나라는 가능한 한 황제의 뜻에 따르려고 노력한 흔적이 엿보인다. 적토국의 왕자가 직접 수나라에 가서 입조한 일은 부친인 국왕의 대리라는 의미일 것이다.

일본은 딱히 천황 명의로 파견하지는 않았고 전 사절인 오노노 이모코로 임시변통했다. 다만 오노노 이모코의 이력에 관록을 붙이려 했던 까닭인지 그는 당시 일본 조정에서 권세 있는 대신인 소가노 우마코蘇我馬子의 성을 따 소가노 이모코蘇我妹子라고 칭하며 활약했던 듯하다. 수나라 역사에서는 그의 이름이 소인고蘇因高라고 기록되어 있다. 상대가 희대의 폭군 수양제이기 때문에 이쪽에서는 가능한 예의는 다 갖추되, 자신에게도 예의를 갖고 대우해달라면서 할 말은 하고 있다. 퍽 흥미로운 대목이다. 국서를 작성할 때도 상당히 강경한 태도를 유지하면서 이른바 강경과 유화 양쪽을 융통성 있게 사용하니, 매우 탄력적이었다고 할 수 있다. 당시 일본의 국력으로는 일단 꽤 성공한 외교였다고 할 수 있을 듯하다.

수양제는 외국 군주가 직접 입조를 하도록 만들어서 중국 천자의 존엄을 보이려는 일에 특별한 흥미를 나타냈다. 동돌궐의 계민가한을 비롯하여 서돌궐의 처라가한, 고창왕 국백아 등이 대표적인 예고, 소국과 소부족의 우두머리까지 따지면 셀 수 없이 많다. 그런데 만주에서 한반도 북부에 걸쳐 나라를 세운 고구려 왕만은 끝까지 조공을 보내지 않았다. 그 일이 말도 안 되는 엄청난 사건, 즉 수·고구려전쟁이라는 비극을 불러온 원인이 되었다.

10

수·고구려전쟁

    일본에서 흔히 '고마'라고 부르는 고구려는 만주에서 북한에 걸친 넓은 영토를 차지한 대국이었다. 고구려의 기원은 굉장히 오랜 과거로 거슬러 올라간다. 중국 전한前漢 시대에 압록강 상류에서 일어났으며, 만주 평야로 진출하여 삼국의 위魏나라, 5호흉노족·선비족·저족·갈족·강족가 세운 나라 중 연燕나라와 계속 항쟁하며 세력을 넓혔으나, 만주 방면 쪽에서 지속적으로 중국의 침략을 받는 바람에 한반도 북부를 경영하면서 평양을 수도로 정하고 남쪽의 백제·신라와 자웅을 겨뤘다. 일본에서는 고구려·백제·신라를 삼한三韓이라고 총칭했다.

    수문제의 중국 통일은 곧바로 만주·한반도 쪽에도 영향을 미쳤다. 고구려는 수나라가 남조를 멸망시켰다는 소식에 중압감을 느끼고 은밀히 군사적 침략에 대비한 준비를 시작했는데, 내심 두려워하고 있었다.

수나라 입장에서 보면 고구려의 태도는 몹시 불경할 뿐 아니라 법도 거스르고 있었다. 예컨대 말갈이나 거란 등 여러 민족이 중국과 교류를 원했지만, 고구려는 항상 그들 간의 교류를 방해했다. 또한 고구려는 중국인 망명자를 몰래 자국으로 데리고 가서 무기를 만들도록 시켰다. 중국에서 사절이 파견되어 오면, 그를 빈 방에 가두고 외출을 못하게 했다. 그뿐 아니라 고구려 기마병들은 자주 국경을 침범하여 중국인을 살상했다. 게다가 간혹 첩자를 보내 중국 사정을 정찰하기도 했다. 고구려의 이런 행동은 세계를 천하일가天下一家로 보는 중국의 이상을 무시했다고도 볼 수 있으므로 중국에게는 발칙하고 괘씸하게 받아들여졌을 것이다.

그러나 이는 어디까지나 중국 측의 관점이므로 고구려 입장에서 본다면 또 다르다. 대국과 접한 소국은 국내 정세가 밖으로 새나갔을 경우 불이익이 생길 수밖에 없기 때문에 독립을 지키기 위해서는 기밀 유지 조치를 단단히 취해야 한다. 독립국이라면 군비를 갖추는 일은 당연하다. 국경 분쟁의 경우 일일이 정확하게 조사한 것이 아니라면 단순히 어느 한쪽만 잘못을 탓할 수 없기 때문에 고구려만 나쁘다고 단언할 수 없다. 하지만 수문제는──아마도 파견된 관리의 보고를 의심 없이 그대로 믿어서겠지만──고구려 왕 고탕高湯(평원왕)에게 매우 엄한 말을 써가며 힐문하는 편지를 보냈다(597).

"마지막으로 너에게 묻겠는데, 요하遼河의 폭과 양자강의 폭 중에 어느 쪽이 더 넓다고 생각하는가. 고구려 인구와 남조 진나라의 인구 중에 어느 쪽이 더 많다고 생각하는가. 진나라는 한 달도 안 돼 불과 수천의 기병으로 눈 깜짝할 사이에 평정되었다. 따라서 너에 대해서도 조금의 용서도 없이 지난 잘못을 책망하려 마음만 먹을 경우 장군 한 명에게 명령하면 끝날 일이다. 더구나 이런 편지를 특별히 보내 정중한 훈시로써 개심을 요구하는 일에 시간을 쓰지도 않는다. 잘 생각해서 스스로 길을 잘못 들어서지 않도록 조심하는 게 좋을 것이다."

편지는 고구려의 여러 가지 잘못을 열거한 뒤, 위와 같은 협박조의 말로 끝내고 있다. 이에 고구려 왕은 크게 두려워하며 상소를 바쳐 사과하려 했으나 공교롭게도 병에 걸려 죽고, 그의 아들 고원高元(영양왕)이 자리를 물려받았다. 수문제는 고원에게 작위를 내리고 요동군공遼東郡公에 봉하려 했는데, 고원이 왕위를 물려받고 싶다고 청했기 때문에 다시 요동왕遼東王으로 봉했다. 그런데 이듬해 고구려는 말갈족 기병 1만여 명을 이끌고 중국 영토를 침입했고 중국의 영주총관營州總管 위충韋沖에 막혀 패퇴하는 사건이 벌어졌다.

수문제는 그 소식을 듣고 진노하여, 30만 대군을 파견해 고구려를 토벌하라는 명령을 내렸다. 그런데 그 이유가 조금 이상하다. 과연 정말로 고구려가 중국 영토를 침범했을까? 침범했다면, 그 원인이 무엇인지 확인하지도 않고 외교적 해결을 꾀하지도 않은 상태에서 갑자기 대군을 모아 공격한 것이다. 아무리 생각해도 고구려 토벌은 중국 내 군벌의 호전적인 주장을 제압하기 어려웠던 수문제가 그들에게 양보한 결과처럼 보인다.

어느 나라든지 상급 직업군인은 전쟁을 하고 싶어 한다. 이들의 경우 전쟁을 해서 승전하지 않으면 명성을 높일 수도 없고 전공에 따른 상을 받을 수도 없으며 높은 지위에 올라가기도 힘들다. 그런데 수나라 군인들은 남조 진나라를 멸망시킨 뒤 10년 가까이 큰 전쟁을 치르지 않았다. 게다가 수문제는 긴축재정 방침을 세웠으므로 일하지 않는 자에게는 아무것도 주지 않았다. 이 때문에 군인들은 다음 가상 적국을 고구려로 정하고 무슨 일이든 생기기만을 기다렸다. 수문제도 군대의 불만을 어느 정도 파악하고 있었고, 또 다른 한편 군대의 실전 훈련도 필요하다고 생각했기 때문에, 고구려 침공이 썩 내키지는 않았지만 군사를 일으키게 되었을 것이다.

정벌군 총사령관은 수문제의 막내아들 한왕 양량, 참모에는 대신 고경, 육군 사령관에는 맹장으로 이름을 떨친 왕세적, 해군 사령관에는 주라후周羅睺를 각각 임명함으로써 일단은 완벽한 구성을 갖췄다. 그런데 육군이 지금의 산해관山海關을 넘어 진군하는 과정에서 큰비를 만나 군수품을 나르는 치중차輜重車가 꼼짝달싹 못하게 된 데다, 악성 유행병마저 돌아 전진이 불가능해졌다. 해군은 산동반도에서 황해를 건너 평양으로 향했는데, 해상에서 폭풍우를 만나 선단이 산산조각 났다. 결국 고구려 영토에는 내딛지도 못하고 육해군 모두 철수할 수밖에 없었다. 게다가 전쟁도 치르지 못한 상황에서 사망자와 미귀환자가 열에 여덟, 아홉이라는 참담한 지경이라, 고구려 공격은 실로 무참한 결말로 끝나버렸다. 그러나 고구려도 뜻밖의 요행으로 전화를 피한 셈이므로 자세를 낮추고 사죄의 뜻을 전하는 사신을 수나라에 보냈다. 두 나라의 국교는 그럭저럭 평상시로 돌아왔다.

그러나 수양제 시대에 접어들면서 대외적으로 적극적인 정책을 펼쳤기 때문에 고구려도 그 대상에서 빠져나갈 수 없었다. 수양제가 고구려의 존재를 강하게 의식하기 시작한 것은 장성에서 동돌궐의 계민가한과 회담을 했을 때부터다.

대업 3년(607) 정월에 계민가한이 수양제에게 인사를 하기 위해 입조했기 때문에, 수양제는 그해 여름 국경을 순시하는 김에 답례의 뜻으로 장성을 넘어 계민가한의 천막에 방문했다. 먼저 도착한 장손성張孫晟 장군이 미리 계민가한의 천막으로 사전 점검을 하러 갔는데, 주위에 잡초가 무성해서 상당히 지저분하게 보였다. 이를 본 그가 계민가한에게 말했다.

"천막 앞의 풀뿌리에서 좋은 향기가 나는군."

계민가한은 무슨 말인지 못 알아듣고 풀을 하나 뽑아 냄새를 맡아보았으나 딱히 아무 향기도 나지 않았다. 장손성은 그 모습을 보고 다시 말했다.

"중국의 천자께서 행차하실 때는 모든 잡초를 제거하고 깨끗하게 청소를 해둔다. 단, 향초만은 그대로 둔다. 이 때문에 나는 이 잡초를 특별한 향초라고 생각한 것이다."

계민가한은 그제서야 알아채고 사죄했다.

"그런 사실을 모르고 있던 것은 전적으로 제 실수입니다."

계민가한이 몸소 패도를 꺼내 잡초를 제거하자 다른 부의 추장들도 그를 따라 잡초를 제거하기 시작했다. 나중에 수양제는 장손성의 이야기를 듣고 매우 만족스러워 했다고 한다. 수양제는 장성을 넘자 큰 천막을 치고 일단 그곳에 계민가한을 초대했다. 배불리 음식을 대접한 뒤 마술이나 곡예 등 오락거리로 여흥을 즐기면서 가한과 추장들을 즐겁게 해주었다. 이때 수양제가 계민가한에게 비단 20만 필을 내렸다고 하는데, 이는 돈으로 환산하면 엄청난 값어치였다. 여기에는 아마도 가한의 잡초 제거에 대한 공로도 포함되어 있었을 것이다. 그들을 초대한 뒤 다음에는 수양제가 계민가한의 천막을 방문해 접대를 받았다.

몽골 지방의 유목 민족은 중국에게는 늘상 골칫거리였다. 그런 유목 민족의 우두머리인 가한이 이렇게 비굴한 태도로 복속했다는 사실에 수양제는 득의양양했다. 한나라 때 흉노의 호한야선우呼韓邪單于가 항복한 이래 가장 성대한 행사였을 것이다. 수양제는 스스로 시를 지어 자족감을 표현했다.

> 호한야선우가 머리를 숙여 오고
> 도기屠耆도 발굽을 잇대어 속속 귀순하도다
> 어떠한가, 한나라 천자의 위엄이
> 이제 선우대單于臺에 오르니 덧없기 그지없다

마침 고구려 사자가 계민가한이 있는 곳으로 찾아왔다. 계민가한은 그 사실을 숨기지 않고 수양제에게 고구려 사자를 소개했고, 수양제는 그를 접견한 뒤 대신을 통해 타일렀다.

"어떤가? 계민가한이 저리 성심을 가지고 중국에 귀순했기 때문에 짐도 몸소 그의 천막을 방문했다. 짐은 내년에 장성 동쪽 끝에 있는 탁군에

갈 예정이다. 너는 너희 나라로 돌아가면 국왕에게 잘 전하라. 그렇게 스스로 먼저 의심해서 공포심을 가질 필요는 없다. 중국에 귀순하면 계민가한과 마찬가지의 예식으로 대우해줄 것이다. 그러나 만약 입조를 거부한다면 계민가한을 데리고 너희 나라로 쳐들어갈 것이다."

고구려 사신은 귀국한 뒤, 수양제로부터 들은 내용을 그대로 국왕에게 전했을 것이다. 고구려로서는 몹시 골치 아픈 이야기였을 터다. 중국과 평화롭게 지내는 것은 좋지만, 그것은 예로부터 정경분리는 안 된다는 식의 예속을 강요당하는 일이었다. 중국에서 예우해주겠다는 말 속에는 천막의 잡초 제거까지 포함된다는 사실을 고구려 사자가 확실히 자신의 눈으로 보고 돌아간 터였다. 고구려는 결국 국경을 철저히 폐쇄하고 중국을 경원시하며 교류와 왕래를 차단하는 정책을 취했다. 중국 황제의 눈에 그 같은 고구려의 대응은 매우 예의를 모르는, 즉 조공국 주제에 조공 의무를 전혀 하지 않는 무례한 태도처럼 비쳐졌다.

그러나 수양제는 선언한 대로 이듬해 곧장 고구려 침략을 위한 군사를 일으키지는 않았다. 삼한 가운데 으뜸가는 대국인 고구려를 치려면 치밀한 준비가 필요했다. 그리고 전쟁 준비를 위해서는 무엇보다 물자를 모으는 일이 중요했다. 이 때문에 황하에서 탁군까지 이어지는 영제거 운하의 개통을 기다렸다가, 개통되자마자 남쪽의 군사들과 물자를 탁군으로 집결시킴과 동시에 천하의 병사들에게 동원령을 내렸다. 대업 7년 (611) 5월의 일이었다.

이듬해 대업 8년 정월에 천하의 군대가 마침내 탁군에 집결했다. 수양제도 강도에서 운하를 이용해 북상하여 탁군의 별궁에 묵었다. 군대

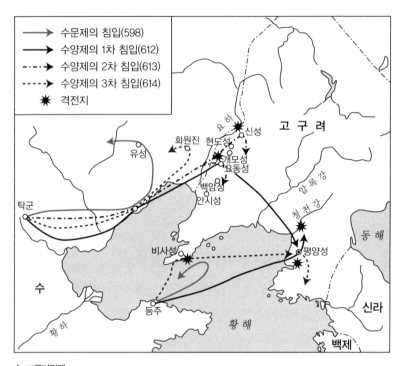

수·고구려전쟁

수양제는 황하에서 탁군까지 이르는 대운하가 개통되자마자 남쪽의 군사들을 탁군으로 집결시켜 612년부터 세 차례에 걸쳐 고구려를 침공했다. 하지만 고구려의 을지문덕 장군에게 대패하는 등 전쟁은 철저히 실패로 끝나버리고 만다. 전쟁 실패는 수나라가 멸망하는 한 원인이 되었다.

총 인원은 113만 3,800명, 넉넉잡아 200만 명이라 선전했고 후방 근무자들도 이 숫자의 2배는 되었다고 하는데, 이는 조금 과장된 면이 있다. 당시에 그런 대군을 운용하는 일은 실제로 어려웠다. 그러나 10분의 1인 11만 명이라 어림잡아도 엄청난 대군이다. 이를 좌12군, 우12군, 합쳐서 24군으로 나누고 매일 1군씩 출발시켜 20km 가까이 이동한 곳에서 묵도록 했다. 24일째에 전군이 출발을 끝냈는데, 그때 선두에 있던 군은 이미 400km 떨어진 곳에 도착해 있었다. 수양제는 따로 근위병 여섯 군의 삼엄한 경호를 받으며 백관들을 이끌고 대군의 뒤를 이었다. 그 대열이 또한 30여km였다고 한다. 만약 이 행렬이 관병식이었다면 그런 장관이 따로 없었을 듯싶다.

수나라 군사는 계속 전진해서 요하에 도착했는데, 강 건너에는 이미 고구려 병사들이 진지를 구축하고 방어에 돌입해 있었다. 이에 배를 나란히 늘어놓고 판자로 엮어서 3개의 부교를 만든 뒤 앞쪽 끄트머리를 강 건너에 고정하려 했지만, 첫 번째 시도에서는 계산이 틀리는 바람에 반대쪽 강기슭까지 3m 정도가 모자랐다. 이 때문에 수나라 군사들은 반대쪽 강기슭까지 헤엄쳐 가서 싸웠지만 결국 중과부적이라 패하고 철수했다. 두 번째 시도에서는 충분한 길이로 부교를 만들고 속속 군대를 보내 공격했으므로 고구려군이 패주했다.

수나라 군사는 도망치는 고구려군을 쫓아 요동성을 공격하기 시작했는데, 여기서 다시 진군이 좌절되었다. 요동은 요양遼陽이라고도 하며, 예로부터 남만주의 중심 도시였다. 수나라 군사의 강력한 공격으로 요동성은 여러 번 함락될 뻔했으나, 고구려군의 필사적인 항전으로 무너지지 않았다. 수나라의 공격군 대장들은 서로에게 실패의 책임을 떠넘기기 바빴다. 이런 상황을 현장에서 직접 지켜본 수양제는 대장들에게 호통을 쳤지만, 요동의 작은 성을 끝내 함락하지는 못했다.

한편 수나라 해군은 황해를 건너 고구려의 수도 평양성 아래에 도착해 싸우는 중이라는 보고가 도착했다. 해군 대장 내호아來護兒가 기세를 몰아 평양성을 공격하자, 고구려는 외성을 포기하고 내성에서 농성을 하는 전략으로 맞섰다. 무질서한 수나라 군사는 성안으로 들어간 것만으로도 기뻐서 어쩔 줄 몰라 대오를 무너뜨리고 제각기 약탈을 하기 시작했다. 그들의 방심한 모습을 보고 내성의 고구려군이 역습하자 수나라 군사들은 하릴없이 무너져 불과 수천 명만 살아 군함 정박소로 도망쳤다. 그곳에서 군함을 지키던 부대가 진용을 재정비하여 막아냈기 때문에 고구려군도 더 이상 공격하지 못하고 물러났지만, 이로 인해 수나라 군사는 큰 타격을 입고 전투력을 잃어 해안에 정박하면서 육군이 도착하기만 기다렸다고 한다.

이 보고를 받은 수양제는 고구려가 농성하고 있는 요새는 그대로 둔 채 약간의 군대만 남겨 지키게 했으며, 따로 정예군을 선발하여 고구려의 수도 평양으로 급히 파견했다.

정예군의 총대장은 제1군의 지휘관 우문술로서, 그는 9군의 선발병을 데리고 먼저 압록강 서쪽 기슭에 집결한 뒤 압록강을 건너 남하했다. 우문술의 군대는 사람과 말 모두 100일치의 식량을 휴대하도록 명령을 받았다. 100일분이라고 하면 엄청난 무게인데, 이 식량에다 무기까지 짊어지고 가야 했으므로 행군에 상당한 부담이 되었다. 그렇지만 중요한 식량을 소홀히 하는 자는 엄벌에 처한다는 군사명령이 내려와 있던지라 병사들은 들고 갈 수도 그렇다고 버리고 갈 수도 없어 결국 배분된 식량을 땅에 파묻고 전진했다. 그 결과 실제로 휴대한 식량은 얼마 되지 않았다. 당연한 결과겠지만, 이들은 평양까지 채 절반도 가지 못한 상황에서 식량이 떨어지기 시작하여 극도로 아껴가며 행군해야만 했다.

고구려는 을지문덕 장군에게 수나라 군대의 상황을 정찰해 오라는 임무를 맡겼다. 그는 고구려 왕이 항복한다는 거짓말로 속이고 사자로 위장해 수나라 군대 속으로 걸어 들어갔다. 이에 수나라 대장들은 을지문덕을 포박할까 말까, 그건 좋은 생각이다 아니다라며 갑론을박했고, 그 사이 을지문덕은 수나라 군대의 대체적인 정황을 파악한 뒤 도주해버렸다. 을지문덕은 수나라 군사의 식량이 부족하다는 사실을 알고는 일부러 싸움을 걸다가 도망치는 일을 반복했다. 수나라 군사는 무심코 그의 유인책에 말려들어 하루 사이에 7전 7승을 올렸는데, 숨도 못 쉴 정도로 고구려군을 쫓아간 것까지는 좋았으나 그로 인해 병사들 체력은 완전히 바닥나버렸다. 평양성 바로 근처까지 뒤쫓았는데, 성은 견고한 데다 고구려 병사들은 많았다. 수나라 군사는 이미 체력이 고갈되어 도저히 전투를 계속할 만한 상황이 아니었다. 그런 상황에서 을지문덕이 다시 나타나 고구려 왕이 항복한다고 말했다.

우문술은 항복을 받아들였다 치고, 이를 최소한의 명분으로 삼아 군사를 거두는 작전만이 유일한 방법이라 생각했다. 하지만 막상 철군을 시작하자 고구려의 게릴라 부대가 사방에서 공격을 가해왔다. 이는 1812년 나폴레옹의 모스크바 철군만큼이나 비참한 퇴각이었다. 요동성

고구려의 수렵도
고구려 무용총에 그려진 수렵도는 활달하고 힘찬 고구려인의 기상을 잘 보여준다. 수나라는 엄청난 대군을 이끌고 고구려를 침략했으나 세 번 모두 참패로 끝나고 만다.

아래서부터 진격한 총 30만 5,000명 중에서 살아 돌아온 병사는 불과 2,700명에 불과했다. 그것도 옷만 겨우 걸친 상태로, 무기도 물자도 모두 버리고 목숨만 간신히 붙어서 도착했을 뿐이다.

육군의 참패 소식을 듣고 해군 쪽도 하는 수 없이 그대로 물러났다. 수양제는 얼굴이 시뻘게질 정도로 노여워했으나 그뿐이고 전황을 되돌리는 데는 아무런 효과도 없었다. 이 전쟁에서 수나라 군사는 고구려의 성 한 채도 함락하지 못하고 불명예를 거듭한 실패로 끝나버렸다. 수양제 자신도 손쓸 도리가 없어 탁군에서 동도 낙양으로 돌아갔다.

전쟁이란 정말 골치 아픈 일이다. 마치 투기나 도박과 같아서 한 번 이기면 다음에도 꼭 이길 것 같은 기분이 든다. 졌을 때는 다음 번에야 말로 이겨서 본전을 되찾으려고 벼르며 다시 시도하게 되는 속성을 갖고 있다. 수양제가 일으킨 수·고구려전쟁은 천자 자신도 경솔했지만, 그 이상으로 치적을 뽐내려 한 상급 장교들이 들고일어났기 때문에 시작된 전쟁이었다. 그러나 이 전쟁이 생각지도 못한 실패로 끝나면서 어떤 이는 전사하고 어떤 이는 패전의 책임을 지고 처벌을 받았기 때문에, 뒤에 남은 장교들은 무슨 일이 있어도 반드시 다시 한번 전쟁을 일으켜 지난번에 받은 치욕을 되갚아 불명예를 만회해야 한다고 생각했다.

수양제도 같은 생각이었다. 패전 뒤 바로 이듬해, 대업 9년(613)에 고구려를 다시 정벌하라는 명령을 내렸다. 어설프게나마 완성된 운하는 군사물자의 이동을 수월하게 해주었는데, 오히려 이 상황이 발목을 잡았다. 전쟁을 가볍게 생각하는 버릇이 들어버렸기 때문이다.

우문술은 지난 패전의 책임으로 인해 모든 관작을 박탈당하고 평민이 되었지만, 얼마 뒤 전쟁의 패인은 후방으로부터 물자 조달이 원활하지 않았기 때문이라는 이유로 원래의 관작을 돌려받고 두 번째 전쟁에서도 다시 총사령관으로 임명되었다. 그러나 사실 우문술의 아들 우문사급宇文士及이 수양제의 딸 화양공주華陽公主와 혼인한 관계였기 때문에, 우문술의 관작 회복은 그 영향력에 따른 결과일 것이다.

수양제는 지난번 실패가 농성 중인 적의 성을 그대로 둔 채 적진 깊숙이 들어가는 모험을 했기 때문이라고 생각하여, 이번에는 확실하게 모든 성을 점령해나가는 전략을 취했다. 이에 고구려 제1선 진지의 중심인 요동성을 정공법으로 무너뜨리고자 했다.

4월, 수양제는 직접 요하를 건너 요동성 아래까지 진출한 다음, 준비해 온 공성攻城 장비로 성을 공격했다. 이 장비 가운데 비루飛樓는 이동식 망루 같은 것으로, 적의 성벽과 똑같은 높이로 만들어졌으며 바닥에는 바퀴가 달려 있어 이동이 수월했다. 이 비루를 적의 성 가까이 몰고 가면 적과 똑같은 높이에서 싸울 수 있다. 당제撞梯는 일종의 크레인 수레로, 긴 사다리를 수레에 싣고 적의 성 아래까지 몰고 간 다음 병사들을 사다리 끝에 세운 뒤, 이를 들어 올려서 성벽 위에 내려놓는 기구였다. 운제雲梯는 사다리를 장착한 수레인데, 당제의 뒤를 따라가게 했다. 그러면 병사들이 운제의 사다리를 이용하여 적의 성벽에 기어오를 수 있다. 이러한 공성 장비 외에도 성을 공략하기 위해 지도地道라는 터널 공사 전법을 구사했다. 이것은 적의 성벽 아래에 터널을 뚫어 적이 모르게 성내로 군대를 보낸 다음, 성의 안팎에서 신호를 주고받아 일시에 점령하는 전법이었다.

그러나 고구려도 결코 만만찮은 국가였다. 고구려군 역시 목숨을 걸고 방어했기 때문에 수나라 군사는 신병기나 기계화 부대를 갖고도 전세를 유리하게 이끌지 못했다. 20일가량 밤낮 구분 없이 격전이 이어졌고 쌍방 모두 엄청난 사상자가 속출했으나, 요동성은 꿋꿋하게 버티며 항복하지 않았다.

그런데 이때 수양제 앞으로 굉장히 중요한 급보가 날아들었다. 후방 병참기지의 총사령인 양현감楊玄感이 모반을 일으켰다는 소식이었다.

11

양현감의 반란

양현감의 반란은 수양제를 크게 놀라게 했겠지만, 실상 그런 반란의 뿌리는 예전부터 깊은 곳에서 싹트고 있다가 단지 급하게 표면화된 일에 지나지 않는다. 양현감의 반란을 설명하기 위해서는 시간을 조금 거슬러 올라간 부분부터 다시 이야기할 필요가 있다.

원래 천자의 권력을 확립하기 위해서는 어느 한 대신만 계속 중용하면 안 된다는 것이 수문제 이후 수나라 천자의 방침이었다. 이는 확실히 맞는 말이다. 천자의 가문을 빼앗은 이는 대부분 대신 가문 출신이었다는 사실은 역사가 여실히 보여준다. 그랬기 때문에 수문제는 처음에 이덕림을 중용하여 북주를 빼앗은 뒤, 제위에 오르자 고경을 이용해 남조

진나라를 멸망시켰고, 천하를 통일한 뒤에는 양소를 신임했지만 결국 그
마저도 내치고 사위인 유술을 총애하기에 이르렀다.

그러나 수양제가 형을 제치고 황태자가 되어 수문제 사후 마침내 제
위에 오르자, 양소도 따라서 부활했다. 수양제의 황태자 등극과 천자 즉
위에 양소의 공이 크게 작용했기 때문이다. 양소가 조정의 실권을 잡으
면서 그의 동생 양약과 아들 양현감 등도 높은 자리에 올라 일족이 번창
하자, 수양제는 이들을 다시 꺼림칙하게 여기기 시작했다. 수양제의 동
생 한왕 양량의 반란이 평정되어 천하가 평온을 되찾자, 수양제에게 양
소는 더 이상 필요 없는 사람이 되었다. 대업 2년(606)에 양소는 사도^{司徒}
라는 최고 지위에 오르지만, 동시에 실권을 잃게 되었다. 그 대신 수양제
의 신임을 받은 사람이 우문술이다. 우문술의 성^姓은 전 왕조인 북주의
천자 가문과 같지만 동족은 아니다. 그러나 그는 선비족이 확실하고 무
천진 군벌의 유력자였기 때문에 북주 왕실로부터 '우문'이라는 성을 받
은 것이다. 우문술과 수양제 간의 결합은 상당히 일찍부터 이루어졌는
데, 수양제가 아직 진왕^{晉王}의 자리에 있을 때 형의 황태자 자리를 빼앗은
사건은 우문술의 각본과 연출에 따른 일이었다. 또한 그의 차남 우문사
급은 수양제의 딸을 부인으로 맞이했기 때문에 왕실과 서로 인척 관계이
기도 했다.

이 같은 상황의 변화를 양소가 눈치채지 못했을 리 없다. 양소가 사
도의 자리에 올랐을 무렵 병에 걸리자, 수양제는 친히 궁의 명의를 보내
진찰받게 하고 최고의 비약을 하사했다. 그러나 그는 천자가 내린 약을
먹으려 하지 않았다.

"나는 이 세상에서 더 이상 오래 살고 싶지 않다."

양소는 자신의 동생 양약을 불러 그렇게 말했다고 하지만, 어쩌면 수양제로부터 독살당할 위험을 두려워한 것으로도 볼 수 있다. 왜냐하면 진찰을 끝내고 궁으로 돌아온 의원에게 수양제가 양소의 상태를 물으면서 양소가 빨리 죽어버렸으면 좋겠다는 말을 했다는 소문이 나돌 정도로 두 사람의 사이가 소원해졌기 때문이다.

그런데 정말로 양소가 수양제에게 독살되었다는 소문도 있다. 수양제의 황태자 양소楊昭가 대신大臣 양소楊素와 하루 차이로 죽었기 때문에 유포된 이야기인 듯하다. 그에 따르면 양소楊素는 대업 2년(606) 7월, 황태자와 함께 궁중 연회에 불려갔다. 수양제는 이참에 양소를 죽여야겠다고 생각해서 특별한 술병에 독주를 넣어 내놨는데, 황태자가 그 사실을 모르고 독주를 들이켰다. 황태자가 하루 먼저 죽고 이어서 양소도 그 다음날 죽은 까닭은 바로 그 때문이라는 것이다.

대신 양소의 장례식은 수양제의 명으로 성대하게 치러졌는데, 나중에 수양제는 측근에게 다음과 같이 말했다.

"양소 놈은 혼자 죽어 다행이다. 만약 더 오래 살았더라면 가족들까지 몽땅 멸문당할 판이었어."

아무튼 수양제가 양소 사후에도 전 왕조 이래의 공신에 대해 사정을 두지 않고 탄압했던 것은 사실이다.

양소의 선배이자 호적수였던 고경도 만년에는 오로지 독경만 하며 속세 일을 도외시했으나, 양소가 죽은 이듬해 수양제의 정치에 대해 험담했다는 이유로 고발당해 사형에 처해졌고, 그 자식들은 국경 지역으로 귀양을 가야 했다. 고경뿐 아니라 남조 진나라를 멸망시킬 때 공을 세운 하약필도 같은 이유로 죽임을 당했다. 단지 조정을 비난했다는 모호한 이유로 후세 역사에 남을 만한 큰일을 해낸 대신들이 모조리 제거된 셈이다. 양소도 만약 더 오래 살았다면 정말로 어떻게 됐을지 아무도 모르는 상황이었다.

수양제가 고경을 죽인 것은 그가 폐태자 측 사람이었기 때문인데, 이 일도 우문술이 뒤에서 조종한 듯하다. 수양제는 자신이 의지해온 황태자가 스물여덟에 죽어버리자 갑자기 허전해졌다. 황태자보다 여섯 살 아래인 차남 양간楊暕은 자신을 닮아 변변치 않았다. 게다가 죽은 황태자가 남긴 자식 세 명은 아직 어렸다. 반면 자신의 형인 폐태자에게는 열 명의 아들이 있었는데, 그 가운데 여덟은 훌륭한 젊은이로 성장했다. 수양제의 자손과 비교할 때 폐태자 가문 쪽이 훨씬 자식 농사가 잘된 것이다. 이대로는 도저히 마음 편히 잘 수 없었다.

폐태자가 총애하던 후궁의 미인 중에 운씨雲氏라는 여자가 있었는데, 그녀의 소생이 폐태자의 장남 양엄楊儼이며, 운씨의 아버지는 운정흥雲定興이다. 운정흥은 처음엔 자신의 딸을 태자에게 시집보낸 뒤 가문이 크게 출세했다고 생각했지만, 태자가 폐위되는 예기치 않은 일이 벌어지면서 엄한 처벌을 받았다. 그는 새롭게 세력을 얻은 우문술에게 빌붙어 다시 출세의 끈을 잡으려고 했다. 수양제의 마음을 잘 아는 우문술은 운정흥을 이용하려 했다. 어느 날 우문술이 운정흥에게 말했다.

"당신은 요즘 쉬지 않고 나라를 위해 열심히 일하는데도 전혀 관위가 오르지 않는 이유를 알고 있습니까? 아무래도 폐태자 자식인 당신의 외손이 당신 앞길을 가로막고 있는 듯합니다."

운정홍은 꽤나 답답하다는 표정으로 답했다.

"알고보니 나한테 전혀 도움이 안 되는 존재들이군요. 그런 외손 따위는 차라리 그냥 어디론가 사라져버렸으면 좋겠습니다."

자신의 출세를 위해서는 딸이나 외손이야 어떻게 되든 상관하지 않는 무서운 시대였다. 우문술은 자기 생각대로 운정홍이 반응하는 모습에 만족했고, 그로부터 무자비한 음모가 계획되었다. 서로 말을 맞춘 두 사람은 폐태자의 장남 양엄 등이 출정으로 방심한 수양제를 노려 모반을 일으킬 우려가 있다며 호소했고, 수양제는 마치 그 말을 기다리기라도 한 듯이 양엄에게 독주를 내려 짐살했다. 또한 그의 동생 일곱 명은 영남嶺南 시골로 귀양을 보냈는데, 사람을 시켜 도중에 암살자를 매복해두었다가 모두 한꺼번에 죽여버렸다.

수양제는 죽은 황태자의 자손을 예뻐하여 그 계통에 제위를 물려줄 생각이었다. 제왕齊王으로 봉한 차남 양간은 비록 자신의 자식이지만 신뢰하지 않았다. 게다가 한 여자를 둘러싸고 자식과 치정 싸움까지 벌인 바람에, 부자父子는 결국 데면데면한 사이가 되었다. 사건의 발단은 수양제의 누나인 낙평공주가 수양제에게 다음과 같이 말한 데서 비롯되었다.

"유씨柳氏 가문에 대단한 미인이 있답니다."

수양제가 특별히 흥미를 보이는 것 같지 않아 공주는 얼마 뒤 제왕 양간에게 똑같은 이야기를 했고, 양간은 곧바로 그녀를 자신의 집으로 들였다. 그런데 수양제는 여자에 관한 이야기라면 한 번만 듣고도 절대 잊지 않는 성격이라, 한참이 지난 뒤 공주에게 예전에 말했던 유씨의 딸이 어떻게 지내고 있는지를 물었다. 양간의 집으로 들어갔다고 공주가 고하자, 수양제는 자기 것을 중간에 빼앗기기라도 한 듯이 몹시 언짢아 했다.

양간에게는 정실부인 위씨^{韋氏}가 있었지만 일찍 세상을 떠나는 바람에 자식이 없었다. 한편 위씨부인에게는 언니가 하나 있었는데, 그녀는 원씨^{元氏} 집안에 시집을 갔다. 그런데 양간이 그 언니와 정을 통해 딸 하나를 두었다. 아마도 위씨부인의 언니는 남편을 잃고 과부의 처지였겠지만, 제부^{弟夫}와 정을 통한 일은 중국의 도덕으로 용납되지 않는 큰 문제가 될 수 있다. 게다가 양간이 그렇게 낳은 딸아이의 관상을 보기 위해 점쟁이를 불렀는데, 점쟁이가 다음과 같이 말했다고 한다.

"이 아이의 어머니는 황후가 되실 분입니다."

이 말이 만약 정말이라면 아이의 아버지, 즉 양간은 당연히 천자가 되는 것이다. 마침 수양제는 제위를 죽은 황태자의 자손에게 물려주려고 생각하던 차라, 이 말이 들려오자 크게 노여워했다.

양간의 딸을 낳은 위씨는 자결하라는 명을 받았다. 또한 양간의 측근에 대해서는 양간을 잘 보좌해야 할 임무를 다하지 못했으니 직무 태만이라는 이유로 몇 명이 사형을 당했다. 양간 본인에게도 엄한 훈계를 내리고 향후 정치에 절대 참여하지 못하게 했으며, 감시자 한 명을 붙여 늘 행동을 감시하고 어떤 작은 과실이라도 발견되면 반드시 수양제에게 보고하도록 했다.

수양제는 먼 장래의 일을 생각하면 점점 더 마음이 불안해졌다. 심지어 무섭기조차 했다. 생각해보면 자신의 진짜 본심을 털어놓고 고락을 함께한 사람이 이 넓은 세상에 단 한 명도 없었다. 궁에도 조정에도 넘쳐날 정도로 많은 사람이 있지만, 그들은 그저 수양제의 권력만 따를 뿐이었다. 수양제를 잘 따르기만 한다면 자연스럽게 이익과 권세가 따라올 것이라 기대하는 이들에 지나지 않았다. 권력은 도대체 언제까지 지속될 수 있을까. 자신의 주위에 모여든 사람들은 하나같이 기회만 있으면 권력을 잡고 천자의 자리에 오르려 틈을 엿보는 이들밖에 없다. 주위가 온통 적이며, 호시탐탐 자신을 노리고 있다. 이렇게 이것저것 생각하다보면 밤에도 마음 놓고 잠을 이룰 수가 없었다. 잠이 들어도 바로 깼고, 깨고 나면 다시 잠을 청할 수가 없었다. 수양제는 점점 더 노이로제에 시달렸다.

수양제의 노이로제는 대업 8년(612) 무렵부터 심해졌다. 밤중에 깜짝 놀라 벌떡 일어나는 일이 잦았다. 강박관념에 사로잡혀 아마 누군가에게 살해당하는 꿈이라도 꾸었을지 모를 일이다. 수양제가 별안간 "도둑이다!" 소리를 지르며 일어나면 궁녀 몇 명이 달려들어 진정시키고 달래서야 겨우 안심하고 잠이 들곤 했다. 이렇게 신경쇠약에 시달리다보니 수양제는 오래 살기를 바랄 수밖에 없었다. 자신이 죽으면 집안이 완전히 망가질 것이라 생각했기 때문에 온갖 수단을 동원하여 장생 비법을 구했다. 이런 때면 꼭 어디선가 큰 사기꾼이 나타나는 법이다.

숭고산嵩高山하남성 중부에 있는 1,491m의 산. 중국을 대표하는 오악(五岳) 가운데 중악(中岳)에 해당함에 살고 있으며 자칭 삼백 살의 도사라고 소개한 반탄潘誕이라는 남자가 찾아왔다.

"제가 천자를 위해 불로장생의 금단金丹을 만들어 드리겠습니다."

수양제는 그의 말을 진짜로 믿고 특별 도장道場으로 사용할 수 있도록 숭양관嵩陽觀이라는 궁전을 건설해주었다. 선약仙藥을 제조할 때 부정을 탄 어른은 도움이 되지 않기 때문에 제외시키고 동남동녀童男童女 각 120명을 조수로 활용하도록 제공해주었다. 또한 원료를 쉽게 모을 수 있도록 수천 명의 인부를 징발해 일을 시켰다. 도사의 말에 따르면 금단을 제조하기 위해서는 석담石膽·석수石髓 등이 필요한데, 그것은 숭고산 지하에서만 난다고 했다. 그리하여 숭고산에 구멍을 열 군데 뚫고 모두 100척約 30m 깊이로 파 내려가 찾았으나 좀처럼 발견할 수가 없었다. 몇 년에 걸쳐 막대한 비용을 썼음에도 결국 금단의 원료는 나오지 않았다. 수양제가 추궁하자 도사가 대답했다.

"만약 어떤 방법을 쓰더라도 석담·석수가 발견되지 않을 경우에는 동남동녀의 쓸개와 골수, 각각 삼석육두三石六斗로 대신 사용하면 됩니다."

그제야 수양제는 자신이 사기를 당했다는 사실을 깨닫고 화가 나서 도사를 참형에 처했다. 하지만 도사는 자기가 한 말은 어디까지나 사실이라고 주장하며 죽었다.

"가엾은 사람은 제가 아니라 천자이십니다. 저는 칼에 목이 날아가도 단지 육체만 절단날 뿐 본신은 범마천梵摩天 극락으로 갑니다."

이와 같은 과정을 냉소적인 눈으로 주의 깊게 지켜본 사람이 양소의 장남, 곧 양현감이었다. 양소의 가문은 한나라 대신이었던 양진楊震 이래 오랫동안 명맥이 이어져 온 명문가라는 자부심을 갖고 있었다. 수나라 왕실도 그 일족이라고 칭하긴 했지만 그것은 실상 억지로 갖다 붙인 주장에 불과했다. 어쨌든 양소 일가와 수나라 왕실은 모두 성이 '양楊'이라는 점에서 동성同姓이므로 설령 가계가 다르다고 하더라도 서로 혼인을 할 수 없었다.

그런데 조정에서 세력을 키우려면 인척 관계를 배경 삼아 파고드는 방법이 제일 빠르다. 수문제도 처음엔 북주 왕실의 외척으로서 실권을 장악했다. 수문제 만년에 천자의 총애를 받으며 세력을 키운 이는 그의 사위 유술이었다. 그러다가 이제는 우문술이 수양제 사위의 부모, 곧 천자의 사돈으로서 신뢰를 한 몸에 받고 있었다. 이렇듯 사적인 인연이 없으면 천자의 신뢰를 받지 못하는 것이 당시 실정이었다. 이 때문에 양현감의 처지에서는 뒤로 손을 써 수양제에게 잘 보임으로써 다시 신뢰를 얻기란 거의 절망적이었다.

오히려 양씨 일가는 매우 곤란한 상황에 놓여 있었다. 양소가 큰 활약을 했지만, 동시에 축재에도 여념이 없어서 장원과 저택, 노예, 재물을 눈에 띌 정도로 많이 축적했기 때문이다. 당시 중국은 아직 중세 사회로, 상업이 충분히 발달하지 못했다. 따라서 재산 이전은 금전으로 매매되지 않고 권력에 따라 움직였다. 권력을 쥔 대신이 실각하게 되는 이유는 천자의 시의심뿐만 아니라 관료 간 이권 다툼으로 일어나기도 했다. 내로라하는 대신이 파면당할 경우 그의 막대한 재산은 몰수되는데, 그 재산은 천자가 다른 유공자에게 포상으로 다시 하사했다.

관료들은 아래에서부터 노력하여 점점 위로 올라가지만 제일 꼭대기까지 올라가면 그때 그곳에서 기다리고 있는 것은 급격한 몰락이다. 일단 몰락의 늪에 한번 빠지면 아무도 그를 도와주지 않는다. 오히려 조금이라도 많은 전리품을 나눠 받기 위해 전부 힘을 합쳐 그를 끌어내리는

데 동참한다. 이 때문에 관료들은 하루라도 편히 쉴 수 없었다. 끊임없이 움직이고 쉼 없이 계속 위로 올라가야 했다.

이는 대신 가문도 마찬가지였다. 대신의 위에는 지존의 자리인 천자가 있다. 이 시대에 천자는 처음부터 특별한 존재가 아니었다. 될 수만 있다면 누가 천자가 되더라도 상관없었다. 이러한 천자의 위상은 송* 이후의 근세적 천자와는 확연히 다른 점이다. 중세의 대신들은 천자가 될 수 있는 기회가 만약 자신한테 찾아온다면 모두 기꺼이 천자가 되려고 틈을 엿보았다. 따라서 이런 시대에 양소의 아들 양현감이 모반을 계획했다고 해도 전혀 놀랄 일이 아니다.

대업 9년(613) 수양제가 제2차 고구려 침입을 감행했을 때 양현감은 황하와 영제거 운하의 교차점에 해당하는 여양黎陽에서 조운을 감독하라는 명을 받았다. 조운 감독은 주로 운하를 통해 남쪽으로부터 운반되어 온 물자를 여양에서 다시 실어 전초기지인 탁군까지 보내주는 일을 했다. 양현감은 자신의 임무가 몹시 탐탁지 않았다. 전선에 나가 군대를 지휘하고 싶었던 것이다. 하지만 지휘관 자리는 전에 이미 실패한 경험이 있던 우문술이 그대로 꿰차버렸다. 우문술은 지난번 실패가 자신의 실수 탓이 아니라 후방 병참기지로부터 물자 수송이 원활하지 않았기 때문이라고 변명함으로써 두 번째로 지휘관 임명을 받았다. 이에 반해 패전 책임을 떠안게 된 후방 병참기지의 주임으로 이번에는 양현감이 임명되었다. 만약 이번에 또 전쟁에서 패한다면 양현감이 책임지지 말라는 법도 없다.

이런 여러 가지 상황을 종합해 판단하면 양현감이 취해야 할 태도는 자연스럽게 정해진다. 이제 '모 아니면 도'의 운을 시험해야 할 때에 직면한 것이다. 드디어 모반 계획이 착착 진행되기 시작했다. 음모를 꾸미기에 딱 좋은 적당한 동지도 찾아냈다. 바로 포산공浦山公이라는 작위를 가진 이밀李密이었다.

이밀은, 무천진 군벌의 유력자이자 북주 왕조의 개국공신인 팔주국八柱國의 한 사람이었던 이필李弼의 증손자다. 그의 가문은 이필이 죽은 뒤에도 대대로 귀족으로 번창했다. 북주가 멸망한 뒤 수나라 왕조로 바뀌었을 때도 이필의 손자 이관李寬이 무장으로서 공을 세워 포산군공의 작위를 하사받았다. 이관의 아들이 곧 이밀이며, 아버지 사후에 작위를 물려받았는데 당시로서는 일류의 군공 귀족이었다. 따라서 이밀을 몰락 귀족이라고 보는 것은 맞지 않다. 그가 벼슬살이를 하지 않았던 이유는 당시 조정의 실정에 너무 실망한 나머지 의욕을 잃었기 때문일 것이다. 이밀은 젊은 시절부터 양현감과 흉허물 없이 지내며 속마음을 털어놓는 사이였기 때문에, 양현감이 반란을 일으키기 전 서로 간에 약속을 주고받았을 것이다.

양현감이 모반을 감행하게 된 또 다른 배경은 각지에서 봉기한 백성의 반란이었다. 수양제가 제1차 고구려 침입을 계획한 대업 7년(611)에는 산동 하남 지방에 큰 홍수가 나서 30여 개 군이 물에 잠기는 재난이 일어났다. 이듬해에는 가뭄이 들고 역병까지 유행했는데, 산동 지방의 피해가 가장 심했다. 그럼에도 불구하고 감행한 고구려 정벌이 참패로 끝나자 민심에 끼친 충격은 매우 컸다. 일반 백성은 누구나 이런 정부라면 없는 편이 더 낫다고 생각했을 것이다. 그 결과 여기저기서 반란이 일어났다.

양현감은 전선으로 수송할 물자를 계획대로 보내지 않았다. 도적들이 각지에 출몰하여 약탈당할 위험이 있기 때문에 경비를 강화하지 않으면 보낼 수 없다는 구실을 댔다. 이는 양현감이 일부러 전선의 사기를 저하시키려는 목적으로 그랬다지만, 정말로 도로가 막혀서 그랬을 수도 있을 듯싶다. 전선에 있는 수양제는 양현감에게 빨리 물자를 보내라고 계속 재촉했다. 여하튼 양현감 입장에서는 먼저 거사를 진행하지 않을 경우, 늦어질수록 불리해질 사정이 있었을 것이다. 이 때문에 광범위하게 동지를 모을 시간을 충분히 갖지도 못하고 준비도 제대로 하지 못한 채로 거병해야만 했던 것 같다. 가까스로 연락이 닿은 사람은 전선에 있는 곡사정斛斯政과 장안에 있는 이밀, 그리고 두 지역에 있던 자신의 형제들 몇 명에 불과했다.

그런데 이들이 거병한 모습을 보면 어딘가 석연치 않은 구석이 많다. 처음에는 수양제의 해군 사령관 내호아가 모반을 일으켰기 때문에 그를 토벌한다는 명목으로 부하 군인들을 무장시키고 부근의 군현郡縣에 명을 내려 군대를 동원했다. 그렇게 전투부대가 집결한 뒤에야 비로소 수양제의 실정을 열거하며 자신의 모반 의도를 밝혔다.

"여태까지 지금의 천자만큼 도리에서 벗어난 군주는 없었다. 백성을 위해서는 털끝만큼도 신경 쓰지 않는 반면, 천하를 시끄럽게 하면서 요동으로 출병하여 이미 죽은 자들이 헤아릴 수 없이 많아 만 명 단위로 세야 할 정도이다. 지금 제군들과 함께 군사를 일으켜 만민의 어려움을 구하려 하는데, 어떠한가? 협력해주겠는가?"

그러자 병사들은 열렬히 환호하며 만세를 외쳤다.

거병이 일단 시작되자 장안에서 양현감의 동지인 이밀과 동생 양현
정楊玄挺이 급히 달려왔다. 양현감은 이밀에게 이제부터 어떤 행동을 취
하면 좋을지 의논했다. 이밀은 다음과 같이 현황과 전략을 비교하고 분
석했다.

"지금 취해야 할 행동은 세 가지로 생각해볼 수 있습니다. 첫 번째는
고구려 전선을 향해 기습을 하는 방법입니다. 천자를 포함하여 전선 부
대는 고구려군과 맞서고 있는 상황이니, 이쪽에서 우리 군이 먼저 공격
해나가면 독 안에 든 쥐나 마찬가지입니다. 그러는 사이에 천자의 군대
는 식량도 다 떨어질 테니 손을 들고 항복해 올 수밖에 없습니다. 이것
이 상책上策입니다. 두 번째는 곧바로 장안으로 쳐들어가는 방법입니다.
장안은 누가 뭐래도 수도이기 때문에 그곳을 점령하면 천하를 호령할 수
있습니다. 장안을 점령하려면 적의 준비가 채 끝나기 전에 급습을 해야
합니다. 도중에 성이나 마을이 있어도 그런 건 전혀 신경 쓰지 말고 곧장
장안으로 쳐들어가십시오. 이것이 중책中策입니다. 세 번째는 여기서 가
장 가까운 동도 낙양을 점령하는 것입니다. 그러나 낙양은 대비가 되어
있는 곳이니 급하게 공격했다가는 함락할 수 없을지도 모르기 때문에 시
간이 걸려 위험한 방법이라고 생각합니다. 이것이 가장 하책下策입니다."

그러나 양현감은 이밀이 제시한 전략과 정반대의 의견을 말했다.

"내 생각에는 지금 말한 하책이 오히려 상책이라 생각한다. 현재 백
관의 가족들은 모두 낙양에 머물고 있다. 그곳을 점령해서 가족들을 인
질로 잡으면 모두 앞다퉈 항복해 올 것이 틀림없다. 또한 지금 말한 것처

럼 농성하고 있는 진지를 그대로 무시하고 지나쳐버린다면 군대의 위신
도 떨어지지 않겠는가."

양현감은 이밀이 제시한 전략 가운데 하책을 택해 먼저 낙양을 공격
하기로 했다. 이밀은 탄식과 함께 후회하며 말했다.

"양공은 그저 모반을 일으키기만 하면 성공할 거라고 생각할 뿐, 진
짜 성공시킬 수단이 뭔지 모른다. 내가 참으로 말도 안 되는 일에 끼어들
었구나."

그러나 양현감도 나름의 이유는 있었을 터다. 양현감의 최대 약점은
수하에 정예 기병 부대가 없다는 점이었다. 일반 병사만이라면 얼마든지
모을 수 있지만 중심이 될 전투부대가 없었다. 따라서 만약 고구려와 전
쟁 중인 전선 쪽을 기습하더라도 수양제가 이끄는 기병 부대와 맞닥뜨린
다면 양현감의 오합지졸 군대는 잠시도 못 버티고 흩어질 수 있다. 멀리
수도가 있는 곳까지 계속 말을 몰아 공격하는 전략도 웬만큼 훈련을 쌓
은 부대가 아니면 실행할 수 없는 계획이었다. 어쩌면 이밀보다 양현감
이 더 실질적인 계산을 했을지도 모르겠다.

양현감의 군대는 여양에서 낙양까지 파죽지세로 몰아쳤다. 도중에
저항하는 군대를 만나면 모조리 격파하고 그들의 무기를 탈취했기 때문
에 군용도 제법 크게 갖출 수 있었다. 양현감은 중간에 지나는 마을에서
항상 다음과 같이 선언함으로써 백성들을 감동시켰다.

"내 관직은 상주국上柱國이고, 집안의 재산은 수만을 헤아린다. 지위도
재산도 가장 높은 신분이지만, 지금 모두 던져버리고 죽기를 각오하며
싸우는 까닭은 나 한 사람, 우리 한 집안을 위해서가 아니다. 천하의 백

성을 지옥 같은 고통에서 구하기 위해서다."

이런 선동 덕분에 군대가 통과하는 마을에서는 장로들이 술과 고기를 대접하며 군대를 위로했고, 젊은이들은 스스로 같이 행동하고 싶다며 의거에 합세하려는 이들이 끊이지 않았다.

그러나 낙양성에 도착하자, 역시 부도副都답게 성곽이 크고 방비도 삼엄했으며, 성을 지키는 장수가 용맹하기로 이름 높은 번자개樊子蓋였기 때문에 그렇게 간단히 무너뜨릴 수는 없었다. 이밀이 예상한 바로 그대로였다. 양현감의 군대가 고전하는 사이에 상대편은 수도 장안 쪽에서 보낸 구원병까지 도착했다. 결국 양현감은 군대를 둘로 나누어 적을 상대해야 했다. 이 와중에 엎친 데 덮친 격으로 반란 소식을 들은 수양제가

낙양성 정정문(定鼎門)
수양제가 제2차 고구려 정벌로 전선에 있을 때 양현감이 반란을 일으켰다. 양현감은 낙양을 먼저 점령하면 성공할 것이라 생각해서 여양에서 낙양까지 파죽지세로 몰아쳤으나, 막상 낙양성에 도착하니 성이 견고하고 방비도 삼엄해서 공략이 쉽지 않았다.

전선의 모든 군사들에게 퇴각을 명하고 낙양 구원에 나섰는데, 그 선봉이 황하를 건너 압박을 해왔기 때문에 양현감은 또 병사를 나누어 그쪽으로도 대비해야 했다.

양현감은 급하게 방침을 바꾸어 예전에 이밀이 건의했던 중책을 채택하기로 하고, 전군을 모아 한꺼번에 장안을 치는 것으로 다시 전략을 세웠다. 물론 도중에 있는 성과 요새들은 쳐다보지도 않고 그대로 전진을 계속할 예정이었다. 그런데 중간에 홍농궁弘農宮이라는 별궁 옆까지 갔을 때, 그 지역의 장로들이 마중을 나와 '홍농궁에는 식량이 산처럼 쌓여 있으므로 그곳을 공략한다면 반드시 막대한 이익을 얻을 것'이라 전해주었다. 아마 착취당하는 백성들에게 홍농궁은 원망의 표적이 된 사치스러운 별궁이었을 것이다. 그 이야기를 듣자 양현감은 또다시 마음을 바꿔 홍농궁을 공격하기 시작했다. 이렇게 방침이 끊임없이 바뀌어 일관성이 없다는 점이 양현감에게 치명적인 실패 원인으로 작용했다.

양현감의 병사들이 홍농성을 공격하며 성문을 불태우자, 성안에서도 땔감을 쌓아 맞불을 지르는 방식으로 맞서 싸웠다. 이로 인해 병사들은 성안으로 돌입하지 못했고, 결국 그곳에서 허무하게 3일을 허비해버렸다. 그러는 사이, 전선에서 돌아온 수나라 대군이 공격을 해오는 바람에 양현감의 군대는 산산조각으로 격파당하고 말았다. 결국 양현감은 자살했으며, 동생 양적선楊積善은 형의 자살을 도운 뒤 자신도 따라 죽으려 했으나 죽지 못한 채 사로잡혔다. 천하를 깜짝 놀라게 한 반란도 의외로 어이없게 평정되었다.

양현감의 사체는 동도 낙양의 시장에서 나무 기둥에 묶인 채 3일간

내걸려 있다가 잘게 토막난 상태로 불에 던져졌다. 그의 일당도 엄한 처형을 받았다. 거열형에 처해진 이도 적지 않았다. 수양제는 이들을 문초하기 위해 세운 특별재판소 소장에게 이렇게 말했다.

"양현감 같은 인간의 고함 소리 한 번에 곧바로 추종하는 자들이 10만 명이나 나온다니, 도대체 어떻게 된 일인가? 아무래도 인간이 너무 많아서 그런 듯하다. 인간이 너무 많으니까 모여서 도적이 되는 것이다. 그러니 나쁜 놈들은 모조리 잡아들여 죽이는 편이 좋겠다. 그렇지 않으면 앞으로 본보기로 삼을 수 없을 것이다."

재판관들은 황제의 뜻을 충실히 받들어 죄인을 적당히 봐주는 일 없이 엄혹한 처분을 내렸다. 양현감이 베푼 것을 조금이라도 받은 백성이 있으면 가차 없이 죽인 뒤 낙양성 남쪽에 구덩이를 파서 묻었다. 대략 3만 명이 처형되었으며, 그 가족들은 모두 노예로 전락했다. 군사재판으로 진행되었기 때문에 죄인들은 몹시 거칠게 다루어졌는데, 재판에 회부된 사람들의 절반은 무고한 사람이었다고 한다.

반면 이밀처럼 교묘하게 도망쳐 행방을 감춘 사람도 있었다. 이밀도 원래는 한 번 잡힌 적이 있다. 죄인으로 사로잡혀 동도로 호송되는 도중 그는 가진 돈을 전부 꺼내 병사들에게 보여주며 말했다.

"우리들은 어차피 죽을 몸이다. 죽으면 적어도 뼈라도 수습해 어딘가 묻어주지 않겠나? 이런 돈은 더 이상 필요 없을 터이니 모두 자네들에게 주겠네. 술이나 실컷 마시고 기운 내시게."

그는 이렇게 담담한 모습을 보이면서 쩨쩨하게 굴지 않았다. 병사들은 이밀이 너무 체념한 듯 보인 데다 돈까지 잔뜩 받았기 때문에 가능한

한 정중하게 대우하고, 비록 죄인이지만 술을 사서 마시는 정도는 눈감아주었다. 그 덕에 이밀은 동료 10여 명과 매일 밤마다 술을 마시며 흥겹게 떠들어댔다. 그러는 사이에 병사들도 자연스레 그들과 섞여 술을 받아 마시게 되었다. 공짜 술만큼 비싼 것도 없다. 어느 날 밤 이밀과 동료들은 병사들을 거나하게 취하도록 만들고 그 틈을 타서 모두 재빠르게 도망쳐버렸다.

그때 이밀과 함께 호송된 동료들 중에 같이 가자는 권유에도 도망가지 않고 남아 있던 정직한 사람이 있었다. 자신은 협박을 받고 일시적으로 양현감의 동료로 합류했을 뿐이므로 곧바로 사면받을 것이라고 안이하게 생각했다. 그런데 그 사람은 양현감을 도와 쓴 격문에다 수양제를 실제보다 더 나쁘게 매도했기 때문에 다른 중죄인들과 함께 들판으로 끌려가 백관들로부터 집중적으로 화살을 맞고 고슴도치 같은 모습으로 죽었다. 조금이라도 정직하게 살아보려 하면 고난을 제일 많이 겪고 손해를 보는 세상이라는 사실을 몰랐던 게 그의 잘못이었다.

양현감의 반란으로 인해 수양제의 제2차 고구려 출정은 또다시 용두사미로 끝나버렸다. 산처럼 쌓인 무기와 군수물자를 그대로 고구려 영내에 두고 퇴각할 수밖에 없었다. 그 물자도 결국에는 모두 백성의 고혈을 짜내 조달한 것이었다.

실패하면 실패할수록 예전 실패를 만회하려고 초조해하는 점이 수양제의 평범함을 보여준다. 수양제는 질리지도 않고 또 한번 제3차 고구려 침략 군사를 일으켰다.

대업 10년(614), 수양제는 세 번째로 요동에 군사를 보냈다. 이때 수나라는 양현감 반란의 여파로 곳곳에서 농민 봉기가 일어났기 때문에 조금만 신중하게 생각했다면 해외 원정을 할 여유가 없었음을 알아챘을 것이다. 하지만 고구려도 약화된 국력으로 인해 계속해서 수나라와 맞설 수 있는 상황이 아니었다. 고구려는 마침내 정중히 항복을 청했다. 다만 항복이라고는 해도 고구려 왕 자신이 직접 입조하지는 않았다. 수양제 쪽에서도 어쨌든 체면만 세우면 그만이기 때문에 항복을 받아들인다는 형식만 취하고 군대를 되돌렸다. 그러면 대체 무엇을 위한 진쟁이었을까? 천하의 오만한 수양제도 흐지부지 매듭을 지을 수밖에 없었던 이유는 국내 여기저기서 도적이 들끓는 상황인 데다 자신이 이끄는 출정 군사들 사이에서마저 전쟁을 꺼리는 분위기가 만연했기 때문이었다.

드디어 수양제가 군대를 이끌고 수도로 돌아가는데, 도중에 8,000명으로 이루어진 도적단을 만났다. 수양제의 금위대는 이들의 습격으로 준마 42필을 도둑맞았다.

12

양주로 도망친 수양제

고구려 전선에서 양현감의 반란 소식을 들은 수양제는 몹시 당황하여 대신大臣 소위蘇威에게 물었다.

"양현감은 총명한 사람이다. 그자가 등을 돌린 거라면 일이 커지지 않겠는가?"

소위는 침착하게 대답했다.

"아니, 그자는 총명하다고 할 수 없습니다. 지금 모반을 일으키는 것은 천하의 형세를 모른다는 증거입니다. 양현감은 걱정하실 필요 없습니다. 걱정은 그 뒤입니다."

과연 그 말이 틀리지 않아, 양현감의 거병에 호응하듯 각지에서 일어난 반란도 일단은 평정된 것처럼 보였다. 그러나 실상 도당은 일시적으로 지하로 숨어들었을 뿐 결국 기회를 엿봐서 다시 봉기했다. 게다가 양현감의 반란은 그것이 일어나는 동안 다량의 무기가 민간으로 흘러들어가는 결과를 낳았다.

수나라는 문제 때부터 백성 봉기를 우려하여 일반 백성에게서 무기를 압수하는 정책을 펼쳤다. 천하 통일 뒤 6년째 되던 해(595)에 천하의 무기를 거둔다는 조서를 발표하고 모든 무기류를 정부에 반납하도록 했으며, 향후 사적으로 무기를 제조하는 사람은 엄중히 처벌한다고 포고했다. 단, 국경 지역과 장안 부근만은 제외했다. 수양제가 즉위한 뒤 대업 5년(609)에 다시 예전의 금령을 강화하여 철제 무기와 유사한 물건이나 돌봉, 갈퀴 종류에 이르기까지 민간 사용을 금지했다. 때마침 그때는 대운하 개착을 위해 다수의 백성을 징발해서 한참 일을 시키고 있던 때라, 불만을 품은 백성들이 폭동을 일으킬 수 없게 예방하려는 의도가 있었을 것이다.

그런데 양현감의 반란은 나라 한가운데, 그것도 가장 번화한 지역에서 요란한 전투를 치르며 벌어졌다. 이 과정에서 전장에서는 다수의 무기가 버려졌을 테고, 정부군으로부터 도망친 병사들이 무기를 들고 달아났을 것이며, 반란군이 흩어질 때도 무기를 은닉해서 도망쳤을 것이다. 양현감의 반란에 직접적으로 가담하지 않았던 크고 작은 조직은 전부터 호시탐탐 기회를 엿보았으므로, 이 틈을 노려 그들이 가장 열망한 무기를 획득했다. 그 결과 각지에서 무장 단체가 조직되기에 이르렀다. 이렇게 되자 정부도 더 이상 손쓸 수 없는 혼란한 상황에 빠져버렸으며 사회

전체가 어지러운 분위기에 휩쓸렸다.

중국 역사에는 어느 시대건 반란 관련 기사가 자주 등장하는데, 수나라 말기만큼 곳곳에서 반란이 일어난 예는 거의 없다. 이 시기의 한 가지 특징을 꼽는다면 반란의 횟수가 많다는 점뿐만 아니라 반란의 성격이나 동기가 매우 다양하다는 점이다.

양현감의 모반은 조정 대신의 자식이 일으켰다는 점에서 특이하다고 할 수 있지만, 양현감 정도의 신분은 아니더라도 여러 대를 거친 벼슬아치 가문, 즉 귀족계급에서 반란을 일으킨 사례는 그 외에도 많다. 산동 지방의 평원군平原郡에서 일어난 유패도劉覇道의 난도 그에 해당한다. 대대로 관원을 배출한 집안이며 재산도 많은 부호였지만 유패도가 사람들과의 교제를 좋아해서 그의 집에는 항상 수백 명의 식객이 머물렀다고 한다. 세상이 점점 시끄러워지자 식객은 더 많이 늘어났고, 그중에는 일 꾸미기를 좋아하는 사람들도 있어 유패도를 따르며 받들어 모셨을 것이다. 마침내 유패도가 거병을 하자 금세 10만 명이라는 인원이 모여들어 큰 세력을 형성했다.

종교 결사가 일으킨 봉기도 있었다. 그 가운데 송자현宋子賢은 환술에 능해 스스로 부처의 화신이라 칭하며 본인은 미륵불로서 세상에 나와 중생을 구제하는 것이라고 했다. 무차대회無遮大會를 열어 신자를 모으고, 그들과 함께 봉기하여 수양제를 끌어내린 뒤 자신이 천자가 되려는 계획을 짰지만, 이 모의가 새나가는 바람에 붙잡혀 죽었다. 이 일에 연루된 그의 동지 1,000여 가문도 죽임을 당했다. 그런데 바로 그 뒤에 사미승 향해명向海明이라는 자가 또 한번 자신이 미륵불로 세상에 나왔다며 백성들의 믿음을 끌어모았다. 특히 장안 부근에 신자가 많았기 때문에 그는 그대로 병사를 일으켜 조정에 반기를 들었다. 그를 따르는 이들이 수만을 헤아렸다. 향해명은 스스로 황제라 칭하고 백오白鳥라는 연호를 세웠지만 정부군에 의해 평정되었다.

징집된 국민병들이 들고일어난 반란도 있었다. 국민병에는 지원병도 있지만 징병으로 끌려나온 이들도 있었는데, 양쪽 모두 본심은 이유 없는 전쟁에 끌려나가기 싫어 반란에 동참했을 것이다. 두건덕竇建德, 손안조孫安祖의 경우가 그에 해당한다. 손안조는 고구려전쟁 때 징발되어 출정을 앞두고 있었다. 그러나 그때 공교롭게도 그가 사는 지역에 홍수가 나면서 집이 떠내려가고 아내와 아이들이 굶어 죽는 등 연달아 비극적인 일을 겪는 바람에 징집을 잠시 유예해달라고 청했다. 그러자 현령은 상부의 명령에 따르지 않았다는 이유로 손안조를 태형으로 다스렸다. 손안조는 분개하여 현령을 찔러 죽인 뒤 두건덕이 있는 곳으로 도망쳤다. 당시 두건덕은 지원병으로서 200명을 이끄는 대장으로 뽑혀 출정하기 직전이었는데, 손안조가 도망쳐오자 집에 숨겨주었다. 그리고 다음과 같은 말로 손안조를 부추겼다.

"이런 무모한 고구려전쟁을 계속한다면 수 왕조의 명맥도 그리 길지 않을 겁니다. 이왕 사내로 태어났으니 죽어도 후회하지 않을 일을 해봅시다. 가혹한 탄압을 피해 여기저기 도망 다니며 음지에 숨어 사는 건 꼴 불견입니다. 지금 백성들은 모두 수해를 입고 정부의 학정에 시달리고 있으므로, 일어서야 한다면 바로 이때가 적기입니다."

그렇게 말하고는 수백 명의 불량 청소년들을 모아 손안조에게 맡기며 계박鷄泊이라는 늪 옆에 숨어 있도록 했다. 정부군은 두건덕을 의심하여 그의 가족을 잡아 죽였고, 이에 두건덕 역시 부하 200명과 함께 손안조에게 가담하여 도적이 되었다.

지식인층에서도 반란이 일어났다. 강남 소주蘇州 부근에서 일어난 주섭朱燮의 난이 대표적이다. 주섭은 원래 도사道士였다가 환속했는데, 경학·사학에 통달하고 병법을 좋아했다. 그는 곤산현崑山縣의 박사로 임명받았지만, 수십 명의 학생과 함께 군사를 일으켰다. 이는 역사상 전례를 찾아보기 힘든 사례다. 주섭이 봉기하자 군역에 시달리던 사람들이 물 흐르듯 그의 곁에 모여들기 시작했다. 마침내 부근에서 일어난 유원진劉元進과 관숭管崇, 병사들도 합세해오면서 소주를 근거지로 삼고 정부를 세우기에 이르렀다. 유원진은 천자를 칭하고 주섭과 관숭은 각각 상서尙書, 복야僕射 등 대신을 맡았다. 그러자 근처에 있는 여러 군郡의 토착 호족들도 호응하며 일어나 수나라 지방관을 죽이고 유원진·주섭 세력으로 들어갔다.

이렇게 여러 가지 동기에서, 또한 서로 다른 계급적 기반을 갖고 도당을 모아 반정부 집단을 조성하는 이들이 많았다. 다양한 사람들이 제각각의 이유로 봉기했던 만큼 그 뒤에 취한 행동 역시 각양각색이었다. 대부분은 도적이 되어 약탈을 일삼았다. 살기 위해서는 도적질이 가장 손쉬운 방법이었기 때문이다. 대개는 먹을 게 없어 그저 연명하려는 바람으로 반란에 합류한 사람들이 많았다. 다른 사람은 신경 쓸 여유가 없다는 상황이 당시 궁지에 몰린 이들의 절박한 심정이었다. 굶주림에 시달리다가 너무 힘든 나머지, 심지어 인육을 먹기도 했다. 주찬朱粲 무리가 그랬다고 한다.

반란이 순식간에 전국적으로 확대된 이유는 수양제의 학정에 대한 반감이 공통적으로 작용했기 때문이다. 반감을 표현하는 방식은 집단에 따라 차이가 있었다. 대부분의 반란군은 수나라 관리 및 귀족 자제들을 잡으면 모조리 죽였고, 더 넓게는 지식인층에 적대감을 드러내기도 했다. 맹해공孟海公은 경학이나 역사를 입에 담는 지식인을 보면 바로 죽였다고 하는데, 아마도 그것은 지식계급의 자제들이 반란을 역성혁명의 방향으로 끌고 가려는 발언을 했기 때문에 그에 대한 저항심에서 비롯되었을 것이다.

그러나 중국에서 그 정도로는 큰 세력을 형성할 수 없다. 약탈자로만 그치고 지배자는 될 수 없는 것이다. 그런데 두건덕의 경우는 달랐다. 그는 자신의 가족이 관리에게 살해당했음에도 잡힌 관료를 잘 대우해주었다. 이 때문에 수나라 관리 중에서도 자진해서 두건덕에게 항복하는 이들이 점차 많아졌고, 그에 따라 두건덕은 급격히 두각을 나타내 여러 군웅 가운데 패권을 장악하게 되었다.

이렇게 천하의 형세는 갈수록 험악해지는데도 조정 관리들은 수양제에게 진상을 알리려 하지 않았다. 사실, 알렸어도 상황이 크게 바뀌지는 않았을 것이다. 수양제는 몇 년 뒤 노이로제에 걸려 증세가 점점 더 심각해졌다. 그런 상황에서 지방에 도적이 들끓는다고 아뢰면 결과적으로 수양제의 건강에 별 도움이 되지 않을 것이다. 무엇보다 측근들이 수양제를 보필하는 일이 힘들어진다. 이런 사정을 알 리 없는 수양제는 천하가 언제나 평온하고 가운家運도 평안하다고 믿어 의심치 않았다. 그래서 제3

차 수·고구려전쟁에서 철수하고 돌아온 이듬해인 대업 11년(615)에 장성을 순시하고 동돌궐의 가한과 회담을 하겠다는 말을 꺼냈다.

수나라에 가장 순종적이었던 계민가한은 대업 5년(609)에 죽고 그의 아들 시필가한始畢可汗이 뒤를 이었다. 수나라는 시필가한의 세력이 강성해지는 형세를 보면서 위기감을 느끼고 여러 번 수를 써서 그 기세를 누르려 했다. 처음엔 시필가한의 동생을 옹립하여 남면가한南面可汗으로 삼고, 형과 세력 다툼을 하도록 부추겼으나 실패로 끝났다. 다음에는 시필가한의 참모 가운데 수나라에 적대적 성향을 지닌 측근을 유인해서 살해한 뒤 가한의 노여움을 유도했다. 그런 껄끄러운 일이 반복되는 과정에서 수양제는 예전에 계민가한에게 시켰던 잡초 제거를 지금의 가한에게 또다시 시키려고 장성 순행을 계획한 것이다. 그러나 정부 재정의 부담 탓인지 이번에는 예전 같은 대규모 수행단을 이끌고 가지 못했다.

수양제가 산서성山西省 북부 쪽의 장성 가까이 갔을 때 갑자기 시필가한이 수십 만 기병을 몰고 습격해온다는 보고가 전해졌다. 수양제는 어쩔 줄 몰라 근처의 안문성雁門城으로 허둥지둥 들어가 농성했다. 성은 순식간에 돌궐 기병들로 겹

돌궐석인
고대 돌궐인들이 묘소 앞에 세운 석상이다. 돌궐석인은 공통적으로 오른손은 잔을 들고, 왼손은 검을 들고 있는데, 이는 돌궐인들이 무(武)를 숭상했음을 보여준다.

겹이 포위되어, 개미 새끼 한 마리 빠져 나올 틈도 생기지 않았다. 성 안의 주민들과 농성 중인 군대를 합쳐 인구가 15만 명으로 늘어났지만, 식량을 조사해보니 20일 분량밖에 남아 있지 않았다. 돌궐은 대군을 나누어 교대로 공격해왔다. 적의 화살이 수양제의 바로 눈앞에 떨어진 일도 있었다. 수양제는 의기소침해지고 겁쟁이가 돼버렸다. 가장 사랑하는 아홉 살짜리 막내아들 조왕趙王을 껴안고 흐느껴 울었는데, 나중에는 눈이 부어 보이지 않을 정도였다니, 참으로 한심스럽기 그지없다.

우문술은 수양제에게 수천의 기병을 이끌고 포위망을 돌파해보면 어떻겠냐고 건의했다. 이에 대해 예전에 양현감의 반란을 평정하는 데 큰 공을 세웠던 번자개가 말했다.

"천자란 그런 위험을 감수해서는 안 됩니다. 이곳 안문성은 작지만 견고하게 만들어졌기 때문에 가급적 성에 의지해서 방어해야 합니다. 그러는 사이 사방에서 지원군이 모여들 테니 잠시 동안만 견디면 됩니다. 그러나 그때까지 장병들의 사기를 북돋기 위해서는 특별 조치가 필요합니다. 지금의 위급한 상황을 넘기고 난 뒤 장병들에게 얼마만큼의 상여를 줄 것인지 확실히 약속해주십시오. 또한 과거에 고구려전쟁을 일으킨 것과 같은 일은 향후 절대 하지 않겠다고 전국의 관리와 백성들에게 공약하십시오. 그러면 필시 성안의 군사들도 용기를 얻을 것이며 사방의 관병들도 열의를 갖고 응원하러 올 것이 틀림없습니다."

번자개는 수양제에게 제일 말하기 힘든 충언을 올렸다. 수양제는 본인의 유흥을 위해서라면 물 쓰듯 아끼지 않고 비용을 써댔지만 신하에 대해서는 몹시 인색한 구두쇠였다. 전쟁에서 공을 세운 무장에게조차 막

182 • 수양제

상 상을 줄 때가 되면 갑자기 아까운 생각이 들어 포상을 관두는 성격이었다. 실제로 양현감의 반란을 평정했을 때도 그랬다. 난을 진압한 번자개 등은 수양제로부터 아주 큰 칭찬을 받았지만, 그런 것 치고 실질적인 상은 많이 받지 못했다. 그랬기 때문에 이참에 확실한 포상을 공약해달라는 말이었다.

수양제도 큰일을 위해서 다소의 손해쯤은 감수할 수밖에 없다고 판단했다. 그래서 몸소 전선을 순시하고 장병들을 격려하며 말했다.

"다들 수고가 많다. 잠깐이니 잘 부탁한다. 적을 격퇴하기만 한다면 반드시 모두에게 한재산 만들 정도의 상을 약속하겠다. 결코 이 약속이 파기되는 일은 없을 것이다."

천자가 순시하고 난 뒤 칙사가 새로운 명령을 널리 알리고 다녔다.

"이번 방어에 공을 세운 이는 평민이라도 6품관을 주고 비단 100필을 하사한다. 또한 이미 벼슬이 있는 자는 그만큼 승진을 시킨다."

이 소식을 들은 군사들은 모두 한몫 잡을 기회라 생각했고 용기백배하여 적과 맞섰다. 밤낮을 가리지 않는 격전으로 적에게도 큰 피해를 입혔지만 아군에서도 많은 사상자가 나왔다. 그러나 상을 받기 위해서 모두 이를 악물고 분투했다.

안문성을 지원하기 위해 제일 먼저 달려온 사람은 운정흥인데, 그의 휘하에 열여섯 살 소년이 있었다. 소년의 이름은 이세민李世民. 무천진 군벌의 유력자 이연李淵의 차남이다. 이세민은 운정흥에게 많은 깃발과 큰 북을 준비시킬 것을 제안했다. 낮 동안에는 이 깃발들을 바람에 나부끼게 하면서 행군했고, 밤이 되면 여기저기서 큰북을 두드리며 신호를 주고받았다. 돌궐의 척후병은 그것을 보고 대군이 출동한 것이라 판단했다. 우물쭈물하다가는 공격과 수비의 입장이 뒤바뀌어 돌궐군이 수나라 군대에 포위되지 말란 법도 없다. 시필가한은 결국 안문성 공략을 단념하고 기병의 민첩성을 이용하여 소리도 없이 철수했다. 수양제의 군대는 처음엔 적의 계략이라 생각해서 주의했으나, 조심스럽게 척후병을 통해 정찰해보니 지금까지 산과 골짜기에 차고 넘치던 적병들이 흔적도 없이 사라졌다. 그제야 겨우 가슴을 쓸어내리며 안심했다.

이렇게 해서 수양제는 동도 낙양으로 돌아가 일단 한숨 돌렸지만, 막상 적과 맞서 농성했던 장병들에게 상을 줄 때가 되자 다시 그 비용이 아깝다는 생각이 들기 시작했다. 대신들 중에서도 수양제가 제시한 공약은 너무 과도하므로 향후 그것이 선례가 되면 곤란하다는 이야기가 나왔고, 늘 그렇듯 관료주의적인 논의가 힘을 얻었다. 최초 건의자였던 번자개가 우려를 나타내며 수양제에게 간언했다.

"천자께서 일단 공약하신 포상을 이제 와서 스스로 거두신다면 앞으로 일할 사람이 없어질 겁니다."

그러자 수양제는 기분이 상한 듯 말했다.

"자네는 군인들한테서 그렇게 인기를 얻어 앞으로 어찌할 셈인가."

수양제의 비꼬는 소리에 번자개는 조용히 물러날 수밖에 없었다. 결국 이번 포상도 양현감의 반란을 평정했을 때보다 많이 주지 않기로 결정했다. 농성하면서 실전에 참여한 병사가 1만 7,000명이었는데, 그중 명목상 관위만 한 계급 승진된 것만으로도 운이 좋은 편으로, 그마저도 불과 1,500명밖에 되지 않았다. 게다가 실질적 포상인 비단은 아무에게도 주지 않았다. 양현감의 반란이 평정된 뒤에 서훈의 기준이 그 이전보다 훨씬 낮아졌는데, 이번에는 천자가 그토록 철석같이 약속한 공약을 완전히 휴지 조각으로 만들어버렸다. 수양제의 방침은 늘 이와 같아서 뒷간 들어갈 때 마음과 나올 때 마음이 다른 식이었다. 이는 요즘 세상에도 공약을 지키지 않는 정치가들에게 좋은 반면교사가 될 만하다. 이에 대해서는 이후의 사실이 차차 알려줄 것이다.

이듬해 대업 12년(616)의 날이 밝았다. 원래 정월 초하루에는 백관이 입궐하고 지방 군郡으로부터 경하 사절인 조집사朝集使들이 모여들어 화려하게 의식을 치르는데, 그해는 눈에 띄게 결석자가 많았다. 도중에 일어난 반란으로 인해 수도로 올라올 수 없었던 것이다.

수양제는 노이로제가 더욱 심해져 동도 궁 안에 서원書院을 세우고 아무도 근처에 접근하지 못하도록 특별한 장치를 설치했다. 건물 입구에 만든 자동 개폐식의 직사각형 문이 그것이다. 수양제가 입실하기 전에 먼저 궁인이 향로를 손에 들고 문에 가까이 다가가 발로 버튼을 누르면, 머리 위쪽에서 천인天人 두 명을 본뜬 장치가 내려와 커튼을 끌어올리고 그런 다음에 입구의 문과 책장 문이 동시에 저절로 열리는 형태였다. 이렇게 문이 열리면 수양제가 그곳에 들어가 책을 읽었다. 독서가 끝나고 밖으로 나오면, 모든 문이 원래대로 닫히고 천인이 커튼을 내린 뒤 다시 올라가는 방식이었다.

수양제는 자신이 학문에 뛰어나고 문재文才 또한 갖췄음을 자랑스럽게 생각했다. 그만큼, 만약 시문에 뛰어나 유명해진 관료가 있으면 그를 질투했다. 유명한 문인에게 과실이라도 발견되면 큰 죄도 아닌데 사형에 처하고, 다음과 같이 말하며 위안했다.

"이것으로 짐이 천하 제일인자가 되었다."

문재에 관한 자신감만이라면 그나마 다행이었다.

"세상 사람들은 짐을 단순히 부친인 선황으로부터 제위를 물려받은 운 좋은 사내로만 보는 것 같은데, 이는 엄청난 오해다. 짐은 어떤 집안에 태어났더라도 내 자신의 실력으로 천자가 되었을 사람이다. 그 때문에 오히려 천자의 집안에 태어난 일을 불행이라고 생각한다."

평범한 사람일수록 자만심과 허영심이 강하다고들 하는데, 수양제가 바로 그러했다. 이런 까닭에 충직한 신하는 모두 수양제의 측근 자리에서 멀어졌다. 그 대신 엉터리 사기꾼이나 무책임한 출세지향주의자들이 천자 주위에 몰려들어 최대한 떡고물을 챙기려 했다.

수양제는 자신의 재능에 자신만만했지만 내심 상당히 겁도 많았다. 가장 두려워한 것은 백성들의 반란이었다. 지방에서 도적이 발생했다고 하면 바로 안색이 바뀌었다. 낙양의 궁전 중 한 건물에 화재가 일어난 적이 있는데, 수양제는 틀림없이 반란군이 쳐들어온 것이라 지레짐작하고 서원西苑으로 도망쳐 수풀 속에서 숨을 죽이고 숨어 있었다. 그러고는 불이 완전히 꺼진 뒤에야 겨우 안심하고 궁으로 돌아왔다.

겁이 많은 인간은 시의심 또한 강한 법이다. 수양제는 조정 대신과 장군을 거의 소모품처럼 여겨 마치 물건을 대하듯 오래된 사람을 버리고 새 사람으로 바꾸기 일쑤였다. 이 때문에 수양제에게는 진정으로 신뢰할 만한 신하가 없었다. 그 즈음에는 단 한 사람, 우문술 정도가 수양제의 의논 상대가 되어주었다. 수양제는 지방의 반란 소식을 듣는 일이 무서웠지만, 그렇다고 또 듣지 않고는 못 견딜 정도로 두려운 마음도 갖고 있었다. 그래서 우문술에게 곧잘 이렇게 물었다.

"요즘 도적들은 어떤 상태인가?"

그러면 우문술은 정해진 대사처럼 답했다.

"걱정하실 것 없습니다. 점점 줄어들고 있습니다."

수양제는 우문술의 대답을 듣고서야 조금 마음을 놓았다. 소위라는 대신은 본디 간에 붙었다 쓸개에 붙었다 하기로 소문난 사내인데, 가만히 있지 못하고 참견을 했다.

"점점 줄어들고 있습니다만, 골치 아프게도 점점 가까이 다가오고 있습니다."

안색이 변한 수양제가 그게 무슨 뜻이냐고 따지자 소위가 말했다.

"옛날 도적이 들끓을 때 태산泰山 반대편 근처에서 난리가 났었다고 들었습니다만, 요즘에는 바로 옆 황하 건너편 기슭까지 도적들의 소굴이 되었습니다. 요즘 지방관들은 하도 허위 보고를 해서 믿을 수가 없습니다."

수양제는 진실을 알고 싶어 하면서도 막상 듣고 나면 기분 나빠하며 더 이상 들으려 하지 않았다. 그의 좌우에는 아첨하는 대신들이 많았다.

"소위는 매우 괘씸한 자입니다. 대체 천하에 그리 많은 도적이 일어날 리가 있겠습니까. 이는 천자에 대한 불경죄에 해당합니다."

신하들이 옆에서 부채질하자 수양제가 말했다.

"그놈은 그렇게 짐을 위협해서 억지로 자신의 의견에 따르게 하려는 속셈이다. 그 꿍꿍이가 뭔지 뻔히 보인다. 그놈의 따귀를 갈겨주려다 늙은이라 봐줬다."

말은 그렇게 했으나 수양제는 기어코 뒤에서 소위의 잘못을 들춰내 재판에 부치고, 소위 본인은 물론이고 아들과 손자까지 삼대의 관작을 박탈하여 평민으로 지위를 떨어뜨렸다.

대신들의 말과는 달리 실제 현실에서 반란은 나날이 확대되고 심각해졌다. 수양제의 신뢰를 받는 단 한 명의 대신 우문술조차 이대로는 뭔가 큰일이 터질지도 모른다는 걱정이 들기 시작했다. 특히 신경 쓰인 데가 군대의 동향이었다. 군대는 예전에 돌궐과 격전한 안문성 전투에서 상을 준다는 말에 고무되어 치열하게 싸웠지만, 정작 승전하고 난 뒤 포상을 전혀 받지 못해 원한을 품고 있었다. 그 때문에 수양제가 하는 말은 더 이상 들으려 하지 않았다. 그뿐 아니라 반란을 일으키려는 낌새까지 보였다. 천자가 이끄는 군대가 사실상 가장 위험한 존재가 되어버린 셈이다. 이는 용암이 끓어오르는 분화구 위에서 폭탄을 껴안고 자는 것이나 마찬가지 상황이었다.

그러자 한쪽에서 이렇게 불안한 시기에는 왕조의 근거지인 수도 장안으로 돌아가 차분하게 안정을 유지하면서 천하가 자연스럽게 가라앉기를 기다리는 것이 좋겠다는 의견이 나오기 시작했다. 장안은 수나라의 수도이기도 하지만 전 왕조인 북주 시대의 전통이 이어져 온 도읍으로, 이곳에서 수나라 천자 가문에 대한 평판은 상당히 나빴다. 수나라 왕실은 이른바 갑자기 출세한 자들이며 무천진 이래 군벌의 단결을 파괴하는 배신자로 인식된 것이다. 게다가 수나라 조정이 유서 깊은 선비족 가문의 자제들은 거들떠보지도 않고 피지배층에 불과한 중국인(한족)만 중용한다고 인식되었다. 외국 숭배자처럼 보였던 것이다. 수나라의 위세가 좋을 때는 하는 수 없이 얌전히 따랐지만, 쇠퇴 기미가 보이는 이상 설사 수나라 천자가 귀환한다 해도 진심으로 환영해줄 리 없었다.

이런 사정을 알고 있기 때문에 우문술은 수양제에게 강도(양주)로 행차할 것을 권유했다. 강도라면 경우에 따라서는 그대로 그곳에 머무르며 예전 남조의 왕조들처럼 강남 지역만 유지해도 천자라 칭할 수 있다. 천자의 행차 수행에는 믿을 만한 군대만 골라 가면 안심할 수 있을 터였다. 수양제는 이제까지 영토 안에서 끊임없이 이곳저곳 여행했지만 이번의 경우는 전과 달랐다. 어쩌면 천도遷都가 될 수도 있는 여행이기 때문이다. 그럴 작정으로 우문술이 준비를 했기 때문에 겉으로 아무리 숨긴다 해도 주위에서는 금세 사실을 눈치챘다. 그 사실은 위아래를 막론하고 모두에게 엄청난 충격을 주었고, 곧 큰 소란이 일어났다.

천자가 남쪽으로 도망가면 동도는 이른바 버려진 도시가 된다. 백관이나 군대 모두 점차 남쪽으로 건너갈 것이다. 사방에서 일어나고 있는 반란군은 동도가 중심 도시인 만큼 아직 꺼리는 부분이 있기 때문에 창궐 수준까지는 가지 않은 상태다. 하지만 만약 낙양의 방비가 허술해진다면 모두 앞다퉈 몰려갈 것이 틀림없다. 그렇게 된다면 단순히 낙양만의 문제로 끝나지 않는다. 사해정불四海鼎沸 천하가 매우 혼란스러움을 이르는 말이라는 말처럼 전국이 전쟁터가 되어버릴 게 분명하다. 이런 까닭에 한편에서 천자의 남행을 반드시 저지해야 한다는 운동이 일어나는 것도 당연한 일이었다.

가장 먼저 수양제에게 간언한 사람은 근위군 대장 조재趙才였다.

"지금 백성의 생활은 피폐하기 이를 데 없으며 조정 재정은 적자가 계속되고 있습니다. 각지에서 도적들이 봉기하고 있음에도 정령政令은 지방에 미치지 못합니다. 이런 때는 서둘러 수도 장안으로 돌아가 백성들을 안심시켜주는 것이 좋습니다. 강도에 행차하신다는 말씀은 당치도 않습니다."

조재의 간언에 수양제는 화를 내며 그를 재판에 회부했는데, 열흘 정도 지나자 마음이 누그러져 사면시켜주었다. 그러나 다음에 조재보다 훨씬 하급 관리인 임종任宗이라는 자가 상소를 올려 간언했을 때는 그 말이 너무 과격했던 탓인지, 그날로 백관이 늘어서 있는 앞에 끌어내 매를 쳐서 죽였다. 이어 최민상崔民象이라는 자가 다시 상소를 올렸는데, 그때는 그의 입을 찢고 참형에 처했다.

우문술은 천자가 탈 배인 용선 이하 선단을 미리 강남 지방에서 만들어두었다. 마침내 선단이 운하를 통해 낙양에 도착하자 수양제는 관료들과 군대를 이끌고 배에 올라 남쪽으로 향했다.

수양제는 황태자를 잃은 뒤 세 명의 손자를 귀여워했다. 2년 전 수도 장안을 떠날 때는 아직 소년티도 벗지 못한 손자 대왕代王 양유楊侑를 남겨두었는데, 이번에 낙양을 출발할 때는 가운데 손자인 월왕越王 양동楊侗을 남겨놓았다. 물론 두 손자 모두에게는 보좌해줄 대신과 군대를 붙여주었다. 그런 다음 수양제 자신은 큰손자인 연왕燕王 양담楊倓을 데리고 떠났다.

수양제의 마음을 헤아려보건대, 이는 위험을 분산시키고자 배려한 일일 것이다. 세 군데로 나눠 방어한다면 어떤 불행이 일어나더라도 한 명쯤은 무사할 수 있을 거라는 덧없는 희망을 가졌던 탓이다. 다른 친척들은 모두 자신과 함께 가도록 명했다. 이는 그들이 자신을 구해줄 것이라는 기대를 갖고 내린 명이 아니었다. 오히려 친척들이 하나같이 천자의 자리를 노릴 뿐이라서 장안이나 낙양의 어린 손자 옆에 그 같은 요주의 인물을 남겨둘 수 없다고 판단했기 때문이다. 다시 말해 자신의 가까이에 두고 끊임없이 감시하는 편이 더 안전할 거라는 이유에서였다.

운하로 이동을 막 시작했을 때 또다시 왕애인王愛仁이라는 하급 관리가 상소를 올려 수양제에게 장안으로 돌아가기를 청했다. 수양제는 그를 참형에 처한 뒤 개의치 않고 앞으로 나아갔다. 하남성河南省 중앙 부근에 이르자 백성 한 명이 다시 상소를 올리고 남행에 대해 간언했다.

"폐하께서 만약 이대로 강도로 행차하신다면 천하는 더 이상 폐하의 것이 될 수 없지 않을까 걱정입니다."

수양제는 그자를 또 참형에 처했다.

운하로 이동하는 데는 시일이 오래 걸렸다. 7월에 낙양을 출발해서 강도에 도착하기까지 5개월이나 걸렸다. 도중에 우문술이 죽었다. 우문술은 결코 정직한 인간은 아니었지만 재능은 뛰어났다. 우문술이 죽자 수양제는 고립무원의 처지가 되었다. 우문술에게는 화급化及, 지급智及, 사급士及이라는 세 명의 자식이 있었는데, 막내아들 사급이 수양제의 딸과 결혼하면서 우문술 일가는 수양제의 뒷배 덕을 많이 보았다. 아들 셋이 모두 무뢰한이었지만 수양제는 그들의 부친인 우문술과의 교우 관계와 사위의 형제들이라는 이유로 측근에 두었다.

수양제 일행은 12월이 되어서야 겨우 강도에 도착했다. 이번 행차는 지난번 관광 유람으로 행차했을 때와 달리 준비된 돈도 없는 데다 반란군이 가까이서 횡행하고 있을 때라, 대대적인 선전을 하는 화려함은 없고 어딘지 초라한 행색마저 풍겼다. 그래서 만약 지방관이 재물이나 식량을 천자 일행에게 풍족히 제공하면 곧장 상으로 벼슬을 받을 수도 있었다. 이에 반해 제대로 공급해주지 못하면 곧바로 관등이 강등되고 처벌을 받았다.

강도에 도착했을 때 군郡 차관으로 있는 왕세충王世充이 여러 가지 헌상품을 수양제에게 바쳤는데, 그 가운데 동경銅鏡으로 만든 병풍이 있었다. 병풍을 펼치면 바로 거울의 방이 생기는 아주 특이한 물건이었다. 수양제는 크게 기뻐하며 바로 그를 장관에 추천했다. 왕세충은 또 수양제

양주의 수서호(瘦西湖)
수양제가 강도(양주)에 소운하를 만들어 풍류를 즐기며 노닐었던 수상정원이다.

가 여색을 밝힌다는 사실을 알고 민간의 미인들을 선발하여 후궁으로 보냈다. 수양제는 아주 만족스러워 하면서 왕세충의 충성을 높이 칭찬했다. 왕세충은 본래 서아시아에서 온 이국인으로, 중국식 교육을 받아 매우 영리하고 빈틈이 없는 재인才人이었지만, 그만큼 방심할 수 없는 인물이었다.

13

수양제의 최후

    수양제에게 이유도 없이 살해당한 다수의 예언자들이 말했던 대로, 수양제가 남쪽으로 이동하자 버림받은 낙양 부근은 순식간에 군웅 쟁탈의 표적이 되었다. 게다가 잇따른 전쟁의 결과 인골이 땅에 널릴 정도로 비참한 상황이 되었다.

    벌집이라도 건드린 것처럼 지방에서 반란이 연달아 일어난 데는 지방관들이 격하게 들고일어난 점이 크게 작용했다. 수양제를 위해 여러 번 전공을 세운 번자개는 뛰어난 무공을 갖춘 장군이었다. 그러나 정규군끼리 맞붙는 전쟁에서 매우 유능했던 그도 봉기한 백성들로 이루어진 게릴라 부대는 어떻게 상대해서 싸워야 할지 몰랐다. 반란군 토벌에 나선 그는 게릴라 부대를 섬멸하기 위해 백성들이 사는 마을을 무조건 불태웠다. 항복해오는 사람이 있어도, 과거의 죄는 없어지지 않는다면서 전부 죽여버렸다. 이에 분개한 백성들은 점점 더 단결해서 저항했고, 반란은 결국 나날이 확대되어갔다. 이런 상황에도 번자개의 위명은 여전히 효과가 있는지, 그의 군대가 출동했다는 소리가 들리면 반란군은 싸우지 않고 도망쳤다. 그런데 이때 홀연히 모습을 나타낸 사람이 예전에 양현감을 도왔다가 실패한 뒤 오랫동안 소리 소문 없이 지하에 숨어 있던 귀족 출신의 반란 지도자 이밀이었다.

이밀은 양현감이 패망한 뒤 지방의 반란 지도자들 사이를 전전하며 돌아다녔는데, 그들과 환경이나 교양 수준이 많이 달랐기 때문에 전혀 이야기가 통하지 않았다. 결국에는 형편이 어려워져 나무껍질을 벗겨 먹는 지경에까지 이르자, 가명을 써서 학교 선생으로 위장한 뒤 학교를 열어 아이들에게 공부를 가르쳤다. 왕수재王秀才라는 민간의 협객이 그런 이밀을 눈여겨보고 자신의 딸과 결혼시켜 사위로 삼았는데, 얼마 안 있어 이밀의 친척 가운데 한 명이 밀고를 하는 바람에 왕수재는 사로잡혀 사형에 처해졌다. 이때 이밀은 외출 중이어서 난을 피할 수 있었다. 당시에는 정치적으로 쫓기는 중에 친척이나 지인의 집에 들르는 일이 금기시되었으며, 만약 들렀다가는 곧바로 밀고당할 거라는 말이 나돌던 세상이었다.

이밀은 쫓겨 다니던 중에 반란의 한 지도자로 활약하는 적양翟讓이라는 사람과 말이 통한다고 생각하여 그의 객客으로 들어갔다. 적양은 원래 하급 관리 출신으로, 법을 어겨 참형에 처해질 처지였으나 감옥의 간수

가 그를 불쌍히 여겨 몰래 도망치게 해줬다. 그는 선웅신單雄信과 서세적
徐世勣 등 용감한 소년들을 끌어모아 주로 운하를 지나는 배를 습격해서
상품을 약탈하며 생활했다. 이밀은 그런 적양에게 아예 당당하게 토지를
점령하고 최종적으로는 정부를 세워 천하를 거머쥘 것을 염두에 두고 행
동해야 한다며 설득했다.

적양은 이밀의 제안에 따라 운하 방향으로 이동했는데, 그곳에서 진
압군으로 출진한 장수타張須陀의 군대를 만나 앞길이 막혔다. 장수타는
수나라 장군 가운데서도 제일 용맹하다고 알려졌으며, 적양도 여러 차
례 그에게 패배했던 쓰라린 경험을 갖고 있었다. 적양은 장수타의 이름
만 듣고도 벌써 도망치려 마음먹었지만, 이밀이 그를 말리며 전략을 세
웠다.

"장수타는 용감하기만 할 뿐 생각이 없는 사람입니다. 게다가 지금까
지 전쟁에서 자주 승리를 거두다보니 자만심이 하늘을 찌르고 있기 때문
에 오히려 다루기 쉬운 적입니다. 우선 제가 말씀드리는 대로 해보십시
오."

적양은 하는 수 없이 출진하여 장수타와 맞서 싸우긴 했지만 장수타
의 날카로운 창끝을 막아내기에는 역부족이었다. 끝내 평정심을 잃고 뿔
뿔이 도망치기에 이르렀다. 장수타는 처음부터 적양을 깔보고 있었기 때
문에 여세를 몰아 한눈팔지 않고 적양의 봉기군을 쫓아갔다. 그런데 거
대한 숲 가까이 갔을 때 갑자기 이밀의 복병이 좌우에서 나타나 군대 선
두에 선 장수타를 포위했다. 장수타는 자타가 공인하는 용장으로 유명했
던 만큼 혈로를 열어 탈출했으나, 포위망 밖에서 뒤돌아보니 자신의 부

하들은 적에게 둘러싸여 고전하고 있었다. 그래서 다시 되돌아가 부하들을 구해냈으나 또 다른 부하가 여전히 남아 있었다. 그 때문에 적진으로 되돌아가서 부하들 구하는 일을 몇 번이고 반복하다가 결국 자신도 중상을 입고 쓰러졌다. 용장 장수타의 전사로 인해 수나라 관군은 봉기군의 기세에 완전히 눌려 패퇴했다.

이 싸움으로 일약 명성을 드높인 사람은 이밀이었다. 그 전까지 별 볼일 없긴 했지만 주인 격이던 적양은 점점 이밀의 기량에 주눅이 잡히자 몹시 언짢아지기 시작했다. 적양과 이밀은 부하를 서로 나눠 각각의 군대를 만들고 동맹을 맺기로 했으나, 상황이 이렇게 되자 적양의 부하들이 어느새 빠져나가 이밀의 군대에 가담해버렸다. 이밀은 군대 규율을 엄격하게 집행하면서도 전쟁으로 획득한 재물의 경우에는 아끼는 기색 없이 부하들에게 나누어 주었기 때문에 그를 따르려는 이들이 점점 불어났다.

그래서 적양은 이밀에게 서로 갈라져 별도 행동을 하자고 제안했다. 이밀은 딱히 신경 쓰는 기색도 없이 단독으로 지방 성읍을 공격하여 물품을 노획했고, 이에 따라 군대 물자도 점차 풍부해졌다. 한편 적양은 이밀과 떨어지고보니 허전하고 불안해서 어쩔 줄을 몰랐다. 결국 되돌아와서 다시 이밀에게 공동작전을 펼치자고 했지만, 그 다음부터는 이밀이 상관으로서 전쟁을 주도하고 적양은 그 아래서 일하는 형태가 되었다.

이듬해 대업 13년(617), 이밀과 적양의 군대는 공격 준비를 마치고 동도 낙양으로 근접해갔다. 이밀은 황하와 낙수의 교차점에 지어진 곡물 창고인 낙구창洛口倉을 먼저 점령하기로 작전을 세웠다. 두 사람은 정예 병사 7,000명을 골라 샛길을 통해 낙구창을 기습했고, 그곳을 점령하는 데 성공했다.

이밀은 곧바로 창성倉城의 문을 연 뒤, 쌀을 원하는 백성에게는 누구든 원하는 만큼 주겠다고 포고했다. 이 선전의 효과는 실로 굉장했다. 굶어 죽기 직전이던 백성들이 쌀을 받기 위해 우르르 몰려들었다. 백성들이 와서 보니 쌀이 어찌나 많은지 깜짝 놀랐다. 언제나 그렇듯, 없는 곳엔 늘 없고 있는 곳엔 늘 있기 마련이다. 게다가 꼭 있어야 할 곳엔 없고, 없어도 되는 곳엔 있는 법이다. 백성들은 어이가 없어 할 말을 잃기도 하고 분통을 터뜨리기도 했다. 수나라 천자는 정말 나쁜 놈이다. 백성을 잔혹하게 괴롭히는 것도 모자라, 도움도 안 되는 장소에 이렇게 쓸데없이 쌀을 쌓아두다니. 그에 반해 이밀 님은 어떠한가. 본인은 쌀 같은 것은 조금도 필요 없으니 백성이 원하는 만큼 가져 가라고 말씀하신다. 이 얼마나 멋진 행동인가. 이밀을 칭찬하는 평판은 순식간에 천하에 널리 퍼졌다.

그런데 수양제의 손자인 월왕越王 양동楊侗을 받드는 낙양 관료들의 견해는 또 달랐다. 이밀이라는 쌀도둑이 숨어들었다는데, 엄청나게 굶주린 거지일 거다. 어서 빨리 그를 잡아 본보기로 삼아야 한다. 그래서 결국 그들은 유장공劉長恭을 대장으로 세워 토벌대를 파견했다. 귀족 자제들은 이런 때야말로 공을 세워 출세할 수 있는 좋은 기회라며 앞다퉈 종군을 신청했다. 눈부신 갑옷에 번쩍거리는 무기를 든 그들의 겉모습만 보면 자못 위용이 넘쳤다. 철야 행군을 강행하여 새벽에 창성 근처의 낙수 건너편 기슭까지 쳐들어갔다.

이밀은 적의 동태를 충분히 정찰해두었기 때문에 창성 전면에 좌우 날개를 펼친 전법을 세우고서 기다리고 있었다. 실전에 익숙지 않은 수나라 군대는 적의 모습을 발견하자 초조한 마음에 가만히 있을 수 없었다. 미처 아침도 먹지 않은 상태로 서둘러 낙수를 건너 이밀 군대를 공격했다. 최초 공격은 상당히 날카로웠다. 중앙에 위치한 적양의 군대는 버티지 못하고 퇴각하기 시작했다. 수나라 군대는 그들을 추격하느라 대오를 흐트러뜨렸고, 이를 지켜보던 이밀의 직속 정예 기병 부대는 틈을 놓치지 않고 옆에서 돌격했다. 수나라 군대는 순식간에 대혼란에 빠져 맥없이 무너졌으며, 배고픔과 피곤에 절은 병사들은 칼에 베여 픽픽 쓰러졌다. 대장 유장공은 갑옷도 벗어던진 채 반나체 차림으로 겨우 낙양으로 돌아갔다. 다른 병사들도 마찬가지로 산처럼 쌓여 있던 병기와 자재를 다 버리고 도망쳤으나, 살아서 돌아온 이는 절반에도 못 미쳤다.

이때의 전승으로 이밀의 명성은 더욱 높아졌다. 부하의 추대를 받아 이밀은 위공魏公의 자리에 오르고 백관을 거느리며 정부를 세웠는데, 적양은 대신으로, 그리고 선웅신과 서세적은 대장으로 임명했다. 그 소식을 전해 들은 사방의 군웅들은 너나 할 것 없이 사자를 보내 친분을 내세우며 보호를 요청했다. 바야흐로 이밀의 위력은 하북, 산동, 강회江淮 장강과 회수 일대. 지금의 강소성과 안휘성 일대에 해당 지방에까지 미치게 되었다.

이밀은 더 나아가 회락창回洛倉 낙양 근처에 있는 정부의 양곡 창고을 점령하고 낙양을 공격했다. 월왕은 강도에 있는 조부 수양제에게 원선달元善達을 사자로 보내 현황을 보고했다. 원선달은 적진 한가운데를 통과하여 천신만고 끝에 강도에 도착했고 낙양의 힘든 상황을 호소했다. 낙구창도 회락창도 이밀의 수중에 들어갔기 때문에 낙양의 성안은 식량이 부족한 상황이며 이대로는 오래 버티기 힘들 것 같으니, 어서 빨리 구원의 손길을 보내달라는 내용이었다. 원선달이 눈물을 흘려가면서 낙양의 상황을 이야기하자 천하의 수양제도 단정히 앉은 자세로 침울해 했다.

그러자 대신 우정기虞正基가 옆에서 참견을 하고 나섰다.

"이야기를 듣자 하니 아무래도 자네의 말투가 조금 과장된 것 같군. 아무리 도적이 판친다 해도 무엇보다 자네가 이렇게 무사히 여기 도착했다는 사실이 별 큰일이 아니라는 증거가 되네."

우정기는 우문술이 죽은 뒤 수양제의 측근 중 일인자로 올라섰는데, 오로지 굽실거림과 말재주에만 뛰어나고 우문술 정도의 재능도 갖고 있지 않았다. 사실 그가 내는 의견도 심복인 봉덕이封德彝가 가르쳐준 것이었다. 이 두 사람은 조정 정치를 좌지우지하면서 뇌물을 받아 사리사욕을 채웠다. 한편, 말로는 다 못할 고생을 해가며 겨우 강도에 도착한 원선달로서는 그런 이야기를 듣고 억울해서 울지도 못할 기분이었을 것이다. 반면 수양제는 우정기의 말을 듣고 갑자기 힘이 솟았다.

"낮은 신분 주제에 선달이란 놈이 많은 사람들 앞에서 짐을 잘도 모욕했겠다."

원선달은 그대로 강도에 억류되었다가 곧 풀려났다. 하지만 반란군들 사이를 뚫고 식량을 운반해 가라는 위험한 임무가 강제로 떠맡겨졌다. 원선달은 결국 그들이 원하던 대로 살해당했다.

수양제가 낙양의 사태를 아예 걱정하지 않았던 것은 아니다. 장안 수비군을 출동시켜 낙양을 구하도록 명했으며, 동시에 강도에서도 정예 근위병을 차출하고 설세웅薛世雄을 대장으로 세워 낙양을 지원하도록 했다. 그런데 설세웅이 낙양으로 출병하는 도중 두건덕寶建德의 반란군과 대치하는 상황이 벌어졌다. 이 전투에서 상대의 필사적인 반격을 받고 설세웅이 중상을 당해 쓰러졌다. 그리하여 왕세충이 전군의 지휘를 맡게 되었다.

그 무렵 이밀의 군대는 단단하게 내실이 다져지고 있었다. 영웅심이 강한 천하의 젊은이들이 모두 이밀의 풍모를 흠모해서 그의 휘하로 모여들었다. 그들 가운데는 진숙보秦叔寶, 정지절程知節, 나사신羅士信 등 장수 기질을 지닌 사람뿐만 아니라 시효화柴孝和, 위징魏徵 등의 책사도 있었다. 이렇듯 이밀에게 쟁쟁한 인물들이 모였으며, 이제 그가 거느리는 군대는 수십 만에 이르렀다.

낙양에 들어와 수나라 군대의 총지휘관을 맡은 왕세충은 이밀과 격전을 벌였으나 번번이 지기만 했다. 그러나 전투를 치르는 가운데 이밀 측에서도 점차 약점이 표면화되기 시작했다. 가장 큰 약점은 군대가 오합지졸이라는 사실이었다. 특히 이밀과 적양의 사이가 틀어졌다. 적양은 원래 큰 재능이 없었음에도 이밀 덕분에 높은 지위에 올랐으나, 자신이 애초 상관의 지위였다는 자존심을 버릴 수 없었다. 게다가 지위가 높아지자 자연스럽게 그의 주위로 측근 그룹이 생겨났고 사사건건 이밀의 방식을 비판했다. 드디어 적양 측에서 쿠데타 음모를 꾸미고 있다는 보고를 들은 이밀은 앞질러 적양을 암살해버렸다. 적양은 난폭한 성격으로 인해 부하로부터 그다지 신임도 존경도 받지 못했지만 이밀의 세력이 이른바 극대화됐을 때 이 내분이 일어났기 때문에, 본디 오합지졸이던 이밀의 군대는 군세 단결에 균열이 생길 수밖에 없었다. 수나라가 낙양성에서 버틸 수 있었던 이유는 왕세충의 능력 덕택이라기보다는 오히려 이밀의 내부 사정 때문이었다.

낙양을 중심으로 수나라 군대의 정예들과 반란군의 최강 부대가 피투성이가 될 정도로 격전을 벌이고 있는 사이, 다른 쪽에서는 엄청난 두 가지 사건이 일어났다. 하나는 장성 전선의 방위군 사령관 이연李淵이 수도 경비가 허술해신 틈을 타서 병사를 이끌고 남하하여 장안을 점령한 사건이다. 또 하나는 이로 인해 결국 세상으로부터 버림받고 고립된 수양제가 강도에서 부하에게 참살된 일이었다.

수양제는 수도 장안을 수비하는 오래된 근위병들의 경우 무천진 군벌의 계통을 잇는 귀족의 높은 자존심 때문에 부리기 까다로운 점을 탐탁지 않게 여겼다. 이 때문에 별도로 지원병을 모집하여 근위병단 별동대를 조직하고 효과위驍果衛라 이름 붙였다. 수양제가 여기저기 여행을 다닐 때 데리고 다닌 군대가 바로 효과위 병사들이었으며, 강도로 같이 데리고 간 병사 역시 효과위였다. 효과위 군인들은 장안 부근 출신자가 많았다. 그래서 이연이 장안을 점령했다는 소식이 강도에 다다르자 군인들 사이에서 동요가 일었다. 장안에 두고 온 가족과 지인의 안부를 알고 싶어 하는 것이 인지상정이기 때문이다.

그러나 수양제의 상태를 보아 하니, 이제 장안이나 낙양은 완전히 포기한 듯했다. 수양제는 강도의 기후와 풍물을 무척 마음에 들어 해서 이대로 영원히 강남에 살고 싶은 것처럼 보였다. 북방인들은 후궁으로 들인 지역의 미녀부터 시작해 그 지역 사투리인 오어吳語를 수박 겉핥기 식

물가에서 황후·미인들과 함께 즐기는 수양제

으로 듣고 말하는 것까지 전부 신경에 거슬렸다. 점점 분위기가 험악해지면서 언제 군인들이 폭동을 일으킬지 모르는 상황이었다.

수양제는 수도에서 낙향하여 강도로 도망친 처지임에도 그때껏 몸에 밴 사치스럽고 음탕한 생활 방식을 고치지 않았다. 후궁에는 칸막이로 분리된 작은 방 100여 개가 만들어져 있었는데, 각 방마다 미인이 살면서 장식과 요리로 취향을 뽐내며 수양제가 와주기를 기다렸다. 수양제는 소(蕭)황후와 그런 인공적인 천국에서 노닐며 미인 1,000여 명과 함께 입에서 늘 술잔을 떼지 않고 지냈기 때문에 종일 술에 취해 있었다. 그러나 그렇게 방탕하게 생활하는 중에도 늘 뭐라 형용하기 어려운 공허감이 밀려드는 마음은 어찌할 도리가 없었다. 수양제는 어느 날 거울 속 자신의 얼굴을 비춰 보다가 문득 곁에 있는 소황후에게 말했다.

"나의 이 가는 목을 누군가 칼로 베기 위해 들이닥치겠지?"

소황후가 놀라 되물었다.

"무슨 말씀이십니까?"

수양제는 뭔가 불길한 예감이라도 들었던 것일까.

"세상이란 참 신기하게도 잘 만들어졌어. 괴로움과 즐거움, 귀인과 천인처럼 교대로 순서가 돌아온단 말이야."

뜬금없이 이런 말을 했다. 세상 이치를 깨달은 듯한 말이기는 하지만 수양제가 정말 그렇게 깨달음을 얻어 말한 것은 아니었다. 수양제는 모순으로 가득 찬 사내였다.

후궁 가운데 한 명이 황후에게 군인들이 뭔가 불온한 모략을 꾸미는 것 같다고 고하자, 황후가 다음과 같이 말했다.

미루(迷樓)라고 불린 강도(양주)의 별궁

"천하의 일이 여기까지 온 이상 이제 운명에 맡길 수밖에 없지 않겠습니까. 천자에게 고하더라도 어쩔 도리가 없습니다. 그저 쓸데없이 신경만 쓰시게 할 뿐입니다."

황후는 그렇게 무시해버렸다.

결국 대업 14년(618) 3월 15일 밤, 갑자기 병사들이 난을 일으켰다. 병사들은 궁에 무단으로 침입해서 저항하는 사람들을 베어 죽이고 수양제가 있는 곳으로 쳐들어갔다. 수양제의 손자인 연왕 양담은 당시 열여섯 살이었는데, 난이 일어나자 자신의 궁에서 재빨리 빠져나가 천자의 처소로 병란을 보고하기 위해 달려갔다. 그러나 수양제의 궁문을 경호하는 파수병은 이미 난을 일으킨 병사들과 공모해둔 터라 연왕을 그 자리에 붙잡아두고 들여보내지 않았다.

난을 일으킨 병사들이 궁녀 한 명을 길잡이로 삼아 수양제의 침실로 쳐들어가자 수양제는 놀라 소리쳤다.

"너희들은 짐을 죽이러 온 것이냐?"

병사 가운데 한 명이 대답했다.

"결코 그렇지 않습니다. 단지 폐하와 함께 장안으로 돌아가고 싶을 뿐입니다."

병사들은 주위를 둘러싸고 수양제를 포로로 잡았다.

수양제는 반란 주모자가 대체 누구인지 전혀 짐작이 가지 않았다. 혹시 자신의 차남인 제왕 양간이 아닐까 의심했을 정도다. 그러나 실제 주모자는 우문술의 장남인 우문화급이 동생 우문지급의 꼬임에 넘어가 저지른 일이었다.

우문화급은 몰래 쿠데타 음모를 세운 뒤, 먼저 여러 가지 헛소문을 만들어 군대에 동요를 일으켰다. 수양제가 강남 사람들만 편애하고 북방에서 온 군인들을 더 이상 필요 없다고 생각한다거나, 남모르게 다량의 독약을 만들어 현재 효과위의 북쪽 사람들을 전부 독살한 뒤 강남 사람들로 이루어진 부대를 별도로 조직하고 이대로 영원히 강도에 정착하여 옛 남조의 천자처럼 되려 한다는 등의 뜬소문이었다. 조작된 이야기임에도 당시 형세에 딱 들어맞는지라 군인들이 동조해서 떠들어대기 시작한 것도 무리는 아니었다.

우문화급은 수양제에게 궁중의 대회장으로 행차해달라며 끌어냈다. 대회장까지 가기 위해 군인이 타고 온 말에 수양제를 태우려 하자, 과연 천하의 수양제답게 이렇게 투정을 부렸다.

"이렇게 더러운 말에는 탈 수 없다. 더 깨끗한 말을 가져 오라."

마침내 수양제는 새로운 안장을 얹은 말을 타고 궁문 밖으로 끌려나갔다. 병사들은 이렇게 수양제를 포로로 삼아 쿠데타가 성공했다는 사실을 백관, 군대, 백성들에게 널리 알리고 싶었던 것이다. 수양제를 끌고 가는 시위 행렬을 보고 반란군의 우두머리인 우문화급이 호통을 쳤다.

"이제 됐으니 그만하라. 이런 쓸모없는 놈은 어서 해치워버려라."

다시 후궁으로 끌려 들어간 수양제는 칼을 들이대고 있는 군인들의 대장을 향해 말했다.

"짐이 무슨 죄가 있어 이런 일을 당해야 하는가?"

군인들은 비웃으며 힐문했다.

"폐하께서는 선조의 묘가 있는 수도를 떠나 사방을 돌아다니셨습니다. 외국에 대해서는 싸움을 걸고 국내에서는 사치스럽기 짝이 없는 생활을 하셨습니다. 장정들은 전쟁터에서 목숨을 잃고 여자와 아이들은 굶어서 객사했습니다. 백성은 생업을 잃고 힘겨워 했지만, 폐하께서는 도적들이 들끓는 와중에도 아첨꾼들의 이야기만 듣고 백성의 목소리는 전혀 듣지 않으셨습니다. 이래도 죄가 없다고 하시겠습니까?"

수양제는 상대를 노려보며 말했다.

"그렇군. 나는 천하의 백성에게는 진심으로 미안한 짓을 저질렀다고 생각한다. 그러나 너희들은 무엇이냐. 높은 지위를 얻고 많은 녹봉을 받으며 무엇 하나 부족한 것 없는 신분이지 않더냐. 대체 오늘 일의 주모자가 누구냐. 만나서 얘기하고 싶다."

"천하의 모든 사람이 주모자일 겁니다. 누구라고 딱 집어 한 사람의 이름을 댈 수 없습니다."

이 문답은 막상막하로 의견을 개진하는 듯하지만, 수양제의 패배다. 수양제가 가장 예뻐한 열두 살의 막내아들 조왕趙王 양고楊杲는 이때도 수양제의 곁을 떠나지 않고 붙어 있었다. 아직 어린아이라서 공포와 슬픔을 못 이기고 수양제의 무릎에 매달려 울었다. 반란군 병사가 먼저 조왕을 베어 죽이자, 그 피가 수양제의 의복까지 시뻘겋게 물들였다. 다음으로 수양제를 베려 하자, 수양제가 명령했다.

"천자에게는 천자만의 죽는 방법이 있다. 독주를 가져 오너라."

수양제는 만일에 대비하여 항상 독주를 준비해두었지만 정작 가장 중요한 시점에서 때를 맞추지 못했다. 독약을 담당하는 궁인이 제일 먼저 도망쳐버리는 통에 독주를 찾지 못한 것이다. 반란군 병사가 수양제

교살되는 수양제

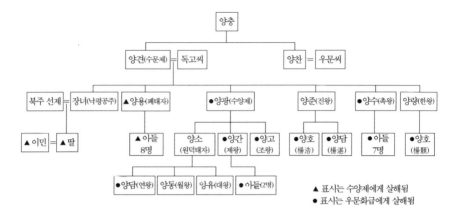

▲ 표시는 수양제에게 살해됨
● 표시는 우문화급에게 살해됨

수 왕실 계도(系圖)

를 꿇어앉히자, 수양제는 자신의 목도리를 꺼내 건네주며 목을 조르도록
했다.

수양제를 따라 강도로 내려간 근친들도 모조리 살해당했다. 수양제
의 동생 촉왕 양수와 그의 일곱 아들, 수양제의 차남인 제왕 양간과 그의
두 아들, 수양제의 장손인 연왕 양담, 그 밖에 수양제의 조카와 외척 등
도 난을 피해가지 못했다. 수양제의 차남 양간은 자신이 누구의 손에 죽
는지도 모르고 아버지의 속임수에 걸렸다고 착각했다.

"제발 아버님께 한 번만 더 부탁해주십시오. 저는 결코 아버지에 대
한 모반 계획을 세운 적이 없습니다."

양간은 그렇게 외쳤지만 결국 길거리로 끌려 나와 참수되었다.

수양제의 죽은 동생인 진왕 양준의 아들 양호^{楊浩}는 우문지급과 친했
던 덕분에 목숨을 구했고 강도 정부의 임시 황제로 모셔졌다.

불타 없어지는 미루

우문화급은 수양제 일가뿐 아니라 자신들의 음모에 가담하지 않은 조정 대신 우세기魔世基 이하도 전부 학살했다. 그리고 군인들에게 약속한 대로 강도를 떠나 장안으로 귀환하기로 했다. 이는 마치 일종의 민족 이동과 같았다. 그러나 이 시기의 사회는 더 이상 평시가 아니었다. 도처에 반란군이 들고일어나 서로 공격하는 상황이었다. 이런 상황에서 강한 세력을 이룬 반란군을 물리쳐가며 진군하는 일은 처음부터 무리한 계획이었다.

우문화급의 군대가 운하를 통해 북상하면서 먼저 맞닥뜨린 상대는 이밀 세력이었다. 이밀은 본대를 창성에 남겨두고 단단히 지키도록 한 다음, 자신은 몸소 경기병輕騎兵을 이끌고 우문화급 군대의 후방을 교란했다. 기수淇水하남성 안양의 서남쪽을 흐르는 강이며, 위하(渭河)의 지류 강가에서 우연히 양측이 강을 끼고 만났을 때, 이밀은 말을 타고 나아가 우문화급을 부르며 말했다.

"너는 원래 몽골족의 거지가 아니더냐. 부모 형제 모두 수나라의 은혜를 입고 온갖 영화를 다 누려왔으면서, 천자가 덕망을 잃었을 때 똑바로 간언하지 않았다. 그뿐인가, 시살의 대죄를 범하고 찬탈의 악업을 저지르다니 천하에 용납할 수 없는 역적이다. 앞으로 어디로 갈 생각인가? 너희들에게 갈 곳은 없다. 다만 여기서 빨리 항복한다면 자손들의 목숨만은 살려주겠다."

이밀이 욕을 퍼부으며 소리치자 우문화급은 제대로 대꾸하지 못했다. 우문화급이 입을 우물거리다가 겨우 외쳤다.

"너희들과 말을 섞어봐야 득 될 것이 없다. 전쟁으로 겨루자."

이밀은 자신의 종자從者를 뒤돌아보고 웃으며 말했다.

"아무래도 엄청난 바보인 것 같군. 저런 놈이 천하를 거머쥘 생각을 한다는 게 무섭다."

우문화급이 이끄는 군대는 북방 출신의 용감한 전사들로 이루어졌지만, 정작 대장 우문화급은 이밀의 발끝에도 미치지 못했다. 결국 우문화급은 그곳에서 무참히 패배했다. 처음부터 황하로 나갔다면 서쪽으로 움직여 장안에 입성할 수 있었지만, 이미 그 길을 이밀이 가로막고 있기 때문에 북쪽을 향해 이동했다. 그러는 사이 식량이 점차 떨어지면서 더 이상 가망이 없다고 생각한 병사들의 도망이 속출했다. 우문화급은 점점 자포자기 상태가 되어 동생 우문지급과 매일 싸움만 벌였다. 우문화급이 우문지급에게 말했다.

"원래 이 계획은 네가 입안했으며, 억지로 나에게 찬성하도록 만든 것이다. 아무 생각 없이 동조한 나만 죽을 고생을 하는구나. 어디를 가도 성공할 가망은 없어 보인다. 게다가 시역弒逆이라는 죄명을 혼자 뒤집어쓰고 천하를 떠도는 몸이 되었다. 너는 정말 말도 안 되는 계획을 내게 가르쳐줬구나."

우문화급이 그렇게 탄식하며 자신의 두 아들을 끌어안고 울자, 우문지급도 화를 내며 말했다.

"일이 잘되어갈 때는 아무런 불평도 하지 않더니, 이제 와서 형세가 나빠졌다고 모든 책임을 제게 돌리는 것은 저의 체면을 깎는 일입니다. 정 그러시면 저를 먼저 죽이시지요."

둘이서 울다가 술을 마시고, 술에 취해 또 울었다. 정말 한심하기 짝이 없는 형제였다. 그러는 가운데 죽기 전 마지막으로 얻을 수 있는 영예라 생각했는지, 우문화급은 지금까지 황제로 모시던 진왕 양호를 독살하고 자신이 황제의 자리에 올랐다. 나라 이름은 허許, 연호는 천수天壽라 했으며 백관을 임명했는데, 허술하기 그지없는 독립국이었다. 이윽고 부근에 세력을 형성한 두건덕과 전쟁을 벌였지만, 연전연패한 끝에 허나라 수뇌부 일동은 그대로 포로가 되었다. 두건덕은 수 왕조 신하의 이름으로 우문화급과 그의 두 아들, 그리고 우문지급 및 그의 무리를 닥치는 대로 모조리 베고 그들의 머리를 시장에 내걸어 사람들 눈에 띄게 했다.

수양제는 남북조시대의 혼란스러운 역사에 종지부를 찍었지만 낡고 고루한 천자였다. 최근 역사학의 경향에 따르면 남북조는 진陳나라의 멸망으로 끝나고 수나라는 다음에 이어지는 당나라와 함께 흔히 수·당이라고 묶여 일컬어지는데, 중국의 전통적인 견해로 보면 수나라는 남북조 속에 포함된다. 예를 들어 『북사北史』에는 수나라까지 포함되어 있다. 양쪽 견해 모두 일리가 있다. 수나라는 문제 시대에 남북을 통일한 필연적인 결과이기도 하지만, 각종 새로운 정책을 실시했고 그것들이 나중에 당으로 이어졌음은 확실하다. 그러나 새로운 제도가 시작되었음에도 나라를 운영한 인물들의 면면을 살펴보면 여전히 구태의연한 부분들이 있었다. 수양제는 그중에서도 가장 대표적인 인물이다. 그는 낡은 방식으로 권력을 잡고, 낡은 방식으로 그 권력을 쥐고 흔들었으며, 마지막에는 낡은 방식으로 살해당했다.

나중에 당나라가 천하를 통일하고 강남을 평정했을 때 고조高祖 이연은 수양제의 사체를 천자다운 예식을 갖춰 이장했다(622). 양제煬帝라는 시호는 이때 정해졌다. 시호는 제왕이나 재상이 죽은 뒤 그 사람의 생전 업적을 평가해서 붙이는 이름이므로 대개는 좋은 의미를 담는다. 그러나 수양제의 경우에는 왕조가 바뀐 당나라 때가 굳이 아니더라도 그다지 좋은 시호는 붙여지지 못했을 것이다. '양煬'이라는 시호에는 색을 밝혀 예를 무시한 자, 예를 등지고 백성들로부터 미움 받은 자, 하늘을 거스르고 백성을 착취한 자라는 의미가 담겨 있다. 확실히 이는 수양제가 감수해야만 하는 이름이 틀림없다.

한 가지 흥미로운 사실은 남조 진나라의 마지막 천자인 후주後主가 나라가 망한 뒤 수나라의 신하가 되어 죽었을 때, 수양제가 그에게 붙여준 시호가 바로 '양煬'이라는 글자였다는 점이다. 인간은 다른 사람에 대해서는 잘 알면서도 정작 자신에 대해서는 잘 모른다. 다른 사람에게 '양煬'이라는 시호를 붙여준 자신이 나중에 죽은 뒤 똑같이 '양煬'의 시호가 붙여지리라고는 아마 수양제 본인도 상상하지 못했을 것이다.

14

새로운 기운

수양제 만년에 이르자 민간에서는 풍설이 나돌았는데, 수나라가 멸
망하고 이씨李氏가 천자가 될 거라는 내용이었다. 풍설이란, 누가 만들었
는지도 모르고 어디서 흘러나왔는지도 알 수 없지만 언제부턴가 사람들
의 입을 통해 널리 불리는 가요곡 형태의 예언이다. 그중에 '도리桃李의
아들'이라는 노래가 하나 있었다. 세상 사람들은 천자가 될 이씨가 과연
누구인가를 놓고 이야기꽃을 피웠다. 이 소문은 궁에까지 들어갔으며,
이에 어느 점쟁이가 수양제에게 권하길 이씨가 혁명을 일으키기 전에 천
하의 이씨를 전부 죽여버리는 편이 안전하겠다고 말했다 한다.

'이李'라는 성姓은 본디 중국에 흔했는데, 특별히 수나라 때 경계의 대

상이 된 데는 나름의 이유가 있다. 수나라가 멸망시킨 북주에는 나라가 세워진 이래 개국공신으로서 그 자손들까지 번창한 가문 중 특히 이씨가 많았기 때문이다. 우문씨가 세운 북주는 무천진에서 일어나 천하를 거머쥔 왕조로, 그와 행동을 같이한 유력 귀족 가문에는 팔주국八柱國, 십이대장군十二大將軍이라 불린 집안이 있었다. 다 합쳐 스무 가문 가운데 중국인 출신은 일곱 가문에 불과했지만, 그중 세 가문이 이씨였다.

앞서 언급한 팔주국 가운데 한 사람인 이필의 증손자가 이밀이며, 그는 양현감의 반란에 가담해서 수양제의 간담을 서늘하게 만들었다. 하지만 이 반란은 오래가지 못한 채 결국 실패로 끝나고 이밀은 지하로 숨어들어버렸다. 그 때문에 수양제는 이밀이 아닌 제2의 이씨를 의심하게 되었다.

북주의 십이대장군 중에서 이씨로는 이원李遠이 꼽힌다. 이원과 그의 아들은 북주의 내분에 연루되어 살해당했지만, 이원의 동생 이목李穆은 수문제의 혁명을 도운 공이 있어 확고부동한 일류 명문가로 부상했다. 이목의 아들인 이혼李渾은 우문술의 여동생을 아내로 맞았으며, 이목의 종손자 이민李敏은 수문제의 장녀인 낙평공주의 딸을 아내로 맞아 일족이 크게 번창했다.

이민의 자字는 홍아洪兒인데, '홍洪'이란 넓다는 뜻이다. 이 때문에 수양제는 이민이야말로 수나라 제위를 넘보는 반역자라고 의심해서 여러 차례 그에게 자살을 압박했다. 이민은 크게 두려워하며 당숙인 이혼에게 어떻게 하면 좋을지 의논했다. 그런데 당시 이혼은 재산상속 문제로 아내의 오빠인 우문술과 견원지간으로 지내던 때였다. 그들을 몰락시킬 절호의 기회라고 생각한 우문술은 이혼과 이민이 공모하여 제위를 넘보고 있다고 고발했다. 이에 따라 특별재판소를 설치해 조사했으나 반역의 증거는 전혀 나오지 않았다. 어쩔 수 없이 재판소를 해산하려고 할 때, 수양제는 우문술에게 특별히 재조사를 실시하도록 명했다. 이에 우문술은 수양제에게 잘 보이기 위해 온갖 술책을 꾸미며 이씨를 유죄로 몰아갈 계획을 세웠다. 그러고는 이민의 처, 즉 수양제의 조카딸을 협박하고 교묘한 말로 꾀었다. 너 한 사람만은 살려줄 테니 그 대신 이민의 모반을 밀고하라는 거였다. 이민의 처는 너무 무서운 나머지 우문술이 직접 불러주는 대로 진술서를 썼다. 이씨 가문이 천자를 습격하고 이민을 제위에 올리려는 음모를 꾸몄다는 내용이었다. 우문술이 이를 증거로 이민을 반역죄로 결론지어 상소를 올리자 수양제는 눈물까지 흘리며 기뻐했다.

"정말 큰일 날 뻔했다. 수나라 천하는 경 덕분에 무사한 거나 마찬가지다."

수양제는 그렇게 말하며 우문술의 노고를 치하했다. 이로써 이씨 일족 32명이 처형되고, 헤아리지도 못할 정도로 많은 사람이 유배형에 처해졌다. 그뿐 아니라 이민의 처 역시 나중에는 독살당했다. 어처구니없는 이야기지만 잘 생각해보면 이와 비슷한 일이 지금도 실제로 일어나고 있다. 정당, 군부, 관료, 재벌 등 권력자들은 자신의 지위를 위태롭게 하는 것이 자신의 동료의 악업이라는 사실을 조금도 생각지 않고, 뭐든 상황이 안 좋으면 상대방 탓으로 돌려버린다.

한편, 일단 지하로 잠적했던 이밀은 남모르게 착실히 반란 계획을 세우고 있었다. '도리의 아들'이라는 노래가 가리키는 사람은 이밀이었다. 왜냐하면 '도리의 자식, 즉 도망간 이씨의 아들'이라는 뜻을 갖고 있기 때문이다. 얼마 뒤 이밀은 지하 활동을 접고 세상으로 나와, 수 왕조를 쓰러뜨리고 천자가 될 거라며 선전을 하고 돌아다녔다. 마침 수양제가 낙양에서 도망쳐 강도로 내려가자 때를 만난 것처럼 여유 있는 얼굴로 민중 앞에 모습을 드러냈다. 그가 낙구창을 점령하고 낙양을 비운 수나라 정부와 대대적인 전쟁을 전개할 때는 정말로 수나라를 대신하여 천하를 지배할 자가 이밀밖에 없다는 희망을 갖게 했다.

그런데 여기에 제3의 이씨가 있었다. 북주의 최고 귀족으로 꼽히는 팔주국 중 한 사람인 이호李虎의 자손이었다. 이호의 아들 이병李昞은 독고신獨孤信의 넷째 딸을 아내로 맞이했다. 독고신의 일곱째 딸은 수문제의 황후였으므로 이병은 수문제와 이른바 동서지간이 된 것이다. 그리하여 이병과 그의 아들 이연李淵은 수문제로부터 큰 신뢰를 받았다.

그러나 수양제가 제위에 오르자 상황이 조금 달라졌다. 이연과 수양제는 이종사촌 사이지만, 이씨가 장차 천자가 될 거라는 풍설은 수양제의 마음속 깊이 파고들어 사촌에 대한 경계심을 불러일으켰다. 수양제는 이연에게 몇 번이고 박해를 가하려 하면서도 막상 실행에 옮기는 일은 주저했는데, 이는 이연이란 자가 멍하니 재주도 없고 아무리 봐도 천하를 차지할 만한 그릇으로 보이지 않았기 때문이다. 그런데 이연에게는 비록 나이는 어리지만 이세민李世民이라는 걸출한 둘째 아들이 있다는 사실은 아직 누구도 눈치채지 못했다.

수양제가 마지막으로 장성을 순시할 때 이연은 태원太原에 주둔하면서 돌궐의 침입에 대비하고 있었다. 그러다가 천자 일행이 안문성에서 돌궐에 포위되었다는 연락을 받고 급히 구원하러 갔으며, 그 공을 인정받아 수양제가 낙양으로 돌아간 뒤에도 그대로 태원에 머무르며 장성을 지켰다. 이연은 돌궐과 끊임없이 크고 작은 전투를 벌이는 사이에 상대 유목 민족의 기마 전술이 굉장히 우수하다는 점을 알아챘다. 그리고 아마도 이연의 차남 이세민이 건의했겠지만, 돌궐식 기마 전술을 그대로 흉내 내어 부하들을 훈련시키기 시작했다.

본디 중국인은 자국 문화에 절대적인 자신감을 갖고 있기 때문에 좀처럼 외국의 문화를 받아들이지 않는다. 그러나 외국에도 당연히 뛰어난 문화가 있으며, 조금씩 서서히 중국에 들어왔기 때문에 중국 문화라 해도 실제로는 완벽하고 순수한 중국 문화라 할 수 없고 어느 정도는 혼합 문화로 보아야 한다. 그럼에도 불구하고 전혀 새로운 것이 나타났을 때 그것을 쉬 수용하려 들지 않는다. 남북조시대에 돌궐이 구사한 전술은 사실 서아시아에서 기원하지만 북방 유목 민족에 의해 적응·소화된 것이다. 이는 기마병의 단체 전술로서는 대단히 우수했다. 이연은 바로 그 전법을 대담하게 채용했고, 나중에 천하를 평정할 때 그것의 효과를 톡톡히 보았다는 사실은 의심의 여지가 없다.

동란의 소용돌이 속에서 군사를 일으킬 때는 자신의 수족처럼 부릴 수 있는 핵심 부대가 절대적으로 필요하다. 다른 곳에서 빌려 오거나 적당히 조합한 부대를 이용해서는 안 된다. 처음부터 훈련을 통해 양성된 부대여야만 한다. 이런 점에 비춰 본다면, 수나라 말엽 군웅 가운데 한때 패권을 장악했던 이밀도 천하를 다툴 능력이 부족한 듯싶다. 그의 군대는 이른바 오합지졸로, 기세가 좋을 때는 태풍처럼 강하게 움직였지만 기세가 떨어지면 그대로 안개처럼 사라져갔다.

그에 비해 이연의 군대는 기병 정예부대를 주력으로 하는 강점을 갖고 있었다. 당시 각지의 군웅들은 도적이든 일반 백성이든 가리지 않고 받아들여 전력을 구성했기 때문에 기세 좋은 보병이 주축을 이루고 기병은 이들을 따르는 정도였다. 따라서 이러한 군대를 이끈 이밀 역시 설사 전쟁에서 이겼다 해도 그것은 어디까지나 상대방에게 패하지 않았다는 의미일 뿐, 철저하게 완벽히 승리를 거둔 것은 아니었다. 결국 적에게 타격을 가하면 아군도 많은 피해를 입게 마련이었다. 실제로 이밀은 낙양 공방전을 반복하면서 용감한 병사들을 많이 잃어 전력이 크게 저하되었다고 전해진다. 만약 기병 부대를 충분히 보유했다면, 전황이 불리해질 경우 큰 피해를 입지 않은 상태로 전장에서 퇴각했을 것이고, 승세를 잡은 전투에서라면 포위전과 추격전을 과감하게 구사하여 적을 섬멸할 수 있었을 것이다. 또한 섬멸까지는 아니더라도 최소한 적에게 치명적인 타격을 입혀 다시는 일어설 수 없게 만들 수도 있었을 것이다. 요컨대 상당히 효과적으로 전투를 치를 수 있었을 터다.

갑옷 입은 기마용(채색, 금박)
이연·이세민 부자는 돌궐식 기마 전술을 받아들여 기병 부대를 훈련시키고, 이 부대를 중심으로 수나라 말기의 패권을 장악했다. 사진은 투구를 쓰고 갑옷을 입고 있는 기마용으로, 당나라 시대에 만들어졌다.

수양제가 강도로 떠난 뒤 낙양이 이밀과 수나라 군대 간 사투의 장이 되고 있을 때, 태원에 자리한 이연은 자연스럽게 반독립 상태에 놓여 있었다. 이 상황이야말로 천재일우의 기회라며 이연을 부추겨 병사를 일으키게 한 사람이 그의 차남 이세민이었다. 우유부단한 성격의 이연은 몇 번이나 주저했지만 이세민과 배적裴寂, 유문정劉文靜 등의 계책을 듣고서야 마지못해 동의했다.

이때는 이밀의 위세가 질정에 달했을 시점이라 이연은 정중한 말로 동맹을 제안했는데, 그 내용은 이밀을 맹주로 모시고 그의 보호를 받는 형태였던 것 같다. 이연은 이렇게 이밀과 동맹을 추진하는 것과 동시에 돌궐에도 사신을 보내서 두둑한 이익을 보장하며 원조를 요청했다. 이연·이세민의 계획은 먼저 장안을 점령하고 그곳을 근거지로 구關무천진 군벌을 규합해서 천하를 호령하려는 것이었다.

그들의 계획은 제대로 들어맞았다. 이연의 군대가 먼 길을 달려 장안으로 들이닥치자 수나라 관료들은 수양제의 손자인 대왕 양유를 모신 채 그들을 맞이했다. 여기서 이연은 실권을 잡고 새로운 정부를 만들었다. 먼저 열세 살의 대왕 양유를 수나라 황제隋恭帝로 옹립해 즉위시키고, 멀리 강도에 있는 수양제를 은근히 무시하면서 태상황太上皇으로 칭했으며, 연호도 대업 13년(617)을 고쳐 의녕義寧 원년으로 제정했다. 물론 수양제는 이를 인정하지 않았다. 그 결과 수나라에는 장안과 강도, 두 군데서 동시에 황제가 존재하게 되었다. 그런데 여기서 잠깐 이치를 따지고 넘어가자면, 설령 악역무도하다 할지라도 전해의 수양제와 올해의 수양제 간에 특별히 변화가 있다고는 볼 수 없기 때문에, 만약 정통성이 어느 쪽에 있는지를 밝힌다면 역시 수양제 쪽이 정통이라 할 수 있겠다. 또한 연표를 만들 때도 이해는 대업 13년으로 하는 것이 맞다.

그렇다면 대체 이연은 수양제가 아직 강도에 멀쩡히 살아 있음에도 왜 이를 무시하고 장안에서 새 황제를 옹립했을까. 아마도 그 속셈은 한 번 붕괴된 무천진 군벌을 다시 일으켜 세우겠다는 선언이었을 것이다. 무천진 군벌의 단결과 전통은 수나라 왕조의 배신으로 파괴되었다고는 하나, 아직 장안에서는 배후의 한 흐름으로 계속 이어져 내려오고 있던 터다. 그런 때 이연이 입성했다. 가문으로 따지면 이연은 수 왕조의 양씨보다 한 단계 위였다. 수나라 양씨로부터 소외된 옛 귀족 가문들은 일제히 쌍수를 들고 이연의 등장을 환영했을 것이 틀림없다.

이연이 우선 장안부터 진입해서 무천진 군벌의 옛 귀족들을 회유한 작전은 향후 그의 활동에 크나큰 도움이 되었다. 오래된 인연의 끈을 따라가다보면, 천하에 흩어져 있는 명망가와 활동가는 대체로 장안에서 근원을 찾을 수 있기 때문이다. 그 연고 덕에 이연은 적을 무너뜨리거나 매수할 단서를 얻어내곤 했다. 사실 이연은 적 내부에 아군을 심고 그와 내통함으로써 상대를 전복하는 술책을 자주 사용했다.

또한 이연이 포섭한 장안의 옛 귀족들은 거의 대부분 관료 출신 집안이었는데, 이는 바꿔 말하면 통치 기구 안에서 직책을 맡았던 경험이 있는 정치 실무가들을 자기편으로 끌어들였다는 말이다. 다른 군웅들은 대개 단순한 전투 집단에 지나지 않았고, 전쟁에서 승리하여 토지와 성읍을 점령한들 그것을 효과적으로 통치하고 이용할 수 있는 방법을 몰랐다. 그들의 진중에는 그런 경험자가 없었던 것이다. 하지만 세력을 확실히 늘려가려면 전쟁에서 승리만 거둬서는 아무 소용없다. 전과를 적절히 효과적으로 활용할 때야말로 진정한 승리를 거머쥘 수 있다.

낙양의 수나라 군대와 이밀의 전쟁은 끝도 없이 이어졌다. 이밀도 장안을 손에 넣고 싶은 마음은 굴뚝같지만 이미 낙양의 적과 맞붙은 상황이라 서쪽으로 손을 뻗칠 여유가 없었다. 그러는 사이 강도에서 수양제 암살 소식이 들려오자 낙양의 관료들은 수양제의 가운데 손자인 월왕 양동을 황제수공제(隋恭帝)로 옹립해 즉위시키고, 대업 13년 이듬해(618)를 황태皇泰 원년으로 개원했다. 한편 강도에서 수나라 관군을 총지휘하여 끌고 온 왕세충도 점차 세력이 강해졌다. 특히 적군 이밀의 군대가 조금씩 전쟁에 염증을 느끼기 시작한다는 점, 여러 번 승전을 거듭한 이밀이 자만심에 빠져 방심하고 있다는 점을 간파한 왕세충은 결사 정예를 뽑아 이밀의 군대와 싸우고 공전의 대승리를 거두었다. 이밀은 이 패전으로 치명적인 타격을 입었는데, 지금껏 그가 쌓아온 세력은 하루아침에 무너졌고 획득한 영토도 빼앗겼으며, 부하 장수들은 적에게 항복함으로써 그 자신은 쓸쓸히 혼자 남아 모든 것이 도로 아미타불이 되어버렸다. 이밀은 어쩔 수 없이 장안의 이연에게 투항했다.

이밀을 물리친 왕세충은 득의양양하여 본성을 드러내기 시작했다. 먼저 낙양 정부의 전권을 장악하고 급기야 수나라 황제 양동으로부터 제위를 빼앗아 스스로 황제에 올랐는데, 나라 이름을 정鄭이라 하고 연호를 개명開明으로 정했다. 그런 뒤 이전의 황제인 양동을 곧바로 살해했다. 황태 2년(619)의 일로, 양동의 나이 열일곱이었다.

한편, 장안의 이연은 낙양에서 이밀과 왕세충이 서로 먹느냐 먹히느

냐의 전쟁을 벌이는 동안 착실하게 기반을 다져나갔다. 수양제가 살해당했다는 보고를 받자 이연은 자신이 옹립한 수나라 황제 양유가 더 이상 쓸모없어졌다고 판단했다. 그에 따라 강제로 양위하게 하고 스스로 천자의 자리에 올랐는데, 나라 이름을 당唐이라 하고 연호를 고쳐 무덕武德 원년(618)으로 정했다. 그가 바로 300년 가까이 지속된 당 왕조의 초대 고조高祖라 불리는 천자다. 양유는 이듬해(619) 살해당했다. 이로써 수문제의 아들 자손은 전부 몰살되고 대가 끊겼다.

당고조는 우선 서쪽으로 섬서성陝西省과 감숙성甘肅省 두 지방을 평정하여 배후를 다지고, 다음으로 동쪽 경략에 착수했다. 앞서 이연에게 항복한 이밀은 그 뒤 모반을 꾀했지만, 바로 그 때문에 이름 없는 지방관에게 살해당했다. 실로 용두사미라고 할 수 밖에 없는 덧없는 최후였다. 이제 당고조 이연의 다음 상대는 낙양의 왕세충이었다.

왕세충 군대도 오랜 기간 이밀과 전쟁을 치른 탓에 피로가 누적되었고 식량도 부족한 상태였다. 그리하여 동쪽에 이웃해 있는 두건덕에게 원조를 구했다. 당나라의 세력이 강성해지는 것을 두려워한 두건덕은 자신이 끌어모을 수 있는 병력을 전부 동원하여 총 10만 대군을 이끌고 낙양의 왕세충을 구원하러 왔다.

당나라 군대의 총지휘관은 이세민으로, 그는 호뢰성虎牢城지금의 하남성 형양현에 들어가 전사들을 쉬게 하면서 두건덕의 군대를 유인했다. 적군이 성 아래까지 쳐들어왔는데도 이세민 군대는 조용하게만 있을 뿐 움직임을 보이지 않았다. 하지만 정오 무렵에 이르러 두건덕 군대가 물러나는 것을 확인한 이세민은 민첩한 기병을 이끌고 추격하여 그들을 포위했다.

당나라의 정예 기병은 몇 번이고 적군 한가운데로 뛰어들어 적의 진형을 흐트러뜨렸다. 두건덕 군대는 완전히 무너져서 처음 출정군의 절반에 해당하는 5만 명이 항복하여 포로가 되었다. 두건덕도 말에서 떨어져 사로잡혔다. 당나라 군대의 완승이었다. 이세민은 이때 포로로 잡은 병졸을 죽이지 않고 전부 석방하여 농촌으로 돌려보냈다.

이세민은 두건덕을 밧줄에 묶어 낙양성 아래로 끌고 다녔다. 왕세충은 그 기세에 눌려 흰옷을 입고 일족 백관들 3,000명과 함께 성문을 열고 항복했다. 이렇게 이세민은 낙양성에 무혈입성하여 성내 치안을 확보한 뒤 직접 궁궐을 한 바퀴 둘러보면서 탄식했다.

"과연, 이만큼 사치를 부리려면 아무리 백성들을 부려먹어도 모자랄 수밖에 없겠군. 이렇게 했는데 망하지 않으면 오히려 그게 더 이상하다."

이세민은 주요 인물을 포로로 잡아 장안으로 끌고 돌아가서 성대한 개선 행사를 개최했다. 두건덕은 목이 잘렸지만, 왕세충은 항복했으므로 목숨만은 살려주어 촉蜀 지방으로 유배를 보냈다. 그러나 그간 너무 많은 사람을 죽인 죄과 때문인지 왕세충의 유배형에 대해 모두 납득하지 못했다. 결국 왕세충은 유배를 가는 도중에 죽임을 당했다. 다만 그의 하수인들은 관직을 박탈하는 벌로 끝났다.

전투의 수훈자인 이세민은 나중에 태종太宗으로 불리는 당나라 2대 천자로 등극하는데, 당시로서는 이른바 새로운 유형의 인물이었다. 수나라 말기의 혼란한 상황에서 이미 전 왕조의 인물 유형과 다른 새로운 유형의 인물이 출현하기 시작했는데, 이밀과 두건덕이 그런 부류에 속한다. 새로운 유형의 인물이란, 기존의 구세력 위에 쉽게 편승하여 자기에게 유리하도록 그 세력을 이용하는 능력밖에 없는 인간들과 다르게, 자신의 힘으로 새로운 국면을 타개하려 했던 사람을 가리킨다. 그러나 이밀과 두건덕에게는 아직 낡은 시대의 구태가 여전히 남아 있었다. 특히 그들은 어느 정도 성공을 거두자 곧바로 기존 인물들과 거의 다를 바 없는 구식 형태로 되돌아가버렸다.

그렇게 보면 이세민의 진화 정도는 상당히 앞서 나갔다고 말할 수 있다. 이세민 역시 낡은 세력을 이용하기는 했지만 그 과정에서 새로운 형태로 재정리하는 수완을 발휘했다. 당 왕조는 기존의 모든 왕조가 갖지 못했던 새로운 특징을 갖고 있었다.

물론 당 왕조도 다음에 나타나는 송* 왕조와 비교하면 역시 낡은 부분이 있다. 역사는 한두 번의 탈피로 진화가 완성되지 않으며 끊임없는 노력에 따라 새로움을 쌓아나가는 것이다. 노력을 게을리하면 역행하는 일조차 생긴다. 여기서 새로움이란 절대 빌려온 것이어서는 안 된다. 진짜 자신이 스스로 만들어낸 독창성이야말로 새로운 것으로서 평가될 수 있다. 이세민의 역사상 지위는 그 뒤 역사에 나타난 당 왕조의 새로운 성격을 검토할 때 비로소 적절히 평가되리라고 본다.

당태종 이세민

후기

수양제의 생애는 지금까지 대부분 흥미 위주로, 때로는 엽기적이라는 측면에서 취급되는 경향이 강했다. 이런 인식은 상당히 오래전부터 그래왔는데, 당唐 대 소설로 알려진 『개하기開河記』, 『미루기迷樓記』 등과 같은 책이 많이 읽히면서 거의 그대로 역사적 사실인 양 받아들여졌다. 이런 내용을 종합해서 하나의 이야기로 정리한 책이 『수양제염사隋煬帝艷史』, 혹은 단순히 『염사艷史』로 불리는 통속소설이다. 그런데 소설 제목이 『수양제외사隋煬帝外史』로 바뀌자 이 또한 대부분 역사적 사실처럼 여겨져, 일본에서도 도쿠가와德川 시대 보력寶曆 연간(1751~1764)에 일본어로 번역·출판되고, 메이지明治 44년(1911)에 와세다대학 출판부에서 나온 『통속이십일사通俗二十一史』에도 수록되었다. 메이지 26년(1893)에 발행된 『수양제隋煬帝』라는 책도 사실 이 책의 이본異本에 불과하다.

수양제 전기는 특별히 소설을 빌려오지 않더라도 역사적 사실 자체가 재미있는 이야기다. 아니, 오히려 날것의 역사적 사실이 훨씬 재미있고 읽는 맛에도 깊이를 느낄 수 있다. 그래서 나는 이 책을 쓰면서 역사적 사실만 추구하려고 노력했다. 하지만 이 작업은 그렇게 간단한 일이 아니다. 『수서隋書』가 정사正史이므로 그에 의거해서 쓰기만 하면 될 거라고 생각한다면 오산이다. 역사학은 그리 단순하지 않기 때문이다. 『수서』에는 이미 수많은 야사野史가 기술되어 있기 때문에 사실의 앞뒤가 맞지 않거나 모순되는 경우도 있다.

예를 들어 수양제가 아버지 수문제를 시해하고 즉위했다는 것이 거의 통설처럼 받아들여지고 있으나, 사실은 그렇게 한마디로 단정할 수 없다. 그런 점에서 『자치통감資治通鑑』은 신중한 서술을 보인다. 『자치통감』은 처음엔 『수서』 본기本紀에 따라 수문제의 죽음을 아무렇지 않게 기록한 뒤, 다음에는 열전列傳을 통해 이설異說로써 수양제 시살弑殺에 대한 의문을 서술했다. 나도 이 책을 쓸 때 대체로 그러한 체제를 따랐다. 이 문제와 관련하여 나는 따로 고증을 시도한 적도 있다.

『자치통감』은 이 부분을 상당히 잘 서술해놓았다. 특히 인간관계를 분명하고 정확하게 파악해서 기록하고 있다. 그 점도 이 책을 쓰는 데 큰 도움이 되었다. 최근 역사학은 권력자에 대한 묘사를 피하고 인간관계를 무시하는 경향이 있는데, 이는 뭔가 잘못 생각하고 있는 것 같다. 역사학의 최종 목적은 인간관계를 규명하는 일로 귀결된다. 인간의 삶이란 결국 인간관계로 이루어지기 때문이다. 인간관계에는 마땅히 개인과 개인의 관계도 포함되어야 한다. 인간관계의 방식이 어떻게 변천되어왔는지를 살펴보는 작업은 역사학의 중요한 문제여야 한다. 그 한 종류로서 제왕을 다루는 것은 매우 당연한 일이며, 회피해야 할 이유도 없다. 다만

문제는 과연 잘 다루었는지 여부다. 나는 감히 내가 쌓은 업적과 성취에 대해 스스로 평가할 생각은 없지만, 단지 확실한 것 하나는 있다. 이런 글은 앞으로도 계속해서 쓸 생각이고, 또한 다른 사람에게도 쓰기를 권할 거라는 절대적 자신감이다.

이 책에 삽입된 삽화는 명나라판 『수양제염사』에서 따왔다.* 특별히 근거가 있지는 않지만, 다만 중국인이 당시 실제 경치를 어떻게 상상했는지를 흥미롭게 실펴볼 수 있다. 그리고 이 책의 기사와 관련된 학술 논문은 다음과 같다.

- 누노메 초후布目潮渢, 「양현감의 반란楊玄感の叛乱」, 『리쓰메이칸문학立命館文学』 제236호, 쇼와昭和 40년(1965) 2월.
- 졸고拙稿, 「수대사잡고隋代史雜考」, 『사학연구史学研究』 제72호, 쇼와 34년(1959) 4월.
- 야마자키 히로시山崎宏, 「수조 관료의 성격隋朝官僚の性格」, 『도쿄교육대학문학부기요東京教育大学文学部紀要』 VI, 쇼와 31년(1956).

---

* 편집자 주

1. 원서에는 『수양제염사』의 삽화만 수록되어 있지만, 이 책에 실린 그 밖의 도판은 역사비평사 측에서 편집해 넣은 것이다.
2. 원서에 실린 『수양제염사』는 명나라판이라고 하는데, 정확한 서지 사항은 알 수 없다. 다만 서울대학교 중앙도서관 고문헌자료실이 소장한 1631판 『수양제염사』가 있어, 그 책에서 똑같은 삽화를 따왔다. 그 책의 서지 사항은 다음과 같다.
   Qidongyeren·Bujingxiansheng, 『수양제염사隋煬帝艶史』(40回 8卷 16冊 4函), 1631, 중국.

부록

수나라 역사에 관한 이런저런 생각
(隋代史雜考)

1 수나라 명칭에 관한 고찰(隋國號考)

　역사학에서는 마치 명백한 이치처럼 거의 의심할 여지없는 사실로 받아들여지던 것이 조금만 깊이 파고들어 고찰하면 매우 모호한 가설에 불과한 경우를 흔히 볼 수 있다. 수 왕조의 '수隋'라는 글자에 관한 문제가 그 한 가지 예다.

　'隋'라는 글자는 원래 춘추시대 수隨나라호북성(湖北省)에 소재했던 제후국의 '隨'에서 유래하는데, 주州·군郡·현縣 이름으로 후세까지 전해진다. 북주 시대 왕실의 외척이었던 수국공隨國公 양견이 훗날 북주를 찬탈하여 천자가 되고 나서, '隨'라는 글자에서 '辵(달아나다)'의 의미를 지닌 '辶(辶)'이 있는 것을 싫어해 빼버리고 '隋'라는 글자로 나라 이름을 정했다고 한다. 이 이야기가 지금까지 정설로 받여들여지고 있기 때문에, 입학시험에서 수 왕조를 나타낼 때 '隨'라고 쓰면 아마 분명히 감점을 당할 것이다.

　그런데 이 설과 관련된 확실한 사료가 있는지를 찾아보면 의외로 아무것도 발견되지 않는다. 『수서隋書』 혹은 『전수문全隋文』을 살펴봐도 그런 조서詔書나 선언은 없다. 또한 정확한 연대도 확실한 것이 없다. 남송南宋 오증吳曾의 『능개제만록能改齋漫錄』 권1 '고무수자古無隋字' 조條에는 다음과 같은 기록이 있다.

> '隋'라는 글자가 옛날에는 없었다. (북주의 정제로부터) 문제文帝가 선양을 받고 북위·북제·북주가 모두 망했다는 사실을 꺼림칙하게 여겨 마침내 (달아나다, 사라지다는 뜻을 지닌) '辵(辶)'을 없애고 간단히 '隋'로 적었다. 이는 후한後漢이 낙洛을 도읍지로 정하면서 화덕火德을 중시하여 '氵(水)'를 없애고 '隹'를 넣어 '雒' 자로 만든 것과 같은 이치다.

이에 따르면 '隨'를 '隋'로 바꾼 시점은 수문제 양견이 천자의 자리에 올랐을 때다. 그래서 정사正史에서 이 이야기를 어떻게 다루고 있는지 찾아보았으나, 불행히도 원본을 볼 수 없었으므로 하는 수 없이 『백납본송촉대자본후주서百衲本宋蜀大字本後周書』, 『동원대덕본수서同元大德本隋書』, 『사부총간본송본자치통감四部叢刊本宋本資治通鑑』 등을 살펴보았다. 『주서周書』 권5 「무제기武帝紀」 상上에는 이렇게 되어 있다.

- 보정保定 2년 5월 임진일. 주국柱國 수국공隨國公 양충을 대사마大司馬로 삼았다.
- 천화天和 3년 7월 임인일. 주국 진(수)국공陳(隨?)國公 양충 사망하다.

또, 같은 책 권6 「무제기」 하下에는 다음과 같은 기사가 나온다.

● 건덕建德* 4년 7월 정축일. 수국공隋國公 양견 운운.

이를 보면 수문제의 아버지 양충 시대까지는 '隨'라 적고, 아들 양
견 대에 이르러 건덕 4년(575)부터 '隋'라는 글자를 사용하고 있다. 그런
데 『송본자치통감宋本資治通鑑』 권174 「진태건陳太建」 12년(북주北周 대상大象 2년,
580) 조條에는 또 다른 기록이 나온다.

● 9월 경술일. 수隨의 세자 용勇을 낙주총관洛州總管으로 삼았다.
● 12월 갑자일. 주周, 대승상 견堅을 상국相國으로 삼았다. 작위를 올려
   왕으로 하고, 안륙安陸 등 20개 군을 수국隋國이라고 했다.

이에 따르면 '隨'를 '隋'로 바꾼 것은 양견이 왕으로 봉해진 때다. 『백
납본자치통감百衲本資治通鑑』에는 호주胡注 원나라 초기의 학자 호삼성(胡三省)의 주석가 없지
만, 지금 호주본胡注本(권175, 진陳 태건太建 13년, 수隋 개황開皇 원년, 581) '선위우수禪
位于隋'를 보니, 이런 기록이 있다.

양견은 수공隨公의 영지를 물려받았다. 이에 국호를 '隨'라고 했다. 북
주·북제가 망했기 때문에 '辵(辶)'을 빼서 '隋'라고 했다. '辵(辶)'은
'走'와 같은 뜻이기 때문이다.

---

* 보정, 천화, 건덕은 북주 무제의 연호로, 보정은 561~565년, 천화는 566~572년, 건덕은
572~577년에 사용되었다. 따라서 '보정 2년'은 562년, '천화 3년'은 568년, '건덕 4년'은 575년
이다.

이 기록도 수문제 양견이 혁명 당시에 '隨'를 '隋'로 고쳤다는 의견인 듯하지만, 본문과 일치하지 않는다. 결국 '隨'를 '隋'로 고친 시점에 대해서는 575년 이전, 580년, 581년의 세 가지 가설이 존재하는 셈이다.

그런데 더 근본적인 자료라고 할 수 있는 금석문을 보면, 수나라 시대뿐 아니라 당나라 초기까지 '隨'와 '隋'를 혼용하고 있기 때문에 구별이 뚜렷하지 않다. 이 사실은 일찍이 『금석췌편金石萃編』의 저자 왕창王昶청 대의 금석학자이 지적했는데, 그는 권38 「수두건서등조상명隋杜乾緒等造像銘」의 안문按文에서 왕조 이름을 '隋'라고 쓰는 것이 정해진 법도는 아니었다고 논했다.

> 살펴보니 명문銘文 서序 첫머리에 대수大隨 개황 12년 세임□歲壬□이라고 되어 있다. 생각하기에 隨는 본디 춘추시대에 있던 나라로, 즉 지금의 수주隨州 자리다. 수문제는 처음에 隨를 하사받았는데, 훗날 천하를 얻게 되자 '隨'의 '辵(辶)'이라는 글자 때문에 북주·북제가 망했다는 사실을 고려해 '辵(辶)'을 빼고 '隋'라고 했다. 그러나 비문에 새겨진 것을 살펴보니 종종 혼용해서 쓰기도 했다. 당나라 초기의 여러 비석에 이르기까지 '隋'를 '隨'라고 쓴 사람은 이루 다 헤아릴 수 없다. 이 비碑는 이에 '대수大隨'라고 쓴 것이다. 추측건대 그때까지는 ('隋'라고 쓰는 것이) 정해진 제도가 아니었을 것이다.

나아가 권39 「수안희공이군비隨安喜公李君碑」의 안문에서는 청나라 오옥진吳玉搢의 『금석존金石存』 권11을 다음과 같이 인용했다.

나필羅泌이 『노사路史』에서 이르길, 수문제는 '隨'가 '辵(辶)'의 의미대로 될까 저어하여 새롭게 '隋'로 고쳤다. 모르겠는가, '隋'는 원래 발음이 '타隋'이며 귀신에게 제사 지낸 물건이라는 뜻이다. 내가 살펴볼 때, '隋'는 '타隋'로도 발음하지만, 본디 '隨'로도 발음한다. 형방衡方의 비석에서 '위수禪隋'를 '위타委蛇'라 적었고, 당부唐扶의 비석에서 '위수逶隋'를 '위타委蛇'로 적었으며, 유웅劉熊의 비석에서 '위수委隨'를 '위타委蛇'로 적은 것과 마찬가지로, 즉 '隨'와 '隋'가 동음이라는 사실을 알 수 있다. 또한 당시 '隨'를 고쳐 '隋'라고 했지만 이 비석에서는 '대수大隨'라고 쓰고 있다. 당唐 태산太山에 쓰인 비명에 '여기서 수정隨政을 개혁한다'고 적은 것도 바로 그 예다. 이 두 글자는 원래 통용해서 썼기 때문에 한때 생략해서 쓸 때는 대부분 '隋'로 썼다. 정말 불길하고 나빠서 '隨' 글자를 못 쓰게 한 것이 아니다.

내가 이 비석의 발문을 쓴 뒤 당나라 비석 몇 개를 조사했는데, 모두 두 글자를 혼용하여 구별되지 않았다. 그래서 앞서 했던 설명이 틀리지 않았음을 더욱 믿게 되었다.

요컨대 '隋'는 원래 '隨'의 생략형으로, 두 글자가 혼용되었을 뿐이라고 지적했다. 왕창은 위의 글에 이어, 그 용례를 풍부하게 열거했다.

저량褚亮의 비에 수隋나라 개황開皇 9년이라 적혀 있고, 을속고행엄乙速孤行儼의 비에는 수隨 익주益州, 노공청덕盧公淸德의 글에는 수隨 금주자사

---

* '蛇'는 '구불구불한 모양' 蛇(이)로도 읽지만, 여기서는 '타'로 읽는다.

^{金州刺史}, 그리고 공자태^{孔子泰}에게 바치는 비에는 '수^隨에서 번갈아 상을 당해'라는 기술이 있다. 모두 '隋'를 '隨'라고 쓰고 있는 것이다. 섭혜명^{葉惠明}의 비에는 '정^情은 땅에 떨어져(隋) 찾는데'라고 했으며, 우부인조상비^{牛夫人造像碑}에는 '그림을 흉내 낼 따름(隋)'이라고 되어 있다. 즉, '隨'를 적을 때 '隋'로 쓰고 있다. 이는 이 두 글자가 통용되고 있다는 명확한 증거다.

특히 당 이후에 비로소 구분해서 사용했을 뿐이다.

오로지 예서^{隸書}에서만 두 글자를 혼용했던 것이 아니라 진서^{眞書}에서도 마찬가지였다. 우세남^{虞世南}의 공자묘당비^{孔子廟堂碑}, 구양순^{歐陽詢}의 구성궁예천명^{九成宮醴泉銘}, 주자사^{朱子奢}의 소인비^{昭仁碑}, 왕지경^{王知敬}의 이위공비^{李衛公碑}, 고종^{高宗}의 이영공비^{李英公碑}, 무후^{武后}의 순릉비^{順陵碑}, 왕원종^{王元宗}의 화양관왕선생비^{華陽觀王先生碑}, 배최^{裴漼}의 소림사비^{少林寺碑}에서는 모두 '隋'를 '隨'라고 쓰고 있다. 이에 반해 『수경주^{水經注}』에서는 '연수^{涓水}는 동남쪽으로 수현^{隋縣}의 서쪽을 흐른다'고 하여 '隨'를 '隋'라고 쓰고 있다.　　　　　　　　　　　　　　　　—이상 「금석존」

제1사료인 비각^{碑刻}에 이미 그렇게 씌어 있다면 왕창의 설은 확고부동해진다. 특히 『금석췌편』 권39에 실려 있는 조자건비^{曹子建碑}(개황 13년)를 보면 '隋'라는 글자에서 다시 '工'을 생략한 약자 '隋'도 사용되고 있다.

그러면 '隨'와 '隋'의 용법이 구별된 시기는 당^唐 중기 이후라는 이야기가 된다. 그리고 수문제가 불길하다는 이유로 글자를 고쳤다는 설은 현재 남당^{南唐} 서개^{徐鍇}의 『설문계전^{說文繫傳}』까지밖에 거슬러 올라가지 못한다. 이 내용은 다음과 같다.

> 수문제는 '隨'라는 글자가 달아난다(사라진다)는 의미를 갖고 있어 불길하다고 여겨, 이에 그 부분을 없애고 '隋'라는 글자를 만들었다. 그런데 '隋'는 (제사 지내고 남은) 고기(肉)를 찢는다는 뜻이므로 불길함이 이보다 큰 것이 없다. 참으로 모를 일이다. '隨'는 '辵(辶)'를 따른다. '辵(辶)'는 편안하고 안정된 걸음이다. 그런데 제멋대로 그것을 없앤 것이다. 어찌 배우지 못했기 때문이라고 말하지 않겠는가.

이 설은 왕응린王應麟남송 시대의 학자의 『곤학기문困學紀聞』 권13에도 그대로 인용되어 있다.

생각해보면 수문제가 미신을 믿어 '隋'라는 글자를 새로 만들었다는 설은 송나라 유생들이 좋아할 법하다. 송 대의 학자들은 설명만 잘 하면 그것을 사실로 착각하곤 한다. 송 대에는 금석학이 막 발전하기 시작했지만, 폭넓게 사료를 모아 근본부터 다시 생각하는 데까지는 아직 미치지 못했다. 모든 것을 백지 상태로 되돌린 뒤 최대한 광범위하게 사료를 모아 고증하는 학풍은 청 대까지 기다려야만 했다.

'隋'라는 글자에 얽힌 논란은 왕창의 설로 매듭지어졌으니, 전부 해결됐다고 말해도 좋을 듯싶다. 그러나 우리의 상식은 송 대 학문의 수준에 멈춰 있는 듯한데, 이런 문제는 다른 분야에서도 종종 있는 일이긴 하다. 하지만 청 대 고증학자들이 고심한 끝에 애써 연구한 성과가 이렇게 간과되어버린다면 지하에 있는 그들로서는 절대로 바라지 않을 것이다.

2 수문제의 죽음에 관해 (隋文帝弑害說)

　　인수(仁壽) 4년(604) 병중에 있던 수문제를 태자 양광이 시해한 뒤 즉위하여 수양제가 되었다는 것이 거의 정설로 받아들여지고 있다. 아주 간단한 연표에도 그렇게 적혀 있다. 그러나 이 설의 출처가 어디인지 따져보면 상당히 수상한 점이 많다.

　　먼저 『수서(隋書)』에 기재된 내용을 검토해보겠다. 두말할 필요도 없이 『수서』는 당태종 시대에 만들어져 수나라에 관한 것, 특히 수양제에 관해서는 나쁘게 표현할 의도가 있었을지도 모르지만, 변호하거나 은폐할 필요는 전혀 없을 때 기록된 책이다. 『수서』 권2 「고조본기」 인수 4년의 조(條)는 다음과 같다.

- 정월 을축일. 조칙을 내려 계산의 크고 작음에 상관없이 상벌을 황태자에게 맡겼다.
- 4월 을묘일. 수문제가 병을 얻었다.

- 7월 갑진일. 수문제가 병이 깊어져 인수궁仁壽宮에 몸져누웠다. 백관들과 작별 인사를 하며 손을 잡고 흐느껴 울었다.
- 정미일. 대보전大寶殿에서 붕어하다. 이때 나이 64세. 유언에서 이르길 (하략)
- 을묘일. 상喪을 공표했다.

이를 통해 보면 그 사이에 아무 일도 없었던 것으로 보인다. 권말에 있는 논찬論贊을 봐도 수문제가 태자에게 시해를 당했다는 구절은 찾아볼 수 없다. 이것은 「고조문제기高祖文帝紀」뿐만 아니라 「양제기煬帝紀」를 살펴봐도 마찬가지다. 논찬에서는 매우 긴 장문으로 양제의 정치와 사생활에 대해 기탄없이 비평하며, 다음과 같이 비난하는 말을 덧붙였다.

> 고조의 병세가 위독해졌고, 고조의 죽음으로 상복을 입어야 하는 기간에 (양제는) 증음烝淫아버지의 첩을 범하는 일하는 등, 도가 지나쳤다. 왕릉에 처음 가면서 여기저기 놀러 다니기를 일삼았다. 가는 곳마다 예사로 온종일 후궁과 주색잡기에 빠져 있었다. 늙은 여자를 불러들여 아침 저녁으로 추잡스러운 말을 하게 만들었다. 또 소년을 끌어들여 궁인과 더러운 짓을 벌이게 했다. 법도를 지키지 않고 불손했으며 오락을 즐겼다.

이렇게 수양제를 책잡는 내용을 기술하고 있음에도 불구하고 시해에 대해서는 일언반구가 없다.

수양제의 시살弑殺 사건을 내비친 듯한 기사는 『수서』의 열전 속에 기재되어 있다. 권36 「선화부인진씨전宣華夫人陳氏傳」에 아래의 기록이 있다.

처음 수문제가 인수궁에서 병으로 몸져눕자 부인선화부인 진씨이 황태자와 함께 수문제의 병을 돌보았다. 동틀 녘에 나와 옷을 갈아입으려는데 태자가 그곳을 덮쳤다. 부인은 거부하다가 수문제의 처소로 도망쳤다. 수문제가 부인의 안색이 바뀐 것을 이상하게 여겨 연유를 물었다. 부인이 눈물을 흘리며 태자가 무례한 짓을 하려 했다고 고했다. 황상이 "짐승 같은 놈, 큰일을 맡기기엔 부족하구나. 독고황후가 진정 나를 그르쳤구나"라고 말하며 격노했다. 이에 수문제는 병부상서 유술柳述, 황문시랑 원암元巖을 불러 아들을 불러달라고 했다. 유술 등이 바로 태자를 부르려 하자 수문제는 아들 용勇을 부르라고 했다. 유술과 원암은 처소에서 나와 칙서를 좌복야左僕射 양소楊素에게 보여주었고, 양소는 그것을 태자에게 보고했다. 태자는 장형張衡을 침전에 파견하여 부인과 후궁에서 간병하던 사람들을 별실로 옮기게 했다. 곧바로 수문제의 붕어 소식을 들었으나 상喪은 아직 공표하지 않았다.

권45 「방릉왕용전房陵王勇傳」에는 다음과 같이 서술되어 있다.

고조가 인수궁에서 병으로 몸져누웠다. 황태자를 불러들여 약시중을 들게 했다. 황태자가 음란한 짓으로 궁궐을 어지럽혔다. 그 이야기가 고조의 귀에 들어갔다. 고조가 침상에 누워 아들 용勇을 잘못 폐위시

컸다고 탄식했다. 사람을 보내 아들 용을 데려오게 했다. 그러나 미처 사자를 보내지 못한 상태에서 고조가 갑자기 붕어했다. 비밀에 부치고 상喪을 공표하지 않았다. 급하게 유술과 원암을 잡아들여 대리옥大理獄에 가두었다.

권48 「양소전楊素傳」에는 또 이런 기록이 있다.

수문제의 병세가 심해지자 양소는 병부상서 유술, 황문시랑 원암 등과 함께 황제의 처소에 들어가 병시중을 들었다. (중략) 양소가 조서를 꾸민 뒤 그 문서를 동궁 병사들에게 보내 전각에 올라가 지키도록 했다. 성문 출입 금지는 우문술과 곽연郭衍이 맡도록 했다. 또한 장형으로 하여금 (수문제의) 병시중을 들게 했다. 수문제는 그날 사망했다. 이로 인해 적지 않은 이론異論이 있는 것이다.

'폭붕暴崩급작스럽게 붕어하다'이라는 표현은 보통 시역弑逆이 일어날 때 사용되는 기록법이며, '아문상붕俄聞上崩임금(황제)이 붕어했음을 갑자기 들었다'이나 '파유이론頗有異論이론(다른 의견)이 매우 많았다'도 시해를 의심하는 기록 방식인데,「양소전」에는 바로 이런 단어들이 등장하고 있다.

그런데 이들 기사는 전부 똑같은 계통의 기록에서 연유한 듯하다. 현재 그 근거가 되는 원전을 밝히는 일은 불가능하다. 다만 『자치통감고이資治通鑑考異』 권8 「수기隋紀」 상上 인수仁壽 4년 7월 '정미상붕丁未上崩 중외파유이론中外頗有異論' 부분에는 같은 계통에 속하는 두 글을 인용해서 거의 동일한 설을 서술했음을 알 수 있다.

조의趙毅의 『대업약기大業略記』에 다음과 같이 기록되어 있다. 고조가 인수궁에서 병이 심해졌다. 수양제를 불러 고조의 병시중을 들게 했다. 고조는 후궁 미인들 중 진씨陳氏와 채씨蔡氏 두 사람을 가장 총애했다. 수양제는 채씨를 별실로 불렀다. 채씨가 고조가 있는 곳으로 돌아왔는데 얼굴에 상처가 있고 머리가 헝클어져 있었다. 고조가 이유를 묻자, 채씨는 울면서 황태자가 무례한 짓을 하려 했다고 말했다. 고조는 크게 화를 내고 손가락을 깨물어 피를 흘리며 병부상서 유술, 황문시랑 원암 등을 불러 조서를 쓰게 한 뒤, 서인이 된 폐태자 용을 불러다가 즉시 현재 왕을 폐하고 새롭게 왕으로 세우려 했다. 수양제는 일이 급박해지자 좌복야 양소, 좌서자 장형을 시켜 독약을 올리게 했다. 수양제는 날쌔고 건장한 관노 30명을 골라 전부 여인 옷을 입힌 다음 옷 속에 무기를 숨겨 문 입구에 세워두고 지키게 하였다. 양소 등은 이미 들어가 있었다. 그리고 고조가 갑자기 죽었다.

마총馬摠의 『통력通歷』에는 다음과 같이 기록되어 있다. 수문제가 병에 걸렸다. 인수전에서 백관들과 작별 인사를 하면서 손을 잡고 흐느껴 울었다. 이때 오로지 태자와 선화부인 진씨만이 병시중을 들었다. 태자가 무례를 범했고 선화부인이 그 일을 수문제에게 고했다. 수문제는 화가 나서 "괘씸한 놈에게 뒷일을 맡길 수가 없다"고 말했다. 급하게 폐태자 용을 불렀으나 양소는 이를 숨기고 알리지 않았다. 그리고 좌우를 물린 다음 장형을 들어오게 하여 수문제를 제압했다. 피가 병풍에 튀었다. 원통한 목소리가 밖에까지 들려왔고 수문제는 붕어했다. 이는 『수서』에 따른 내용이다.

『통감通鑑』에서는 이 설을 그대로 받아들이지는 않았지만 놀랄 만한 두 가지 색다른 이야기를 서술하면서, 본문에 『수서』「양소전楊素傳」의 이야기를 채용했다.

그러나 이런 계통의 이야기는 매우 의심스러울 수밖에 없는데, 그 이유로 첫째 끔찍한 행위의 하수인이 장형이라는 점, 둘째 유술과 원암의 체포에 관련된 의문이다. 장형은 『수서』 권56에 전傳이 있는데, 시역에 관련된 내용은 한 글자도 나오지 않으며, 오히려 '골경지신骨鯁之臣'임금의 눈치를 살피지 않고 강력하게 간하는 신하이라고 서술하면서 마지막에는 수양제의 진노를 사서 자결하라는 명을 받게 된 경위까지 기록하고 있다. 당고조가 장안에 들어가 수양제의 손자 공제恭帝양유(楊侑)를 옹립한 의녕義寧 연간에 남아 있는 장형에 대한 기록은 이렇다.

의녕 연간 중에 죽었으나 죄가 없기 때문에 대장군大將軍 남양군공南陽郡公에 봉하고 시호는 충忠이라고 했다.

이에 상응하듯 「양제기煬帝紀」의 논論에서는 장형을 올곧고 정의로운 신하로 묘사한다.

고경高熲·하약필賀若弼은 선황先皇의 가장 중요한 신하로서, 참모 역할을 했다. 장형張衡·이금재李金才는 잠저 시절의 오래된 신하였다. 경륜을 쌓아 두각을 나타냈다. 어쩌면 너무 곧았기 때문에 미움을 샀거나 정의로워서 노여움을 샀을지도 모른다. 없는 죄를 물어 목이 베이는 벌이 내려졌다.

만약 장형이 수문제 시해 사건의 하수인이었다면 이렇게 표현하지는 않았을 터고, 무엇보다 '충忠'이라는 시호도 내려졌을 리 없다.

다음으로 유술과 원암인데, 유술은 『수서』 권47에 전傳이 있고, 원암은 『수서』 권62 전傳에 등장하는 원암과는 다른 사람으로서 오히려 『수서』 권80 열녀전 가운데 「화양왕해비전華陽王楷妃傳」 속에 등장하는 인물이다. 두 사람 모두 수양제 즉위 뒤 남방으로 유배당했다고 기술되어 있으므로 앞에서 서술한 모든 기록과 앞뒤가 잘 맞아떨어지지만, 그들이 양소에게 체포된 시기에 대해서는 전하는 바가 다르다. 『수서』 「유술전柳述傳」에 따르면 수양제가 부친 수문제를 시해하는 데 방해가 되었기 때문에 그들을 구류했다고 했지만, 앞서 인용한 「방릉왕용전」의 다음 내용에는 아래와 같이 폐태자 용을 사형에 처하려는 수단으로 두 사람을 체포한 것처럼 기록되어 있다.

고조가 갑자기 붕어했다. 비밀에 부치고 상喪을 공표하지 않았다. 급하게 유술과 원암을 잡아들여 대리옥에 가두었다. 고조의 칙서를 거짓으로 꾸며 서인(폐태자 용)에게 죽음을 명하고 방릉왕으로 봉했다.

아무래도 이쪽 이야기가 더 타당한 것 같다. 동일한 사실이라도 약간의 시간차로 인해 그것이 갖는 의미가 완전히 뒤바뀌곤 하는데, 『수서』에는 종종 이런 모순이 나타난다.

원래 『수서』의 기전紀傳은 위징魏徵 등이 기록했으며, 여기에 안사고顏師古, 공영달孔穎達 외에 허경종許敬宗 등도 참여했다고 한다. 다수의 사람이 참여했기 때문에 서술의 앞뒤에 모순이 생겼을 것이다. 『사고전서총목제요四庫全書總目提要』에 따르면 다음과 같이 본기와 열전 사이의 모순을 지적하고 있다.

> 이 기전紀傳은 한 사람의 손으로만 기록되지 않았다. 그래서 이따금 서로 같지 않은 내용이 있다. 「문제본기文帝本紀」에 따르면 관상을 잘 보는 사람이 조소趙昭라고 했는데, 「예술전藝術傳」에는 내화來和라고 되어 있다. 또한 「문제본기」에는 하약필이 초주총관楚州總管이라고 되어 있는데, 「필본전弼本傳」에는 오주총관吳州總管이라고 되어 있다. 아마도 생각해보면 자료의 수와 종류가 너무 많아, 서로 어긋남을 피할 수 없었기 때문이리라.

수양제에 관해서 아마도 본기는 확실한 기록을 바탕으로 쓰여졌을 테고, 논찬 또한 당시 사회에 공인된 여론에 따라 설을 세웠을 것이다. 그러나 열전의 곳곳에 나타난 이설異說은 일부에서 전해져 오는 풍문을 그대로 실은 데 불과할 것이다.

단지 한 가지 남은 문제는 수문제의 사망과 발상發喪 사이에 8일간의 간극이 존재한다는 사실이다. 8일 동안 확실히 뭔가가 극비리에 진행되었음이 틀림없다. 이 시간이 폐태자를 처리하는 데 쓰였다는 점은 분명한 사실이다. 『수서』 권48 「양약전楊約傳」에는 장래의 화근을 없애기 위해 수양제가 형을 살해하는 대죄를 저질렀다는 내용이 나온다.

> 고조가 붕어하자 양약을 수도 장안으로 보냈다. 양약은 경비병을 바꾸어 서인 폐태자 용을 목 졸라 죽이고 난 뒤, 병사를 늘어놓고 군중을 모아 고조의 붕어 소식을 공표했다. 수양제가 그것을 듣고 양소의 동생이 과연 큰 임무를 해냈다며 칭찬했다.

폐태자 살해에 이어 수양제는 또 병주총관井州總管이었던 한왕 양량에 대해서도 만일의 경우를 대비해두어야만 했다. 그러나 당시 주변 정세를 감안하면 아버지를 죽여야 할 정도로 수양제에게 절박한 사정이 있었다고는 생각되지 않는다. 폐태자 용이 죽임을 당했지만 그를 따르는 무리가 폭동을 일으킬 조짐은 끝내 나타나지 않았다. 오히려 아무런 저항도 하지 못한 폐태자를 필요 이상으로 이것저것 재느라 죽여버린 탓에 아버지까지 시해했다는 풍문이 생겨난 게 아닐까. 덧붙여 말하자면 그들 형제 가운데 폐출된 촉왕 양수는 아비에 대해 저주를 모의했다는 죄로 수문제의 노여움을 사서 인수 2년(602)에 유폐되었으나, 수양제 재위 기간에도 살아남았다가 수양제가 강도에서 살해될 때 그도 자신의 자식들과 함께 살해당했다. 막내 동생인 한왕 양량이 수문제 사후에 병사를 일으켜 모반을 꾀했으나, 양소에게 패해 항복한 뒤 유폐되었다가 사망했다고 한다.

수양제는 예로부터 포학한 군주의 대명사로 불렸다. 그러나 중국사에서 폭군으로 불리는 이들은 운명의 장난으로 인해 단지 운이 없었던 사람이 많은 듯하다. 그들은 대부분 망국의 군주여서 후세에 어느 누구도 그들을 위해 변호해주지 않았으며, 오히려 혁명 뒤 세워진 새로운 왕조에서 반면교사가 된 경우가 많았다. 하夏나라 걸왕桀王, 은殷나라 주왕紂王, 주周나라 유왕幽王, 진시황제秦始皇帝 등이 모두 그렇다. 그러나 이러한 경향에 대해서는 이미 자공子貢이 『논어』 「자장子張」 제20 가운데 이렇게 말한 바 있다.

> 자공이 말하길, "주왕의 악행이 그렇게 심하지는 않았을 것이다. 이 때문에 군자는 하류 낙오자들이 모이는 곳에 머무는 것을 싫어한다. 천하의 악명이 모두 그곳으로 돌아가기 때문이다."

수양제의 악행도 기껏해야 『수서』 「양제본기」에 기록되어 있는 게 전부다. 『수서』 권4, 수양제의 논찬에는 앞서 인용한 글 외에도 이런 묘사가 나온다.

> 음탕하여 행동이 거칠기가 도를 넘어섰다.

또한 『수서』 권70 「양현감전楊玄感傳」을 보면, 양현감이 모반을 일으킨 뒤 번자개에게 보낸 글 중에 수양제의 악행을 아래와 같이 폭로했다.

주색에 빠져 정신을 못 차리니 자식들이 반드시 그 해를 입을 것이다.

이는 아마도 사실로 보이며, 『수서』 권4 「양제본기」 대업 8년(612) 세말歲末 조의 다음 내용과 맞아떨어진다.

> 강회남江淮南 지금의 안휘성과 강소성 일대의 여러 군郡에다 비밀리에 조서를 내려, 해마다 민간의 여자아이를 하나하나 조사하여 자질과 미색이 뛰어난 자를 바치게 했다.

그러나 같은 권의 대업 9년(613) 윤9월 조에는 다음과 같은 내용이 있어, 수양제에게 또 다른 일면이 있음을 알 수 있다.

> 기사일, 박릉博陵에 행차했다.
> 경오일, 수양제가 시중을 드는 신하에게 말했다. "짐은 옛날에 선조를 따라서 이곳에 왔었다. 그때 나이 갓 여덟 살 되던 해였다. 세월이 흘러 벌써 삼기三紀 1기는 12년가 지났구나. 옛일을 떠올리지만 다시 돌아가기를 원해서는 안 된다." 그러면서 말을 끝맺지 못하고 눈물을 흘리며 오열했다. 시중드는 신하와 호위하는 군사들이 모두 울면서 소매를 적셨다.

이는 이른바 수양제답지 않은 면이다. 그는 오히려 유약한 성격을 지녔으며, 측근으로부터 악영향을 받기 쉬운 군주였다고 생각된다.

수양제의 부친 시해설은 당나라 초기엔 단순한 풍문 정도에 불과했으나, 차츰 나쁜 평판이 덧붙여지다가 측천무후則天武后 무렵에 이르러 거의 정설로 받아들여진 듯하다. 『구당서舊唐書』 권6 「측천본기則天本紀」 구시久視 원년(700) 7월 임인壬寅 조에는 양소의 자손을 금고형에 처하는, 다음과 같은 조서가 실렸다.

조서에 따르면, 수나라 상서령尙書令 양소는 옛날 본조本朝에 있었는데 일찍이 특별한 대우를 받았다. 모질고 간사한 성격을 타고나 아첨하는 재주가 있었다. 주군수문제를 가리킴을 미혹시켜 망치고 골육 사이를 이간질했다. 황태자를 바꾸게 했으니, 어찌 단순히 미혹시킨 죄뿐이겠는가. 후주後主수양제를 가리킴를 선동하여 결국 살상하게 만들었다. 수나라 왕실이 망해 없어진 까닭은 대개 편벽이 심했기 때문인데, 그 징후를 찾아보면 모두 그것에 연유한다. 살아서는 불충한 사람이었으며 죽어서는 의롭지 못한 귀신이 되었다. 자신은 다행히 무사했지만 자식들은 결국 멸족을 당했다. (양소는 조정을) 속이려 마음먹고는 바로 간역姦逆 모의를 가훈으로 삼아 간악하고 야멸찬 행동으로 가풍을 이뤘다. 형벌에 따라 죽였으나 방계 자손은 살아 있다. 어찌 황제 측근 신하로 몇 걸음 뒤에서 보좌하며 조정의 반행에 설 수 있겠는가. 짐은 여러 왕으로부터 정통성을 물려받았고 온 세상을 통치한다. 위로는 현명한 보좌관을 좋아하고 아래로는 불충한 신하를 싫어한다. 항상 정무 외에는 조용히, 긴 세월을 두고 평가하고자 한다. 하물며 시간이 아직 얼마 지나지 않았는데 주목을 받고 있는 사람은 어떻겠는가. 양소 자손 및 형제 자손 이하의 사람들은 모두 지방관과 시위侍衛에게 감시를 맡길 수밖에 없다.

양소의 자손에게 금고형을 내린 이유로 (양소가) 수문제를 미혹시켜 황태자를 바꾸게 한 일 외에 수양제를 부추겨 (부친인 수문제를) 살상하게 만들었기 때문이라 하고 있다. 이는 유명한 춘추시대의 고사, 초楚나라의 성왕成王이 태자(목왕穆王)에게 유폐되어 곰발바닥 요리를 먹고 죽기를 청했으나 끝내 허락받지 못하고 목을 매 죽은 사실을 가리킨다(『좌전左傳』, 문공文公 원년). 따라서 간접적으로 말하면 수양제가 양소와 공모해 아버지를 죽인 일을 인정한 셈이 된다.

당이 전대의 이른바 간신 자손을 금고에 처한 일은 이때가 처음은 아니며, 이미 태종太宗 정관貞觀 7년(633) 정월 술자일에 수양제를 시해한 우문화급의 자손을 금고에 처한 바 있다. 『구당서』 권3 「태종본기太宗本紀」 같은 날의 조를 보면, 우문화급의 자손들로부터 임관권을 박탈한 내용이 나온다.

조서를 내려 말하길, "우문화급, 동생 우문지급, (중략) 이복李覆 등, 대업 말년에 모두 관직에 있었다. 은혜는 한 세대를 갔지만 임무는 일시적으로만 중했다. 즉, 흉악하고 간특함을 포장하고 충의忠義를 기망했다. 결국 강도江都에서 시역弑逆을 감행했다. 죄는 환관 조고趙高의 백 배였으며 배은망덕한 허물을 드러냈다. 전대에 일어난 사건이고 세월도 이미 많이 흘렀지만, 그래도 천하의 악은 예나 지금이나 물리쳐야만 한다. 엄한 법률을 바탕으로 신하의 절개를 격려해야 한다. 그 자손들을 모두 금고하고 (그들에게) 관직을 부여하지 말라."

　그런데 만일 수양제가 분명 패덕이 많았던 군주였는데도 그를 시해한 신하들이 처벌을 받았다면, 수문제에 대해서도 마찬가지였을 것이다. 다시 말해 만약 수문제가 시해된 사실이 있다면, 그 관련자들은 한층 더 엄하게 처벌되었어야 맞다. 그러나 진혀 그런 일 없이 마무리되었다. 그 뿐만이 아니다. 양소 일족은 아들 양현감의 반란에 연루되어 수隋 대에는 모두 제명되었지만, 양소의 동생인 양악楊岳의 아들 양홍례楊弘禮는 당고조 즉위 초에 수나라 때 공훈을 세운 양소의 종손이라는 이유로 청하군공淸河郡公 습봉襲封을 허락받기까지 했다(『수서』권77,「양홍례전」).

　이는 당시 수양제의 수문제 시해설이 일반적으로 널리 유포된 사실이 아니었다는 정황을 나타낸다. 덧붙여 말하면 『수서』가 양梁·진陳·제齊·주周의 사사四史와 함께 책으로 나온 때는 정관貞觀 10년(636)의 일로, 우문화급 등 그 자손에 대한 금고 논의는 역사 편집 사업과 병행하여 일어났던 것으로 보인다. 따라서 우연한 요행으로 양소가 관대한 처분을 받았다고는 생각할 수 없다.

　그러나 그 뒤 수양제에 대한 악평은 점점 더 심해졌으며, 우문화급 등 자손들에 대한 금고 처분이 있고 나서 약 70년이 지난 뒤에 양소에게 시해를 부추긴 책임을 지운 일은 매우 기이하게 느껴진다. 이 일은 『구당서』권77「양찬전楊纂傳」에 따르면 이렇다. 양소의 동생인 양악의 손자 가운데 양원희楊元禧라는 자가 있었는데, 그는 자신이 지닌 의술 덕분에 측천무후의 신임을 얻었다. 그러던 중 양원희가 측천무후의 총애를 받던 신하 장역지張易之의 비위를 거스르는 바람에 장역지가 험담을 고해바쳤고, 그로 인해 형 양원형楊元亨과 함께 좌천되었다. 하지만 양원희는 장역지가 주살당한 뒤 다시 경직京職으로 복귀했다. 그러나 나쁜 소문이 한번 돌면 쉽사리 잊히지 않고 금고 조칙을 내린 기억만 사람들에게 남아 있기 마련이라서 그것이 해제되었다는 사실은 아무도 기억하지 못한다. 특히 수양제는 망국의 군주였기 때문에 걸주에 비교될 만한 희대의 폭군으로 간주되어, 이후 아무런 득 될 것도 없이 그에 대해 변호해줄 정도로 오지랖 넓은 사람은 나타나지 않았다.

3 대업 14년이라는 시기에 관해 (大業十四年)

　　보통 연표를 보면 수나라 말기에 수양제의 치세는 대업 13년(617)으로 끝나고 그해 연말이 의녕義寧 원년이 되며, 의녕 2년(618)이 당나라 무덕武德 원년이라는 식으로 기록되어 있다. 이는 『자치통감』 등의 기록 방식을 따른 것인데, 실상 매우 부적절하다. 대업이 14년까지 지속되었음은 이미 청나라 조익趙翼이 『이십이사차기二十二史箚記』 권13, 대업 13년 조에서 지적한 대로다. 지금 원문을 인용하는 번거로움을 피해 대강의 뜻을 서술하고, 동시에 설명을 덧붙이면 다음과 같다.

　　수양제는 대업 말기, 고구려 정벌이 실패한 데다 양현감의 반란이 일어나 대업 12년(616)에 강도 양주로 향했다. 그러나 양현감의 잔당인 이밀의 세력이 커지면서 대업 13년 그들에게 하남의 모든 군을 빼앗겼고, 급기야 수도 장안과 강도(양주) 간의 연락도 끊겨버렸다. 이때를 틈타 태원에 있던 이연이 병사를 일으켜 멀리서 말을 달려 장안으로 입성했고, 수양제의 손자인 대왕代王 양유楊侑를 옹립하여 제위에 올리고 의녕으로 개원했다. 때는 11월 임술일의 일로, 수양제에게는 존호를 바쳐 태상황으로 만들었다.

그래서 후세의 역사는 대부분 새 연호를 사용했고 『자치통감』 같은 역사서도 대업 12년의 이듬해를 정월부터 의녕 원년이라 쓰고 있지만, 이는 적절치 않다. 이연이 대왕 양유를 옹립하고 수양제를 태상황으로 만든 일은 완전히 일방적인 조치였으며, 수도 장안을 점령했다고는 하지만 아직 전국이 새로운 정권에 복종한 상황도 아니었다. 게다가 수양제는 여전히 강도에서 주권을 행사하고 있었다. 이는 남송南宋 말과 명明 말의 황제들이 나라가 실질적으로 멸망한 뒤 겨우 조금 남은 작은 영토에서 자립하여 안일을 탐했던 상황과는 전혀 다르다.

그런데 대업 14년(618) 3월에 강도에서 우문화급 등이 난을 일으켜 수양제를 시해하고 동시에 그 일족도 살해했다. 이 소식을 들은 동도 낙양에서는 백관들이 의논하여 월왕越王 양동楊侗을 천자로 즉위시키고, 수양제에 대해 묘호는 세조世祖, 시호는 명제明帝로 올린 뒤 '황태皇泰'라는 연호로 새로이 개원했다. 때는 5월 무진일이었다. 따라서 만약 대의명분을 논하자면 새로운 황제 쪽이 정통성이 있기 때문에 이 연도(618)의 전반은 대업 14년, 후반은 황태 원년이라고 적어야 한다.

동도 정권은 이밀 세력의 압박으로 인해 위령威令이 멀리까지 미치지 못했으나, 곧 서역 출신의 장군 왕세충이 이밀을 물리친 뒤 조정을 장악하고 황태 2년(619) 4월 을사일에 선양을 받아 황제 자리에 올랐다. 이때 나라 이름을 '정鄭'이라 하고 연호를 '개명開明'이라 정했다. 『자치통감』에서는 폐위당한 수나라 황제 월왕 양동을 황태주皇泰主라 부르고 있다. 왕세충은 동도의 관리와 백성들이 자신에게 진심을 다해 복종하지 않고 심지어 황태주를 다시 옹립하려는 계획을 세우자 5월에 황태주를 죽이고 공황제恭皇帝라는 시호를 주었다.

한편 장안에서 이연이 대왕 양유를 황제로 옹립한 까닭은 수양제에 대항하려는 목적이 강했다. 그 때문에 수양제에 대한 흉흉한 소문이 들려오자 이연은 제일 먼저 양유를 쓸모없다고 여겨, 의녕 2년(618) 5월 갑자일에 황제 양유를 폐하고 스스로 황제의 자리에 올랐다. 그러고는 국호를 '당'으로 정하고 연호를 '무덕'으로 고쳤다. 수양제가 죽자 낙양에서는 수양제를 대신하여 월왕 양동을 천자로 세운 반면, 장안에서는 방해물인 수양제가 죽었기 때문에 안심하고 혁명을 일으킨 것이다. 또한 장안의 이연은 황제의 자리에 오른 이듬해 무덕 2년(619) 5월, 폐위된 수나라 황제 양유를 살해하고 공제恭帝라는 시호를 주었다. 619년 5월에 수나라 황제에서 폐위된 형제가 낙양과 장안에서 똑같이 살해당하고 '공제'라는 시호를 얻은 사건은 신기한 우연의 일치다.

수나라의 멸망은 장안 쪽이 1년 빨라서 의녕 2년(수)=무덕 원년(당)=618년이지만, 낙양 쪽은 그 이듬해 황태 2년(수)=개명 원년(정)=619년이된다. 중국식 대의명분으로 따지면 낙양 정권 쪽이 정통이므로 수나라의 멸망을 제대로 말해야 한다면 619년이 맞다. 청나라 제소남齊召南이 작성한 역대 제왕표는 그 기록 방식을 따른다. 다만 그렇게 할 경우 수나라를 이은 당나라가 무덕 2년부터 시작될 수밖에 없기에, 편의상 수·당 교체시기를 618년으로 하는 데 이의가 없다. 그러나 이 또한 시험에서 수의 멸망을 619년이라 적으면 오답 처리 되는 것은 아닐지 걱정될 뿐이다.

4 수공제 형제(양동·양유)에 관한 고찰 (隋恭帝兄弟考)

수양제의 황태자 양소^{楊昭}는 대업 2년(606) 7월 갑술일에 사망하고 뒤에 아들 세 명을 남겼다. 이들은 나이순으로 보통 대왕^{代王} 유^侑, 연왕^{燕王} 담^倓, 월왕^{越王} 동^侗의 순서로 인식되고 있는 듯하다. 특히 이 가운데 대왕 유와 월왕 동의 관계에 대해 전자를 형, 후자를 동생이라고 명기한 사전이나 개설서가 있는데, 실제로 세 사람의 나이순은 명확하게 판명되지 않았다.

대왕 유를 형, 월왕 동을 동생이라고 보는 관점은 일본의 나카 미치요^{那河通世} 박사가 지은 『지나통사^{支那通史}』 권3 하^下 부록에 있는 수나라 계도^{系圖}에서 연유한 듯하다. 그 책에 실린 계도는 아래와 같다.

> 수^隋 (양씨, 후한 태위^{太尉}였다가 후주^{後周}를 대신하다. 3대 39년. 공제^{恭帝} 유^侑를 포함하여 네 명의 황제가 있었다. 유는 당^唐에게 양위하고 공제^{恭帝} 동^侗은 정^鄭에게 양위했다.)

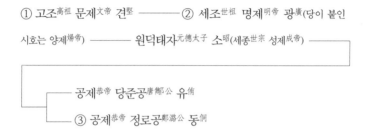

① 고조高祖 문제文帝 견堅 ——— ② 세조世祖 명제明帝 광廣(당이 붙인 시호는 양제煬帝) ——— 원덕태자元德太子 소昭(세종世宗 성제成帝) ———

——— 공제恭帝 당준공唐鄴公 유侑
——— ③ 공제恭帝 정로공鄭潞公 동侗

단, 이 경우 나카 박사가 양유·양동을 나이순으로 간주했다고는 볼수 없다. 박사의 이 기록 방식은 일반적인 방식과 달라서 적서嫡庶 구분을 할 때가 있기 때문이다. 『지나통사』 권4 부록에는 조송趙宋의 계도가실려 있는데, 그 마지막 부분은 다음과 같다.

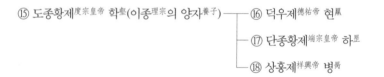

⑮ 도종황제度宗皇帝 학壑(이종理宗의 양자養子) ——— ⑯ 덕우제德祐帝 현㬎
——— ⑰ 단종황제端宗皇帝 하昰
——— ⑱ 상흥제祥興帝 병昺

위와 같이 도종의 세 아들 순서를 현㬎·하昰·병昺의 순으로 기록하고있는데, 이것이 결코 형제순이 아님은 본문 중에 '현의 형 익왕益王 하昰'라고 언급한 데서 확실히 알 수 있다. 현㬎은 도종의 적자가 틀림없으며,이로 미뤄보건대 나카 박사는 적서로 구분해서 순서를 정한 듯하다. 『송사宋史』 권47 「이왕기二王紀」의 다음과 같은 기록을 살펴보면, 나카 박사가바로 이 순서를 따랐음을 알 수 있다.

도종 붕어하다. 사태후謝太后가 가사도賈似道 등을 궁으로 불러 누구를
황제로 할지 의논했다. 모두 생각하기를 하㬵가 장자이니 당연하다고
했다. 가사도는 적자를 세워야 한다고 주장하여, 이에 현顯을 세웠다.
그리고 하㬵를 길왕吉王에, 병昺을 신왕信王에 봉했다.

덧붙여 말하면, 현은 함순咸淳 7년(1271) 9월 기축생이고, 병은 1년이
늦은 함순 8년(1272) 정월 신미생이며, 하는 함순 5년(1269) 6월 갑신생으
로 가장 나이가 많았다(『송사』 권46). 따라서 세 사람을 나이순으로 다시 정
렬하면 하-현-병의 순서다.

수나라에 대해 나카 박사가 유를 먼저, 동을 나중에 열거했다는 사실
은 바로 위의 예와 마찬가지로 적자와 서자 순서에 따랐을 뿐이다. 이는
『수서』 권59 「양삼자전煬三子傳」의 다음 내용을 따랐기 때문일 것이다.

> 원덕태자元德太子 소昭. 양제의 태자가 되었다. (중략) 아들 세 명이 있
> 다. 위비韋妃는 공황제恭皇帝(=유侑)를 낳았고, 대류양제大劉良娣는 연왕燕
> 王 담倓을 낳았으며, 소류양제小劉良娣는 월왕越王 동侗을 낳았다.

이렇게 적는 방식은 매우 헷갈리기 쉬워서, 중국 역사가 중에는 이것
을 나이순으로 이해하는 사람도 있다. 한편 조익의 『이십이사차기』 권15
「수문제살우문씨자손隋文帝殺宇文氏子孫」의 기록은 다음과 같다.

> 소昭의 아들 대왕 유는 당에 의해 황제가 되었으나 얼마 지나지 않아

자리를 선양했다. 휴국공鄗國公에 봉해지고 몇 달 뒤 사망했다. 다음(次)은 연왕 담으로, 역시 강도에서 해를 입었다. 다음은 월왕 동으로, 동도에서 황제로 즉위했으나 왕세충에게 살해당했다. 이로써 양제의 자손은 모조리 대가 끊겼다.

여기서 '다음(次)'이라는 글자를 나이순에 따르는 의미로 보고 그 근거를 만약 앞서 인용한 「양삼자전」에서 찾는다면, 그것은 오해일 수밖에 없다.

그렇다면 공제恭帝로 불리는 형제, 즉 양유와 양동의 진짜 나이순은 어떻게 될까. 이들의 나이를 추측케 해주는 것은 『수서』 권3 「양제본기」 대업 2년(606)의 조에 보이는 봉왕封王 기사다.

8월 신묘일. 황손 담을 연왕에 봉하고, 동을 월왕에 봉하며, 유를 대왕에 봉했다.

즉, 같은 해 7월 황태자 소昭가 죽은 뒤 8월에 황손들을 왕에 봉한 것이다. 이 순서에는 뭔가 의미가 있을 터이며, 적어도 적서순이 아니라는 점은 명료하다.왜냐하면 앞의 259쪽 『수서』 「양삼자전」에 나오듯이 유(侑)가 적자이기 때문이다. 이에 더해 따로 황태손이 세워진 사실도 없기 때문에 위 서술의 근거는 나이순일 수밖에 없다. 그리고 최대한 고증을 해보면 연왕 담과 대왕 유의 나이는 알 수 있다.

- 『수서』 권5 「공제(유)본기」. 무덕 2년(619) 봄 5월 붕어하다. 당시 나이는 15세.
- 『수서』 권59 「양삼자전」. 연왕 담. (중략) 갑작스럽게 일어난 난으로 적에게 해를 당했다. 당시 나이 16세(618).

여기서 두 사람의 생년을 계산할 수 있으며, 이에 따라 대업 2년(606)에 왕으로 봉해졌을 때의 연령도 아래와 같이 자연스레 산출된다.

연왕 담 : 4세
월왕 동 : ?세
대왕 유 : 2세

이렇게 본다면 월왕 동은 삼형제 중 가운데였음이 거의 확실하다. 따라서 대왕 유를 형으로, 월왕 동을 동생으로 간주하는 것이 오류라고 단언하기에는 이를지 모르지만, 적어도 타당하지 않다고는 말할 수 있다. 봉왕이 대체로 나이순으로 이루어졌다는 사실은 당唐 대에도 흔히 볼 수 있다.

위에서 서술한 수나라 세 왕에 대한 사건은 본문에서도 잠깐 다루었다. 수양제는 대업 12년(616) 강도로 떠날 때 죽은 태자의 적출인 막내아들 대왕 유를 수도 장안에 남겨두었고, 태자의 둘째 아들 월왕 동을 동도 낙양에 남겨 부도副都를 지키게 했으며, 태자의 맏아들인 연왕 담만 직접 데리고 갔다. 이렇게 세 손자를 분리 배치한 이유는 당시 천하의 형세가 매우 위태로웠기 때문에 일가의 위험을 분산시키려는 의도였다고 생각된다. 강도에서도 수양제가 늘 자살용 독약을 준비해두었다고 하니, 그 마음속을 헤아려보면 연민이 느껴진다. 다만 기록에 따르면, 수양제는 개인의 힘으로 어찌할 수 없는 위난에 직면했음을 자각했으면서도 실제 행동은 측근 신하들에게 휘둘려 졸렬한 행동을 거듭했을 뿐이었다.

연왕 담은 총명하고 지혜로웠으며 용모가 아름다웠다. 그래서 수양제는 손자들 중에서도 특별히 연왕을 총애하여 항상 곁에 두었다. 우문화급이 병란을 일으켰을 때 연왕은 그 낌새를 미리 알아채고 궁으로 들어가 황제에게 아뢰려 했다. 그러나 정문으로 들어갈 경우 저지당할 것이라 생각해서 양공梁公 소거蕭鉅 등과 함께 방림문芳林門 쪽 수챗구멍을 통해 들어가 현무문玄武門까지 와서 황제를 만나게 해달라고 청했으나, 결국 궁을 지키는 병사들의 저지로 목적을 이루지 못했다. 그리고 곧 병사들에게 살해당하고 말았다. 그때 나이 열여섯 살이었다.

지금까지 살펴본 내용은 결코 역사의 주류 연구가 아니다. 하지만 계도나 연표, 우리가 주변에서 손쉽게 찾아볼 수 있는 핸드북에서 보았을 법한 내용을 재검토해본 것이다. 이런 종류의 사실은 다소 번잡스럽더라도 가능한 정확성을 추구해야 하지만, 의외로 소홀히 다뤄지는 경향이 있다. 이 글은 이른바 그러한 맹점을 보완하고자 여태껏 방치되어온 여러 문제에 약간의 고찰을 더해본 시도로, 오히려 연구 이전의 기초 문제라 파악해도 무방하다고 생각한다.

수나라 시대의 역사가 이해하기 어려워진 것은 후세에 성립된 유교적 사관과 도덕적 해석학 때문이다. 유교적 사관에 따르면 천명을 받은 창업 군주는 그 천명을 받을 만한 자격이 있어야 한다. 또한 망국의 군주에게는 천명이 그를 떠날 만큼의 악덕이 있어야만 한다. 이를 수 대에 적용하면 명군이었던 수문제의 밝은 시대와 폭군 수양제의 어두운 치세라는 대조적인 상이 완성된다. 그런데 사실 그 사이의 추이가 제대로 설명되지 않는다. 그 때문에 수양제가 부친 수문제를 시해했다는 풍설이 확실한 사실로 등장해서 굳어지고, 이에 따라 그것이 명암의 전기가 되었으며, 동시에 그것을 축으로 수 대 역사가 도덕적으로 설명되기에 이른 것이다. 그러나 수 대를 직접 경험했던 당나라 초기 역사가들의 의견은 그렇지 않았다. 『수서』 「고조기高祖紀」 논찬論贊에도 고조 수문제 또한 (망국에) 연대책임이 있음을 서술하고 있다.

> 그 난망亂亡의 조짐을 생각해보니 고조로부터 시작되어 양제에 일어났다. 유래된 바가 오래다.

찬찬히 살펴보면 수문제의 찬탈 방식은 물론이고, 이전 왕조의 일족에 대한 잔혹한 박해, 의심 많은 밀정 정치 등은 북주 이래 장안 군벌의 이반을 초래하기에 충분했다. 여기에다 수문제 아들들 간의 불화는 민심을 동요시켰고, 적자인 형을 제거하고 즉위한 수양제가 급기야 형제들을 박해하는 상황이 새로운 불안을 조성하는 악순환을 만들어냈다. 그 결과, 유약한 수양제는 장안에 더 이상 머무르기 어려워졌으며 결국 평화로운 장소를 찾아 강도江都(양주)로 도망쳤다는 것이 진상인 듯하다. 그는 군대를 신뢰하지 못해 새로운 근위대를 조직해서 강도로 데려갔지만 새로운 군대에게도 배반을 당해 비참한 최후를 맞이했다. 그 배경에는 수양제 개인의 힘으로는 싸워 이길 수 없는 큰 운명이 있었다. 큰 흐름을 제대로 읽어내지 못한 채 역사를 개인으로 환원해버리자 수 대 역사는 시시해지고 초보적인 사실史實의 앞뒤 순서를 규명하기 위한 노력조차 기울이지 않게 된 것이다.

해설

이 책은 저자 자신이 감수한 제46판 '중국인물총서'(진부쓰오라이샤人物往來社 간행) 중 한 권으로 간행된 『수양제隋の煬帝』(1965)를 본편으로 하고, 단편 고증 논문인 「수대사잡고隋代史雜考」가 부록으로 딸려 있다. 중국의 남북을 연결하는 대운하를 건설했으나 세 번에 걸친 고구려 원정에 실패함으로써 수나라의 멸망을 초래한 제2대 황제 수양제의 생애와 그 시대를 생생하게 재현한 본편의 내용에 대해서는 새삼스럽게 해설을 붙일 필요가 없을 듯하다. 그러나 「후기」 가운데 다음의 서술에 대해서는 저자가 왜 일부러 이런 문장을 썼는지 의아하게 생각하는 사람도 있을 것 같다.

최근 역사학은 권력자에 대한 묘사를 피하고 인간관계를 무시하는 경향이 있는데, 이는 뭔가 잘못 생각하고 있는 것 같다. 역사학의 최종 목적은 인간관계를 규명하는 일로 귀결된다. 인간의 삶이란 결국 인간관계로 이루어지기 때문이다. 인간관계에는 마땅히 개인과 개인의 관계도 포함되어야 한다. 인간관계의 방식이 어떻게 변천되어왔는지를 살펴보는 작업은 역사학의 중요한 문제여야 한다. 그 한 종류로서 제왕을 다루는 것은 매우 당연한 일이며, 회피해야 할 이유도 없다.

제2차 세계대전 이후부터 『수양제』의 집필 시기에 걸친 20년간, 사실 일본 역사학계에서는 사회경제사 연구가 주류여서 인물론을 주제로 다룬 연구는 경원시되었나. 바로 그런 까닭에 저자는 위와 같은 글을 첨부한 것이다. 그간의 사정은 이 책과 같은 시기에 간행된 호리고메 요조堀米庸三의 『역사와 인간』(NHK북스, 1965)을 읽어보면 이해될 것이다(그 책의 뒤 표지에는 이케지마 신페이池島信平 씨의 "시대가 인간을 움직이는가, 인간이 시대를 움직이는 가?―낡은 듯하지만 늘 신선하게 느껴지는 이 명제는 시대의 전환기에 꼭 우리 앞을 가로막는다"라는 추천문이 있다).

저자가 인물사를 다룬 것은 이 책이 처음은 아니다. 그는 1925년 교토대학을 졸업할 때 졸업논문으로 「남송 말의 재상, 가사도賈似道」를 썼으며, 명저로 유명한 『옹정제雍正帝』(이와나미신쇼岩波新書, 1950)도 출판한 바 있다. 비록 단행본으로 펴내지는 않았지만 왕안석王安石에 대해서는 요시카와 고지로吉川幸次郎 씨가 "교토대학에서 내 동료였던 미야자키 이치사다 교수는 실제로 왕안석의 진짜 둘도 없는 친구처럼 보입니다. 그는 왕안석에 대해 엄청나게 조사를 많이 했기 때문에, 마치 어제 왕안석을 만나고 온 것처럼 왕안석의 정책이 가진 장점을 나한테 설명합니다."(「두보杜甫와 왕안석」, 『문명의 삼극三極』, 치쿠마쇼보筑摩書房, 1978) 라고 소개했을 정도다.

송나라 왕안석과 청나라 옹정제에 대해 늘 시공을 초월하는 친근감을 나타냈던 저자이기에 그들과 완전히 대척점에 서 있는 수양제의 전기는 시종일관 탄핵하는 문장으로만 써내려갔을까? 꼭 그렇지도 않다. 저자는 신중하게 사료 비판을 한 뒤 수나라 멸망의 원인에는 명군이라 불리는 수문제에게도 연대책임이 있음을 숨기지 않고 서술한다.

내가 교토대학 문학부 3학년에 올라가 동양사를 전공하기 시작한 때가 1958년 4월인데, 당시 주임 교수였던 저자는 학부생을 대상으로 전년도에 이어 2학점짜리 '청대사료淸代史料' 강독 외에 '수·당 시대의 여러 문제'라는 제목으로 4학점짜리 세미나를 개강했다. 나는 양쪽 다 수강하기로 했다. 저자가 수·당 시대로 수업을 한 것은 이때가 처음이라, 선배들도 어떤 내용일지 짐작이 안 간다며 웅성거렸다.

그때의 수강 노트를 꺼내 보니 첫 강의는 5월 1일로, 그날 수업은 "중국에서는 수나라가 이십사사二十四史중국에서 정사로 인정받는 24종 역사서의 총칭 가운데 남북조 안에 들어가고, 또 그렇게 여기고 있다"는 말로 시작되며, 다음 강연 내용이 이어진다.

조익趙翼의 『이십이사차기二十二史箚記』 권15에 "周隋唐皆出自武川북주·수·당이 모두 무천에서 나왔다"라고 했는데, 이는 곧 북주에서 수·당까지 표면적으로 왕조의 이름이 바뀌기는 했지만 사실은 그다지 바뀌지 않았음을 뜻한다. 무천진 군벌의 단결력을 바탕으로 세워진, 달리 말하면 이들 군벌이 북주·수·당 왕조를 받들어 앉혔다고 할 수 있다. 당나라 왕실은 농서隴西 이씨라 하고, 수나라 왕실은 화음華陰 양씨라 하니, 마치 관계없는 집안처럼 보이지만 한 패거리다.

그런 다음 양견이 즉위하여 수 왕조가 출현하는 과정을 개략적으로 설명했다. 마지막에는 이렇게 끝맺고 있다.

'수隋'라는 지명은 (고대의) 주周나라 때부터 있던 나라 이름이지만 그 것이 남아 주州 이름이 되고 나라 이름이 되었는데, 수隨나라 왕 양견 이 천자가 되자 지금까지 봉해진 지명을 따서 그대로 왕조 이름으로 정한 것은 지극히 사연스러운 방식이었다. 이때, 이미 잘 알려져 있 듯 수문제는 미신을 신봉했는데, 이 '隨'라는 글자는 한자 부수의 '책 받침', 즉 '辵(辶)'이라는 글자를 포함하고 있기 때문에 운수가 나쁘다 고 하여 '隋'라고 했다는데, 도대체 그런 설은 어디에 근거를 두었는 지 어디에도 확실한 기록이 없다.

연결어미 '~ㄴ데'가 빈번하게 속출하는 바람에 약간 당황스러워하 면서 노트를 적고 있을 때 교수님이 '도대체 이 설은 어디에 근거를 두고 있는가, 가장 오래된 기록은 무엇인가, 언제부터 이런 설이 나왔는가, 이 설은 타당한가'라는 숙제를 내주시고 110분 수업을 끝내셨다.

세미나 수업에서는 그 뒤에도 자주 숙제를 내주셨다. 여름방학 때까 지 내주신 숙제에 대한 정답이 이 책의 부록인 차기箚記책을 읽으며 얻은 바를 그때그 때 적어놓은 것식 논문 「수대사잡고」이다. 나는 숙제에 제대로 된 답을 제출하 지 못하여 부끄럽기 짝이 없었지만, 지금까지 학계의 통념이 저자에 의 해 연달아 바뀌는 과정을 목격하면서 그 묘미에 사로잡혀버렸다. 이듬해 '수·당 시대사의 연구'라는 강의를 수강하면서 점점 더 수·당 사회에 매료되었고, 마침내 그 시대를 전공하게 되면서 지금에 이르렀다.

진부쓰오라이샤 출판사의 기획으로 '미야자키 이치사다 감수'라는 선전을 내걸었던 '중국인물총서' 제1기 전 12권이 저자에게 제안된 것은 저자가 정년퇴직하기 직전의 일이었다. 당시 요시카와코분칸吉川弘文館에서 간행되어 호평을 받으며 이미 100권이 넘는 대총서가 된 일본사의 '인물총서'를 모델로 한 '중국인물총서'는, 진부쓰오라이샤가 기획한 시대사 개설 시리즈 '동양의 역사' 전 13권(저자를 필두로 4명이 감수)과 짝을 이뤄 동시 진행으로 편집이 이루어졌다.

중국사에 관해서는 어느 시대의 개설이라도 잘 쓸 수 있다고 자타가 공인하는 사람이 바로 저자였다. 그랬기에 보통 이런 규모의 큰 기획이 진행될 때는 다른 집필 예정 멤버의 희망을 우선적으로 고려한 뒤 남은 권卷을 맡곤 했다. '동양의 역사' 가운데 제9권『청제국의 번영淸帝国の繁栄』과 제11권『중국의 자각中国のめざめ』 두 권을 쓰게 된 일도 그 결과였다.

'중국인물총서'에서『수양제』를 담당하게 된 사연도 저자의 그 같은 배려에 따른 결과였는데, 이 경우에는 특히 저자의 의욕이 넘쳐났다. 그즈음 저자는 후한 말부터 수나라에 이르는 중국 국가구조와 사회질서의 핵심을 뽑아내서 당시 문벌을 자랑하던 귀족 무리가 사회의 상층부를 독점했던 시대상을 선명하게 조명한『구품관인법 연구 : 과거 전사九品官人法の研究 : 科擧前史』(동양사연구회 간행, 1956)를 집필하고 있었다. 이미 그때 저자는『수서隋書』와『북사北史』를 가까이하면서, 내가 수강했던 수대사 강의, 즉「수대사잡고」를 정리하는 와중에 '명군 수문제'와 '포학한 수양제'라는 식으로 대비해서 설명하는 통설에 강한 의문을 품었다. 그리고 이 기회를 통해 수양제의 실상을 널리 독서계에 제시하고 싶다는 바람을 갖고 있었다. 또한 저자가 제1회 배본을 자진해서 맡은 것은 감수자의 당연한 책무를 갖고 수강생이던 우리 후속 집필자들에게 모범을 보여야 한다고 생각했기 때문이다.

'중국인물총서'의 『수양제』가 간행되자 몇 가지 서평이 등장했다. 안도 고세安藤更生 씨는 "문장이 알기 쉽고 명료하며, 서술은 이해하기 쉬우면서도 직확하여 인간을 중심으로 하는 교토대학의 학풍을 질 나타내는 좋은 저서다. …… 나는 단숨에 즐겁게 읽어버렸다."(『선데이마이니치サンデー毎日』 1966. 1. 23 호)라고 소개했으며, 이쿠타 시게루生田滋 씨는 "저자의 글은 권력에 휘둘리는 평범한 인간의 운명을 고스란히 그려내고 있다. 이 책의 무대는 뭐니 뭐니 해도 궁이며, 저자의 글을 통해 우리는 궁 안에서 일어난 골육상쟁의 비극을 가까이에서 본 것처럼 느낄 수 있다. 일반 독자들은 이 책을 통해 중국사에 좀 더 친근감을 느낄 수 있을 것이다."(『사학잡지』 75편 3호, 1966)라고 추천했다.

안도 씨와 이쿠타 씨의 서평이 우연하게도 일치하고 있듯, 저자가 그때까지 간행한 수많은 책 가운데서도 이 책의 문장은 특히 리듬감이 넘치고 읽기 쉽다. 아마 이는 1965년 3월 말에 만 63세로 교직에서 물러나 그제야 비로소 주위에 전혀 신경 쓰지 않고 글을 쓸 수 있다는 해방감이 작용했을 테고, 그 덕분에 가급적 많은 독자가 흥미를 갖고 중국사에 매료될 수 있도록 문장에 심혈을 기울인 결과일 것이다. 즉, 저자는 독자에 대한 서비스 정신이 투철했던 셈이다. 재미있게 읽을 수 있도록 배려한 문장은 단지 이 책에만 해당되지 않는다. 퇴직한 뒤 이 책을 쓰기에 앞서 청나라 남정원藍鼎元이 쓴 『녹주공안鹿洲公案』을 역해했는데(동양문고의 한 권으로 『녹주공안: 청조 지방 재판관의 기록』이라는 제목으로 헤이본샤平凡社에서 1967년 출판), 그 책의 본편에 '실제로 있었던 이야기'라는 부제목을 닮과 동시에, 권두 부록으로 '실제로 있었어도 좋았을 이야기'라는 부제목을 단 「녹주공안의 발단」이라는 창작 글을 새로이 써서 덧붙였다. 그 글은 연구자들로부터 지나치게 재미있게 썼다는 비판(?)을 받았을 정도로 필력을 자랑했다.

마지막으로 서지 사항을 덧붙인다. 이 책 『수양제』는 원판의 그림을 상당히 교체해 넣고 연표와 색인을 생략하는 대신, 「9. 해 뜨는 나라」에 새로이 몇 문단을 추가했다(132쪽 3행~133쪽 15행). 그리고 본문 133쪽의 "일본의 고대 군주는 천왕이라는 칭호를 사용했다는 것이 나의 지론인데"라고 밝힌 부분에서 저자가 말한 지론이란 몇 해 전 「천황이라는 칭호의 유래에 대해天皇なる称号の由来について」(『사상』 1978년 4월호, 이와나미쇼텐岩波書店)에서 주장한 이론을 가리킨다.

부록인 「수대사잡고」는 히로시마대학 교수였던 우라 렌이치浦廉— 씨에 대한 추도집(『사학연구』 72호, 1959. 4)에 기고된 글로, 나중에 저자의 연구 논문집 『아시아사 연구 제5』(도호샤同朋舍 간행, 1978)에 재수록되었다. 경쾌한 필치로 써내려간 본편이 부록에서 엄밀함을 극대화시킨 문헌 고증의 축적을 통해 뒷받침되고 있다는 사실을 깨닫고 경탄하는 분들도 있으리라 생각된다.

도나미 마모루礪波護

1987년 8월

수양제 – 전쟁과 내운하에 미친 중국 최악의 폭군

초판 1쇄 발행 2015년 1월 5일
초판 2쇄 발행 2018년 3월 20일

지은이 미야자키 이치사다
옮긴이 전혜선
펴낸이 정순구
책임편집 조수정
기획편집 정윤경 조원식
마케팅 황주영

출력 블루엔
용지 한서지업사
인쇄 한영문화사
제본 한영제책사

펴낸곳 (주) 역사비평사
등록 제300-2007-139호 (2007.9.20)
주소 10497 : 경기도 고양시 덕양구 화중로 100(비전타워21) 506호
전화 02-741-6123~5
팩스 02-741-6126
홈페이지 www.yukbi.com
이메일 yukbi88@naver.com

한국어출판권 ⓒ 역사비평사, 2014

ISBN 978-89-7696-285-0 93910